# 帝王世紀 世本 逸周書 古本竹書紀年

〔晋〕皇甫謐等 撰

齊魯書社

# 帝王世紀

［晋］ 皇甫謐　撰
陸　吉　點校

# 目　録

# 帝王世紀第一 自開闢至三皇

天地未分，謂之太易。元氣始萌，謂之太初。氣形之始，謂之太始。形變有質，謂之太素。太素之前，幽清寂寞，不可為象。惟虛惟無，蓋道之根。道根既建，由無生有①。太素質始萌，萌而未兆，謂之龐洪，蓋道之幹。既育萬物成體，於是剛柔始分，清濁始位②。天成於外而體陽，故圓以動，蓋道之實。質形已具，謂之太極③。《御覽》一。

①"由"，一作"猶"，通"由"。②"位"，一作"立"，古通。③按：太易、太初、太始、太素之説，見《列子·天瑞篇》《易乾鑿度》。又《易稽覽圖》推《易》天地人之元術云："先置天元太初癸巳元年，一百九十萬八千八百五十三歲，乃始太初元年已來載數。"其言天元太初者，謂元氣始萌之太初也。言太初元年者，謂漢之太初也。蓋自元氣之萌，而已有可推之數。《御覽》又引《禮斗威儀》曰："二十九萬一千八百四十歲而反太素。"《禮含文嘉》曰："推之以上元為始，起十二月甲子朔旦夜半冬至，日月五星俱起牽牛之初。"鄭注："上元太素已來至所求年。"據此，知太初、太始、太素已來俱有年可求，故《世紀》叙之於首。

天皇大帝，曜魄寶。地皇為天一，人皇為太一。《五行大義》五。

天子，至尊之定名也。應神受命，為天所子，故謂之天子。故孔子曰:“天子之德,感天地、洞八方①。是以功合神者稱皇,德合天地稱帝,義合者稱王”②。《御覽》七十六。

①“洞”,一作“動”。 ②按:《藝文類聚》十一引作“仁義合者稱王”。又按《公羊·成八年》注引孔子曰:“德合天地者稱帝,河洛受瑞可放。仁義合者稱王。”此“義”上當有“仁”字,本《春秋説》也。

功合神者稱皇。德合地者稱帝。德合人者稱王。《初學記》九。

太昊帝庖犧氏,風姓也①。蛇身人首,有聖德,都陳②。作瑟三十六弦③。燧人氏没,庖犧氏代之,繼天而王,首德於木,為百王先。帝出於震,未有所因,故位在東方主春,象日之明,是稱太昊。制嫁娶之禮,取犧牲以充庖厨,故號曰庖犧。後世音謬,故或謂之宓犧④。一號黄熊氏⑤。在位一百一十年⑥。

①按:《初學記》引此,下有“有景龍之瑞,故以龍紀官”十字。 ②《路史·後紀一》引作“天皇伏羲都陳留”。 ③按:《初學記》引此,下有“長八尺一寸”。 ④原注:“一解云:宓,古伏字。後誤以宓為密,故號曰密犧。”按:“宓”,一本作“密”,注兩“宓”字并作“虙”字,皆誤。《初學記》引一解兩“宓”字亦作“虙”。《後漢·班固傳》注引作“後或謂之伏羲”。⑤按:《五行大義》引作“雄黄氏”。《路史·後紀》曰:“皇雄氏,《世紀》云:一作雄皇。” ⑥《御覽》七十八引作“《皇王世紀》”。

包羲亦號天皇。《路史·後紀》一。

取犧牲以供庖厨,食天下①,故號曰庖犧氏。或作宓戲氏者,宓字誤也②。當山下著必③,是古之伏字。《禮記·月令》正義。

①《班固傳》注引作“以食天下”。 ②按:二“宓”字皆當作“密”。③按:“山”當作“宀”。

太皞帝庖犧氏,風姓也,母曰華胥。燧人之世,有大人之迹出於雷澤之中，華胥履之，生庖犧於成紀。蛇身人首，有聖德，為百王先。帝出於震，未有所因，故位在東，主春，象日之明，是以稱太皞，一號黄熊氏。同上。《尚書·序》正義。《史記》索隱補《三皇紀》。

伏羲氏仰觀象於天，俯觀法於地，觀鳥獸之文與地之宜，近取諸身，遠取諸物，於是造書契以代結繩之政，畫八卦以通神明之德，以類萬物之情。所以六氣、六府、五藏、五行、陰陽、四時、水火升降，得以有象。百病之理，得以有類。乃嘗味百藥而制九針，以極夭枉焉。《御覽》七百二十一。

庖犧作八卦，神農重之為六十四卦，黄帝、堯、舜引而申之，分為二易。至夏人因炎帝曰《連山》，殷人因黄帝曰《歸藏》，文王廣六十四卦，著九六之爻，謂之《周易》。《初學記》廿一。《御覽》六百九。

伏羲葬南郡。或曰：冢在山陽高平之西也①。《三皇紀》。

①按：《路史·後紀》引此云："葬南郡，在襄陽。"

太昊在位一百一十年，子孫五十九姓，傳世五萬餘歲。《唐文粹·陳鴻〈大統紀序〉》。

女媧氏，亦風姓也。承庖犧制度①。亦蛇身人首，一號女希，是為女皇。其末諸侯有共工氏，任智刑以強，伯而不王。以水承木，非行次，故《易》不載。及女媧氏没，次有大庭氏、柏皇氏、中央氏、栗陸氏、驪連氏、赫胥氏、尊盧氏、渾混氏、昊英氏、有巢氏、朱襄氏、葛天氏、陰康氏、無懷氏，凡十五世，皆襲庖犧之號②。《禮記》正義一。《初學記》九。《御覽》七十八。

①《藝文類聚》十一引此文無此五字，有"作笙簧"三字。 ②《三皇紀》注曰："按：三皇説者不同，譙周以燧人為皇，宋均以祝融為皇，而鄭

依《春秋緯》以女媧為皇承伏羲，皇甫謐亦同。”按：女媧襲庖犧制度，故雖為皇而不自為一代。

神農氏，姜姓也。母曰任姒①，有喬氏之女，名女登，為少典妃。游於華陽，有神農首感女登於尚②羊，生炎帝，人身牛首，長於姜水，因以氏焉。有聖德，以火承木，位在南方，主夏，故謂之炎帝。都於陳，作五弦之琴。凡八世：帝承、帝臨、帝明、帝直、帝來、帝衰、帝榆罔。《御覽》七十，又七十八。

①《册府元龜》作“任巳”。 ②一作“常”。

炎帝神農，母曰任姒，有蟜氏女，名女登，少典妃。游華陽，有龍首感之，生神農於裳羊山。一曰：少典取莽水氏女，曰聽訞①，生帝臨魁。《御覽》百三十五。

①音妖。

位南方主夏，故曰炎帝。作耒耜，始教民耕農。嘗別草木，令人食穀以代犧牲之命，故號神農，一號魁隗氏，是為農皇。《五行大義》五。

炎帝初都陳，又徙魯。《五帝紀》索隱。

魁隗氏又曰連山氏，又曰列山氏。又。

炎帝神農氏長於江水，始教天下耕種五穀而食之，以省殺生。嘗味草木，宣榮療疾，救夭傷人命。百姓日用而不知，著《本草》四卷。《御覽》七百廿一。

神農氏本起於烈山，或時稱之①。據《禮記·祭法》正義校增。一號魁隗氏，是為農皇。或曰：炎帝時，諸侯夙沙氏叛不用命②，炎帝退而修德，夙沙之民自攻其君而歸炎帝。營都於魯，重八卦之數，究八八之體為六十四卦。在位百二十年而崩，葬長沙③。《御覽》七十八。

①按:《三皇紀》注曰:"鄭玄云:厲山,神農所起,亦曰有烈氏。皇甫謐曰厲山,今隨之厲鄉也。"②《藝文類聚》十一引此,下有"箕文諫而殺之"六字。③《三皇紀》曰:"按:《國語》,炎帝、黃帝皆少典之子,其母又皆有嬌氏之女。據諸子及《古史考》,炎帝之後凡八代,五百餘年,軒轅氏代之。豈炎帝、黃帝是昆弟而同母氏乎?皇甫謐以為少典有嬌氏諸侯國號。然而姜、姬二帝同出少典氏,黃帝之母又是神農母氏之後代女,所以同是有嬌氏之女也。"

在位百二十年而崩。至榆罔凡八世,合五百三十年①。《初學記》九。

①《路史·後紀》曰:"《春秋命歷序》炎帝八代,五百三十年。《古今通系》《世紀》等,并因乎此。"

蚩尤氏强,與榆罔争王於涿鹿之野。《御覽》五十六。

榆罔居空桑,空桑為陳留,故《歸藏》啟筮云:蚩尤伐空桑①,帝所居也。《路史·後紀》四。

①按:此十一字後人所增。

炎帝戮蚩尤於中冀,名其地曰絶轡之野。《藝文類聚》六。《御覽》五十五。

黃帝有熊氏,少典之子,姬姓也。母曰附寶,其先即炎帝。母家有嬌氏之女,世與少典氏婚,故《國語》兼稱焉。及神農氏之末,少典氏又取附寶,見大電光繞北斗樞星,照郊野,感附寶,孕二十五月①,生黃帝於壽丘②,長於姬水,因以為姓③。以土承火,位在中央,故曰黃帝④。龍顔⑤,有聖德,受國於有熊,居軒轅之丘,故因以為名,又以為號。與神農氏戰於阪泉之野,三戰而克之。力牧、常先、大鴻、神皇鉅封直人鎮⑥、大山稽、鬼臾區、封胡、孔甲等⑦,或以為師,或以為將,分掌四方,各如己視,故號曰黃帝四目。又使岐伯嘗味百草,典醫療疾,今《經方》《本草》之書咸出焉。其史倉頡，又取象鳥迹，始作文字⑧。史官之作，蓋自此始。記其言行，策⑨而藏之，名曰書契。黄帝亦號帝鴻氏，或曰歸藏氏，或曰帝軒。吹律定姓。有四妃，生二十五子。在位百年而崩，年一百一十歲⑩。《御覽》七十九。

①《尚書·序》正義引作"二十四月"，《藝文》十，《初學記》一，《路史·後記》并引作"二十月"。 ②《御覽》百卅五引此，下注云："千寶曰：二十五月生。餘同。"按：此則正文當是二十月。 ③四字依《史記》索隱增。 ④三句依《五行大義》增。 ⑤《書》正義引作"黄帝日角龍顔"。 ⑥"神皇"已下，一本作"神農皇直封鉅大鎮"。 ⑦"孔"，一作"孝"。 ⑧《御覽》二百卅五引此，下有"之篆"二字。 ⑨又引作"册"。 ⑩《史記》集解引作"年百一十一歲"。

黄帝垂衣裳，倉頡造文字，然後書契始作。《初學記》廿一。

居軒轅之丘，故因以為名。得寶鼎，興封禪，有景雲之瑞，故以雲紀官為雲師。以土德王，在位百年而崩，年百一十歲。或言壽三百歲，故宰我疑以問孔子，孔子曰："人賴其利，百年而崩。人畏其神，百年而亡。人用其教，百年而移。故曰三百年。"《初學記》九。神農氏衰，黄帝修德化民，諸侯歸之。黄帝於是乃擾馴猛獸，與神農氏戰於阪泉之野，三戰而克之。又征諸侯，使力牧、神皇直討蚩尤氏，擒之於涿鹿之野，使應龍殺之於凶黎之丘①。凡五十二②戰而天下大服。或傳以為仙，或言壽三百歲。葬於上郡陽周之橋③山。《御覽》七十九。

①《史記》索隱作"谷"。 ②一作"五"。 ③一作"喬"。

居軒轅之丘，故因以為號。治五氣，設五量。及神農氏衰，黄帝修德撫民，諸侯咸去神農而歸之。黄帝於是乃擾馴猛獸，與神農氏戰於阪泉之野，三戰而克之。又征諸侯，使力牧、神皇直討蚩尤氏，擒之於涿鹿之野，使應龍殺之於凶黎之丘。凡五十二戰而天下大服。《藝文類聚》十一。

聲禁重聲，衣禁重衣，食禁重味，居禁重室①。《路史·後紀》。黄帝夢大風吹天下之塵垢皆去，又夢人執千鈞之弩驅羊數萬群。帝寤而嘆曰："風為號令，執政者也。垢去土，后在也②。天下豈有姓風名后者哉？夫千鈞之弩，異力也③。驅羊數萬群，能牧民為善者也④。天下豈有姓力名牧者哉？"於是依二占以求之⑤，得風后於海隅，登以為相。得力牧於大澤，進以為將。《五帝紀》正義。《御覽》三百九十七。

①按：此是黄帝之教。 ②《御覽》作"解清治者"。 ③《御覽》作"冀力能遠者也"。 ④《御覽》作"是能善牧者也"。 ⑤《御覽》作"二夢之占而求之"。

黄帝以風后配上台，天老配中台，五聖配下台，謂之三公。其餘知天、規紀、地典、力牧、常先、封胡、孔甲等，或以為師，或以為將。《後漢·張衡傳》注。

黄帝四史官：沮誦、倉頡、隸首、孔甲。《小學紺珠》五。

黄帝有熊氏命雷公、岐伯論經脈，旁通問難八十一，為《難經》。教制九針，著《内外術經》十八卷。《御覽》七百廿一。

岐伯，黄帝臣也。帝使岐伯嘗味草木，典主醫病，《經方》《本草》《素問》之書咸出焉。又。

黄帝五十年秋七月庚申，天大霧三日。帝游洛水之上，見大魚，殺五牲以醮之，天乃甚雨，七日七夜，魚流，始得圖書，今《河圖視萌篇》是也。世傳大霧三日必有甚雨，自此始也。《初學記》六。《御覽》十,又十五,又八百七十二。

凡重霧三日必大雨,雨未降,不可冒行。《御覽》十五。

黄帝四妃,生二十五子①。元妃西陵氏女,曰嫘祖,生昌意;次妃方雷氏女,曰女節,生青陽;次妃彤魚氏女,生夷鼓,一名蒼林;次妃嫫母,班在三人之下。《五帝紀》索隱。

①依《御覽》百卅五增此句。

黄帝於東海流波山得奇獸,狀如牛,蒼身,無角,能走出入水中則風雨,光如日月,其音如雷,名曰夔。黄帝殺之,以其皮為鼓,聲聞五百里。《御覽》五百八十二,又八百九十九。

黄帝服齋於中宫,坐於玄扈。洛上乃有大鳥,鷄頭、燕喙、龜頸、龍形、麟翼、魚尾,其狀如鶴,體備五色,三文成字,首文曰順德,背文曰信義,膺文曰仁智。不食生蟲,不履生草,或止帝之東園,或集阿閣。其飲食也,必自歌舞,音如簫笙①。《初學記》卅。

①《路史·後紀》曰:"今商之上洛南有玄扈山。"

黄帝時螾大如虹。《御覽》九百四十七。

宓犧為天子,都陳,在《禹貢》豫州之域。西望外方,東及明猪①。於周,陳胡公所封,故《春秋傳》"陳,太昊之墟也"。於漢屬淮陽,今陳國是也。神農氏亦都陳,又營曲阜,故《春秋》稱"魯大庭氏之庫"。黄帝都涿鹿,於《周官》幽州之域,在漢為上谷。而《世本》云"涿鹿在彭城",今上谷有涿鹿縣及蚩尤城,阪泉地又有黄帝祠,皆黄帝戰蚩尤之處也。或曰:黄帝都有熊,今河南新鄭是也。《御覽》百五十五。

①一作"渚"。《路史·後紀》三引作"明諸"。

或言故有熊氏之墟,黄帝之所都也。鄭氏徙居之,故曰新鄭矣。《水經·洧水》注。

炎帝自陳營都於魯曲阜。黄帝自窮桑登帝位，後徙曲阜。顓頊始都窮桑，徙商丘。窮桑在魯北，或云窮桑即曲阜也。又為大庭氏之故國，又是商奄之地。《周本紀》正義。

黄帝生於壽丘，在魯城東門之北。《後漢·郡國志》注。居軒轅之丘，於《山海經》云“此地窮桑之際，西射之南”是也。《周本紀》正義。

天子畿方千里曰甸服，甸服之内曰京師。《御覽》百五十五。

天子所宫曰都。又。

按《史記·五帝紀》索隱曰：“皇甫謐《帝王代紀》及孫氏注《系本》并以伏羲、神農、黄帝爲三皇，少昊、高陽、高辛、唐、虞爲五帝。”

# 帝王世紀第二五帝

少昊帝，名摯，字青陽①，姬姓也。母曰女節。黄帝時有大星如虹，下流華渚。女節夢接意感，生少昊，是為玄囂。降居江水，有聖德，邑於窮桑，以登帝位，都曲阜，故或謂之窮桑帝。以金承土，故曰金天②，即圖讖所謂"白帝朱宣"者也。位在西方，主秋令，有光明，居小陰位③。故稱少昊，號金天氏。在位百年而崩。《御覽》七十九。

①《後漢·張衡傳》注引作"清陽"。 ②四字據《五行大義》增。 ③十四字亦據《五行大義》增。

葬於雲陽。《路史·後紀》。

少昊樂曰九淵。又。

少昊乃方雷氏所生。《五帝紀》集解。

少昊邑於窮桑，都曲阜，故或謂之窮桑帝。地在魯城北。《後漢·張衡傳》注。

少昊氏自窮桑登位，故《春秋傳》曰"世不失職，遂濟窮桑"。登帝位在魯北，後徙曲阜。於周為魯，在《禹貢》徐州蒙羽之野，奎婁之分，降婁之次。周以封伯禽，故《春秋傳》曰"命伯禽而封少昊之墟",是以《書序》"魯公伯禽宅曲阜"是也。《御覽》百五十五。

帝顓頊高陽氏,黄帝之孫,昌意之子,姬姓也。母曰景僕,蜀山氏女,為昌意正妃,謂之女樞。金天氏之末,瑶光之星貫月如虹,感女樞幽房之宫,生顓頊於若水。首戴干戈,有聖德。父昌意雖黄帝之嫡,以德劣,降居若水為諸侯。及顓頊,生十年而佐少昊,十二年而冠,二十年①而登帝位。平九黎之亂,以水承金,位在北方,主冬。以水事紀官,命南正重司天以屬神,北正黎司地以屬民,於是民神不雜,萬物有序。始都窮桑,後徙商丘。命飛龍效八風之音,作樂五英②,以祭上帝。納勝墳氏女娽③,生老童,有才④子八人,號八凱。顓頊在位七十八年,九十八⑤歲,歲在鶉火而崩。葬東郡頓丘廣陽里。《藝文類聚》十一。《初學記》九。《御覽》七十九。《禮記·月令》正義。《五行大義》。

①《御覽》一本作"二十二"者,非。 ②《御覽》作"音",依《藝文》改。 ③原注:"音禄"。 ④一作"材"。 ⑤本作"一",依《史記》集解改。

顓頊氏自窮桑徙商邱,於周為衛,在《禹貢》冀州太行之東北,逾常山,及兖州桑土①之野,營室東壁之分,豕韋之次。故《春秋傳》曰:"衛,顓頊之墟也,謂之帝丘。"今東郡濮陽是也。《御覽》百五十五。

①《路史·後紀》作"廣桑"。

帝嚳高辛氏,姬姓也。其母不見①。生而神異,自言其名曰"夋"。②駢齒有聖德,能順三辰。四字據《五行大義》增。年十五而佐顓頊,三十登帝位,都亳。以木承水。以五行名官③,故以句芒為木正,祝融為火正,蓐收為金正,玄冥為水正，后土為土正。是五行之官分職而治諸侯，於是化被天下，遂作樂六莖以康帝位。世有才子八人，號曰八元。亦納四妃，卜其子皆有天下。元妃有邰④氏女，曰姜嫄，生后稷；次有娀氏女，曰簡狄，生卨；次陳鋒⑤氏女，曰慶都，生放勛；次娵訾氏女，曰常儀，生帝摯。帝嚳在位七十五年⑥，年百五歲而崩，葬東郡頓丘廣陽里。⑦《御覽》八十。

①按：言其母姓字不見也。《初學記》九及《御覽》一本"見"作"覺"，非。 ②亦作"逡"，《五行大義》亦同。 ③九字依《五行大義》增。《御覽》作"以人事紀官"。 ④《御覽》作"台"，依《詩·生民》正義改。 ⑤《御覽》作"豐"，依《詩》正義改。 ⑥《史記》集解、《藝文類聚》引作"七十年"。 ⑦原注："陶弘景云：在位六十三年，年九十二。"

簡狄剖背生契。《詩·生民》正義。

帝嚳氏都亳，今河南偃師是也。《禹貢》外方之城嵩之北。或言在梁，非也。《御覽》百五十五。

帝摯之母，於四人之中其班最下，而摯年兄弟最長，故得登帝位，封異母弟放勛為唐侯。摯在位九年，政軟弱，而唐侯德盛，諸侯歸之。摯服其義，乃率其群臣造唐朝而致禪，因委心①願為臣。唐侯於是知有天命，乃受帝禪，而封摯於高辛氏。事不經見，漢故議郎東海衛宏所傳云爾。《御覽》八十。

①一作"因委至心"。

帝堯陶唐氏，伊①祁姓也。母曰慶都，孕十四月而生堯於丹陵②，名曰放勛。鳥庭荷③勝，眉有八采，豐下鋭上④。或從母姓伊耆⑤氏。年十五而佐帝摯，受封於唐，為諸侯。身長十尺。嘗夢攀天而上之，故年二十而登帝位。以火承木，都平陽。置敢諫之鼓，天下大和。命羲和四子羲仲、羲叔、和仲、和叔分掌四岳⑥。諸侯有苗氏處南蠻而不服，堯征而克之於丹水之浦，乃以尹壽、許由為師，命伯夔放山川溪谷之音⑦，作樂《大章》。天下大和，百姓無事，有八十老人擊壤於道⑧，觀者嘆曰："大哉！帝之德也。"老人曰："吾日出而作，日入而息，鑿井而飲，耕田而食，帝何力於我哉！"於是景星曜於天，甘露降於地，朱草生於郊，鳳皇止於庭，嘉禾孳於畝，澧泉湧於山。有焦僥氏⑨來貢没羽，厨中自生肉脯⑩，如翣形，摇鼓自生風，使食物寒而不臭，名曰翣脯⑪。又有草夾階而生，隨月生死，王者以是占日月之數，惟盛德之君應和而生，故堯有之，名曰蓂莢，一名歷莢。始封稷、契、咎、繇，褒進伯禹，納舜於大麓。後年二月，又率群臣刻璧為書，東沉於洛⑫，言天命當傳舜之意，今《中候運衡》之篇是也⑬。舜攝政二十八年，堯與方回遊陽城⑭而崩，《尚書》所謂"二十有八載，放勳乃殂落"是也⑮。百姓如喪考妣，三載，四海遏密八音。凡堯即位九十八年。墨子以為堯堂高三尺，土階三等。堯取散宜氏女，曰女皇⑯，生丹朱。又有庶子九人，皆不肖，故以天下命舜。又。

①此字據《初學記》增。　②《尚書·序》正義引此云："慶都觀河，遇赤龍，晦然陰風，感而有孕，十四月而生堯。"《藝文》一卷引此云："堯母慶都生而神異，常有黄雲覆其上。"　③《藝文》十一引作"河"。　④十二字依《初學記》增。　⑤《初學記》作"祁"。　⑥《藝文類聚》十一引作"分掌四時方岳之職，故名曰四岳也。"　⑦按：放讀為依放之放。一作"訪"者，誤。　⑧《路史·後紀》十一引作"八九十老人擊壤，歌於康衢"。　⑨《藝文》"氏"作"民"。"於是景星"以下，依《藝文類聚》十一增。　⑩《藝文》《初學記》并引有"其薄"二字。　⑪《御覽》九引作"堯時厨中自生肉

脯中自生肉脯，薄如翣，摇則生風”。又引“翣脯”作“翣脯”。⑫於洛，《藝文》引作“洛水”。⑬《初學記》九引作“堯率諸侯群臣沉璧於洛河，受圖書，今《尚書中候握河紀》之篇是也”。⑭當作“城陽”。⑮按：《説文》引《虞書》曰“放勛乃殂”，此許氏據《書》古文也，《世紀》正同。東晉古文作“帝乃殂落”。⑯《御覽》百卅五引作“女瑩”。

凡堯在位九十八年，年百一十八歲乃殂。百姓如喪考妣，三載，四海遏密八音。葬於濟陰之成陽西北，是為穀林。堯取富①宜氏女曰女皇，生丹朱。又有庶子九人，皆不肖，故以天下命舜，曰：“咨，爾舜！天之歷數在爾躬。允執其中，四海困窮，天禄永終。”及堯三年喪畢，舜踐天子位。《藝文類聚》十一。

①誤。

堯初生時，其母在三河①之南，寄於伊長孺之家，故從母居為姓也。《五帝紀》索隱。

①本作“阿”，依《册府》二改。

堯流共工於幽州以竄北狄，遷三苗於三危以竄西戎，放驩兜於崇山以竄南蠻，殛鯀於羽山以竄東夷。《五行大義》五。

堯時有草夾階而生，每月朔日生一莢，至月半則生十五莢，至十六日後日落一莢，至月晦而盡。若月小，餘一莢厭而不落①。王者以是占歷，唯盛德之君，應和氣而生。以為堯瑞，名曰蓂莢，一名歷莢，一名瑞草②。《御覽》四。

①四字依《藝文》四卷、《初學記》四卷增。②《初學記》一引作“仙茅”。

堯以甲申歲生，甲辰即帝位，甲午征舜，甲寅舜代行天子事，辛巳崩。年百十八，在位九十八。《五帝紀》集解。

堯葬穀林，穀林即城陽。堯都平陽，於《詩》為唐國。

又。

堯葬濟陰成陽西北四十里，是為穀林。墨子以為堯堂高三尺，土階三等，北教八狄。道死，葬蛩山之陰。《山海經》曰：“堯葬狄山之陽，一名崇山。”二説各殊，以為成陽近是堯冢也。①《水經·瓠子河》注。

①余按：小成陽在成陽西北半里許，實中俗喭以為囚堯城。士安蓋以是為堯冢也。

帝堯氏始封於唐，今中山唐縣是也，堯山在焉。唐水在西北，入唐河。南有望都縣，山即堯母慶都之所居也。①相去五十里。都山一名豆山，北登堯山，南望都山，故名其縣曰望都。而《地理志》堯山在唐南山中，張晏以堯山實在唐北。《地理志》堯之都後徙涿鹿，《世本》云“在彭城南”，今上谷郡北自有彭城，非宋彭城也。後又徙晉陽，今太原縣是也。於《周禮》在并州之域。及為天子，都平陽，《詩》於風為唐國，武王子叔虞封焉，更名唐。故吴季札聞唐之歌曰“思深哉，其有陶唐氏之遺民乎”。②《後漢·郡國志二》注。《御覽》百五十五。

①《御覽》八十引作“堯山在北，唐水在西北，入河。南有望都縣，有都山，即堯母慶都之所居也”。　②又百六十三引云“帝堯始封於唐，又徙晉陽。及為天子，都平陽。平陽即今晉陽，晉陽即太原也”。

《水經·滱水》注曰：“應劭《地理風俗記》曰‘唐縣西四十里得中人亭’，今於此城取中人鄉，則四十也。唐水在西北入滱，與應符合。又言‘堯山者在南’，則無山以擬之爲非也。闞駰《十三州志》曰‘中山治盧奴，唐縣故城在國北七十五里’。駰所説北，則非也。《史記》曰‘帝嚳氏没，帝堯氏作，始封於唐’。望都縣在南，今此城南對盧奴故城，自外無城以應之。考古知今,事義全違。俗名望都故城,則八十許里①,距中山城則七十里,驗途推邑,宜爲唐城。城北去堯山五里,與七十五里之説相符。然則俗謂之都山即是堯山,在唐東北望都界。皇甫謐曰'堯山一名豆山'②,今山於城北如東,嶄絶孤峙,虎牙桀立。山南有堯廟,是即堯所登之山者也。《地理志》曰'堯山在南',今考此城之南,又無山以應之,是故先後論者,咸以《地理志》之説爲失。又即俗説以唐城爲望都城者,自北無城以擬之。假復有之,途程紆遠,山河之狀,全乖古證,傳爲疏罔。是城西北,豆山西足,有一泉源,東北流徑豆山下,合蘇水,亂流轉注,東入滱。是豈唐水乎?所未詳也。又於是城之南如東十餘里有一城,俗謂之高昌縣城,或望都之故城也。縣在唐南,皇甫謐曰'相去五十里',稽諸城地,猶十五里,蓋書誤耳。此城之東,有山孤峙,世以山不連陵,名之曰孤山。孤、都聲相近,疑即所謂都山也。《帝王世紀》曰'堯母慶都所居,故縣目曰望都'。張晏曰'堯山在北,堯母慶都山在南,登堯山見都山,故望都縣以爲名也'"。

①原校此句上有脱。 ②與《郡國志》注及《御覽》所引異。

舜,姚姓也,其先出自顓頊。顓頊生窮蟬,窮蟬有子曰敬康,敬康生勾芒,勾芒有子曰橋牛,橋牛生瞽瞍,妻曰握登,見大虹意感而生舜於姚墟,故姓姚。目重瞳,故①名重華,字都君。龍顔大口,黑色,身長六尺一寸,有聖德。始遷於負夏,販於頓丘,債②於傅虚。家本冀州,每徙則百姓歸之。其母早死,瞽瞍更娶,生象。象③傲,而父頑母嚚,咸欲殺舜。舜能和諧,大杖則避,小杖則受。年二十,始以孝聞。堯以二女娥皇、女英妻之。見舜於貳宫，設饗禮，迭為賓主。南面而問政，然後賜以絺衣琴瑟，築宫室，封之於虞。④命為司徒太尉，試以五典，有大功二十⑤。夢眉長與髮⑥等。堯乃賜舜以昭華之玉，老而命舜代己攝政。明年正月上日，始受終於文祖，以⑦太尉行事。舜攝政二十八年而⑧堯崩，三年喪畢，舜年八十一⑨。以仲冬甲子，月次於畢，始即真。改正朔⑩，以土承火，色尚黄。⑪《尚書中候》所謂"建黄授正改朔"⑫。乃詢四岳，闢四門，明四目，達四聰。東巡狩，登泰山，觀河渚，受圖書。褒賜群臣，尊任伯禹、稷、契、皋陶、伯益地。有苗氏負固不服，禹請征之，舜曰："我德不厚而行武，非道。吾前教由未也⑬。"乃修教。三年，執干戚而舞之，有苗請服⑭。立誹謗之木，申命九官十二牧，及殳斨、朱虎、熊羆等二十五人。三載一考績，黜陟幽明。禹為司空，功被天下。棄為后稷，播時百穀。契為司徒，敬敷五教。皋繇為士，典刑惟明。倕為共工，莫不致力。益為朕虞，庶物繁植。伯夷為秩宗，三禮不闕。夔為樂正，神人以和。龍為納言，出内惟允⑮。於是俊乂在官，群后德讓，百僚師師。以五采章施於五色為服，以六律五聲協治。治用之和，烝民乃粒。萬邦作乂，庶績咸熙。乃作大韶之樂，簫韶九成，鳳皇來儀，擊石拊石，百獸率舞。故孔子稱"韶盡美矣，又盡善也"。景星曜於房，群瑞畢臻，德被天下⑮。初，舜既踐帝位，而父瞽瞍尚存，舜常戴⑰天子車服而朝焉。天下大之，故曰大舜。都平陽，或云⑱蒲坂潙汭。嬪於虞，故因號有虞氏⑲。有二妃⑳，元妃㉑娥皇無子，次妃女英生商均，次妃登㉒比氏生二女，宵明燭光。有庶子八人皆不肖，故以天下禪禹。舜年八十一即真，八十三而薦禹，九十五而使禹攝政，攝五年有苗氏叛，南征，崩於鳴條，年百歲。㉓

①四字據《藝文》十一及《五行大義》增。 ②一作"責"。 ③《初學記》九不重"象"字。 ④十五字依《御覽》八百十九所引增。又《路史·後紀》引《世紀》云："賜之絺衣與琴，為築宮室，封之虞土。" ⑤《藝文》十一引此云："試以五典，遂舉八凱，使佐后土，以揆百事。舉八元，使布五教於四方。舜於是有大功二十。"《初學記》九引此云："堯於是乃命舜為司徒太尉，試以五典，舉八元、八凱，四惡除而天下咸服。遂納於大麓，烈風雷雨弗迷。堯乃命舜代己攝政。" ⑥《册府》作"須"。 ⑦依《初學記》增。 ⑧八字依《初學記》增。 ⑨五字依《初學記》增。 ⑩按：《御覽》《初學記》所引俱無此三字，據《文選·永明策秀才文》注所引增。《堯典》正月上日"，鄭注曰："帝王易代，莫不改正建朔。堯正建丑，舜正建子。此時未改堯正，故云正月上日。即政乃改堯正，故云月正元日。"此云仲冬，正是建子月，與鄭説合。王肅以為自夏已上皆以建寅為正，其後偽造古文，孔傳亦同肅説。後人欲以《世紀》附合偽《書》，遂删此語耳。 ⑪《初學記》引此，下有"以正月元日格於文祖，申命九官十二牧，以禹為司徒"廿一字。按：以正月元日與仲冬甲子為二事，不合經義，誤也。 ⑫十二字亦據《文選》注所引增。 ⑬"由"通"猶"。 ⑭按：此本《韓子·五蠹篇》，不用晚出《大禹謨》。 ⑮"禹為司空"已下七十三字依《藝文》十一增。 ⑯《藝文》作"群瑞畢致，地出乘黄，舜於是德被天下"。 ⑰當作"載"。 ⑱一作"瞽"。 ⑲按：《水經·河水三》注引皇甫謐云"納二女於溈水之汭"。又《書·堯典》正義引皇甫謐云"堯以二女妻舜，封之於虞。今河東太陽山西虞地是也" ⑳當作"三"。 ㉑《檀弓》正義引作"長妃"。 ㉒當作"癸"。 ㉓按：馬、鄭《古文尚書》"舜生三十，征庸二十，在位五十載，陟方乃死"，鄭注："舜生三十，謂生三十也。登庸二十，謂歷試二十。在位五十載陟方乃死，謂攝位至死為五十年，舜年一百歲也。"東晉古文作"舜生三十征庸，三十在位"，偽孔傳謂舜壽一百十二歲。士安不用孔説，知未見東晉古文也。

殯以瓦棺，葬蒼梧九疑山之陽。是為零陵，謂之紀市。在今營道縣，下有群象為之耕。《御覽》八十一。

耕於歷山之陽，耕者讓畔。漁於雷澤，漁者讓淵。陶於河濱，陶者器不窳[1]。《初學記》九。

①按：《初學記》引此在"娥皇女英妻之"句下，恐非。

鄭玄曰："歷山在河東，今有舜井。"皇甫謐或言"今濟陰歷山是也。與雷澤相比。"《水經·瓠子河》注。

言陶於河濱，即《禹貢》所謂陶丘。今濟陰定陶之西南陶丘亭是也。《詩·魏譜》正義。

瞽瞍之妻曰握登，生舜於姚墟，故姓姚氏。堯求賢而四岳薦舜，堯乃命於順澤之陽。《文選·王元長曲水詩序》注。

漢中成固，姚墟在西北，有舜祠。《後漢·郡國志》注。

負夏，衛地。《水經·泗水》注。

媯水在河東虞縣歷山西汭水涯也。猶洛汭、渭汭然也。《五帝紀》索隱。

舜嬪於虞，虞城是也。亦謂吴城。《史記》秦昭王伐魏取吴城，即此城也。《後漢·郡國志》注。

長沙下雋羅有黄陵亭。[1]又。

①《湘中記》亦云"二妃之神"。

舜彈五弦琴，歌南風曰："南風之薰兮，可以解吾人[1]之愠兮。"《御覽》九。

①《初學記》一引作"民"。

舜恭己無為，歌南風之詩，詩曰："南風之時兮，可以阜吾人之財兮。南風之薰兮，可以解吾人之愠兮。"《御覽》五百七十一。

西王母慕舜德,來獻白環及玦,并貢益地圖。《初學記》廿。《御覽》六百廿一。

舜所都也,或言蒲坂,或言平陽及潘者也。今城中有舜廟。[①]《水經·河水四》注。《路史·後紀》十二。

①按:《水經注》舊本"潘"作"瀵",戴校改與《路史》同。

帝舜其所營都,或言蒲阪,即河東縣。《御覽》百五十五。

# 帝王世紀第三 夏

伯禹,夏后氏,姒姓也。其先出顓頊。顓頊生鯀,堯封為崇伯,納有莘氏女,曰志,是為修己①。山行②,見流星貫昴,夢接意感③,又吞神珠薏苡,胸坼而生禹於石紐④。虎鼻大口,兩耳參鏤⑤,首戴鈎⑥,胸有玉斗,足文履己⑦,故名文命,字高密。身長九尺二寸⑧。長於西羌,西夷人也。禹未登用之時,父既降在匹庶,有聖德,夢自洗於河,觀於河,始受圖,括地象也。圖言治水之意,四岳舉之,舜進之堯,堯命為司空。繼鯀治水,乃勞身涉勤⑨,不重徑尺之璧而愛日之寸陰,故世傳禹病偏枯,足不相過,至今巫稱禹步是也⑩。又手足胼胝,納禮賢土,一沐三握髮,一食三起⑪飧。堯美其績,乃賜姓姒氏,封為夏伯,故謂之伯禹。天下宗之,謂之大禹。年二十始用,三十二而洪水平,年百歲崩於會稽,因葬會稽山陰縣之南。今山上有禹冢并祠,下有群鳥耘田⑫。《御覽》八十二。

①"其先出顓頊"已下依《初學記》增。《史記·夏本紀》索隱曰:"皇甫謐云:'鯀,帝顓頊之子,字熙。'又《連山易》云:'鯀封於崇。'故《國語》

謂之‘崇伯鯀’。《系本》亦以鯀為顓頊子。《漢書·律歷志》則云:‘顓頊五代而生鯀’。按:鯀既事堯,與舜代系懸殊。舜即顓頊六代孫,則鯀非顓頊子。蓋班氏之言,近得其實。” ②依《藝文》十增。 ③《藝文》作“意感慄然”。 ④按:《蜀志·秦宓傳》注引《世紀》曰:“鯀納有莘氏女曰志,是為修己。上山行,見流星貫昴,夢接意感,又吞神珠,臆圮胸拆,而生禹於石紐。”又引譙周《蜀本紀》曰:“禹本汶山廣柔縣人也,生於石紐,其地名刳兒坪。見《世帝紀》。” ⑤一作“漏”。 ⑥原注:“鈎,鈐。” ⑦《御覽》三百七十二引作“大禹右足文履己字”。 ⑧《初學記》十九、《御覽》三百七十七并作“九寸”。 ⑨一作“勤苦”。 ⑩一本無“故世傳”已下十九字。《世説注》上之上有此語。 ⑪一作“吐”。 ⑫原注:“修紀或云修己,未詳。”

堯命以為司空,繼鯀治水,十三年而洪水平。堯美其績,乃賜姓姒氏,封為夏伯,故謂之伯禹。及堯崩,舜復命居故官。禹年七十四,舜始薦之於天。薦後十二年舜老,始使禹代攝行天子事。五年舜崩,禹除舜喪,明年始即真。以金承土,都平陽,或都安邑。年百歲,崩於會稽。始納塗山氏之女,生子啟,即位。《初學記》九。

夏禹時,渠搜國來獻裼裘也。《御覽》六百九十四。

禹鑄鼎於荆山,在馮翊懷德之南,今其下有荆渠也。《後漢·郡國志》。《長安志圖》十九。

今九江當塗有禹廟。《夏本紀》索隱。

禹會塗山,揚州之域。當塗縣有禹聚。《初學記》八。

禹葬,衣衾三領,桐棺三寸,葛以緘之。下不及泉,上不通臭。既葬,以餘壤為壠,若參耕之畝。《藝文》十一。《御覽》卅七。

《連山易》曰:“禹娶塗山之子,名曰攸,生餘。”①《玉海》卅五。

①按:《北史》稱劉炫僞造《連山易》《魯史記》,則《世紀》引《連山易》者,係劉氏後人竄入,以文其僞。與《世紀》引晚出古文《書》一例。

禹始納塗山氏曰女媧①,合婚於台桑。有白狐九尾之瑞至,是為攸女②。故《連山易》曰"禹娶塗山之子,名曰攸女,生啟"是也③。《御覽》百卌五。

①有誤。②有誤。③《路史·後紀》十三云:"《世本》《世紀》皆作女嬌,《帝系》作女憍。"

皋陶生於曲阜。曲阜,偃地,故帝因之,而以賜姓曰偃。堯禪舜;命之作士。舜禪禹,禹即帝位,以咎陶為賢,薦之於天。將有禪之意,未及禪,會皋陶卒。《夏本紀》正義。

皋陶卒,葬之於六。禹封其少子於六,以奉其祀。六故城在今壽州安豐縣南也。《後漢·張衡傳》注。

啟升後,十年,舞九韶。三十五年,征河西①。《御覽》八十二。

①按此條當有誤。

帝啟,一名建,一名余。德教施於四海,貴爵而尚齒。養國老於東序,養庶老於西序。在位九年,年八十餘而終。又。

鄠有甘亭,在縣南。夏啟伐扈,大戰於甘。《後漢·郡國志一》注。

有扈與夏同姓。《書·甘誓》正義。

夏啟元年甲辰,十年癸丑崩。《夏本紀》集解。

《後漢·郡國志》:"潁川陽翟,禹所都,有鈞臺。"注:"《左傳》曰:'夏啓有鈞臺之享。'杜預曰:'有鈞臺陂。'《帝王世紀》曰:'在縣西。'"

太康無道,在位二十九年,失政而崩。《御覽》八十二。

太康失國，兄弟五人須於洛汭，號五觀也。《夏本紀》索隱。

《水經·巨洋水》注："《國語》曰：啓有五觀，謂之姦子。五觀，蓋其名。所處之邑，其名曰觀。皇甫謐曰：衛地。"

夏相徙帝丘，依同姓之諸侯於斟尋氏①。即《汲冢書》云"相居斟灌"也。《水經·巨洋水》注。

①戴案："帝"近刻作"商"，"斟"下衍"灌斟"二字，并誤。

帝相，一名相安。自太康已來，夏政凌遲，為羿所偪①，乃徙②商③丘，依同姓諸侯斟灌氏、斟尋氏。羿遂襲帝號為羿帝。《御覽》八十二。

①《後漢·桓帝紀》注作"逐"。　②《後漢》注作"都"。　③當作"帝"。

帝羿有窮氏，未聞其姓何先。帝嚳以上，世掌射正。至嚳，賜以彤弓素矢，封之於鉏，為帝司射，歷虞、夏。羿學射於吉甫，其臂長，故以善射聞。及夏之衰，自鉏遷於窮石，因夏民以伐夏篡。帝相徙於商丘，依同姓諸侯斟尋。羿恃其善射，不修民事，淫於田獸，棄其良臣武羅、伯因、熊髡、尨圉而信寒浞。寒浞，伯明氏之讒子，伯明后以讒棄之，而羿以為己相。寒浞殺羿於桃梧，而亨之以食其子。其子不忍食之，死於窮門。浞遂代夏，立為帝。寒浞襲有窮之號，因羿之室，生奡及豷。奡多力，能陸地行舟。使奡帥師滅斟灌、斟尋，殺夏帝相，封奡於過，封豷於戈。恃其詐力，不恤民事。初，奡之殺帝相也，妃仍氏女曰后緡，歸有仍，生少康。初，夏之貴臣曰靡，事羿，羿死，逃於有鬲氏，收斟尋二國餘燼，殺寒浞，立少康，滅奡於過，后杼滅豷於戈，有窮遂亡也。《夏本紀》正義。

羿有窮氏，未聞其姓，其先帝嚳。以世掌射故，於是加賜以弓矢，封之於鉏，為帝司射，歷唐及虞、夏。至羿，學射於吉甫。其臂左長①，故亦以善射聞。與吴賀北游，使羿射雀左目，羿引弓射之，誤中右目。羿俯首而愧，終身不忘。故羿善射至今稱之。及有夏之衰，羿自鉏遷於窮石，因夏民之不附以代夏政，偪篡帝位，故號有窮氏。《御覽》八十二。

①一本無“臂”字，“左”作“佐”。

寒浞有窮氏既篡羿位，復襲有窮之號。浞因羿之室，生奡及豷。奡多力，能陸地蕩舟。浞使奡率師滅斟灌、斟尋氏，殺夏帝相。封奡於過，封豷於戈。恃其詐力，不恤民事。初，奡之殺帝相也，妃有仍氏女曰后緡，方娠，逃出自竇，歸於有仍，生少康焉。初，夏之遺臣曰靡，事羿，羿死，逃奔有鬲氏，收斟灌、斟尋二國餘燼，殺寒浞，立少康。又。

帝杼，一號后杼①。或曰公孫曼。能率禹之功，夏人報祭之。在位十七年。又。

①一作“帝宁，一號后予”。

帝芬，一名帝槐，或曰祖武。在位二十六年。又。

帝芒，一名和，或曰帝芒。又。

帝泄，一名帝世，或曰泄宗。在位十六①年。又。

①《路史·後紀》引作“二十九”。

帝不降，一名帝降，或曰北成①。

①原注：“北”字或作“江”字。又。

帝扃，一名帝禺，或曰高陽。在位二十二①年。又。

①一作“一”。

帝厪，一名頊①，或曰東②江。在位二十年。又。

①《路史》引作“頓”。②一作“董”。

《水經·河水五》注:"《吕氏春秋》曰:'夏后氏孔甲田於東陽萯山,遇大風雨,入於民室。'皇甫謐《帝王世紀》以爲即東首陽山也。蓋是山之殊目矣。"

帝皋,一名皋苟。又。

《史記·夏本紀》:"帝發崩,子帝履癸立,是爲桀。"索隱曰:"按《系本》帝皋生發及桀。此以發生桀,皇甫謐同。"

帝桀淫虐有才,力能伸鉤索鐵。手能搏熊①虎。多求美女,以充後宫。為瓊室瑶臺,金柱三千。始以瓦為屋,以望雲雨。大進侏儒倡優,為爛漫之樂,設奇偉之戲②,縱靡靡之聲。日夜與妹喜及宫女飲酒,常置妹喜於膝上。妹喜好聞裂繒之聲,為發繒裂之,以順適其意。以人駕車,為③肉山脯林,以酒為池④,使可運舟⑤,一鼓而牛飲者三千餘人,醉而溺水。以虎入市,而視其驚⑥。伊尹舉觴造桀,諫曰:"君王不聽群臣之言,亡無日矣。"桀聞言,乃啞然嘆⑦曰:"子又祆言矣。天之有日,由⑧吾之有民。日亡吾乃亡也。"⑨兩日鬭蝕,鬼呼於國,桀醉不寤。湯來伐桀,以乙卯日戰於鳴條之野。桀未戰而敗績,湯追至大涉,遂禽桀於焦,放之歷山。乃與妹喜及諸嬖妾同舟浮海,奔於南巢之山而死。又。

①一無"熊"字。 ②一作"器"。 ③"為"字依五十七卷增。 ④本作"以為酒池",依五十七卷改。 ⑤依五十七卷增此句。 ⑥一作"警"。 ⑦一作"嘯"。 ⑧通"猶"。 ⑨按:此引伏生《尚書大傳》語而不用偽孔。

《伊訓》曰:"造攻自鳴條,朕哉自亳。"又曰:"夏師敗績,乃伐三朡。"《湯誥》曰:"王歸自克夏,至於亳"②。三朡在定陶,於義不得在陳留與東夷也。今安邑見有鳴條陌、昆吾亭。《書·湯誓》正義。

①按:此當作"《書序》曰:遂與桀戰於鳴條之野",方與下文"又曰夏師敗績,乃伐三朡"相接。蓋"夏師敗績"云云,亦是《序》,後人强以偽《書》竄改《世紀》而忘《伊訓》無"夏師"云云八字也。 ②按:此十一字意更不屬,亦妄增。

桀敗於鳴條之野。案:《孟子》"舜卒鳴條",乃在東夷之地,或言陳留平丘,今有鳴條亭在安邑之西。《御覽》百九十四。

河東安邑縣西有鳴條陌,湯伐桀,戰昆吾亭。《後漢·郡國志》注。

夏鯀封崇伯,故《春秋傳》曰"謂之有崇伯鯀"。國在秦、晉之間,《左氏傳》曰"趙穿侵崇"是也。禹受封為夏伯,在《禹貢》豫州外方南,角亢氐之分,壽星之次。於秦、漢屬潁川,本韓地,今河南陽翟是也。受禪都平陽,或在安邑,或在晉陽。於漢,平陽、安邑皆屬河東。晉陽屬太原,太原在冀州太行恒山之西。太原太岳之野,參伐之分,實沈之次。於周為晉,今司隸并州之域也。相徙商丘,於周為衛,成公夢康叔曰"相奪予享"是也。少康中興,復還舊都,故《春秋傳》曰"復禹之迹,不失舊物"是也。《世本》又言"夏后居陽城"本在大梁之南,於戰國,大梁魏都,今陳留浚儀是也。按經傳曰,夏與堯舜同在河北冀州之域,不在河南也。故五子歌曰:"惟彼陶唐,有此冀方。今失厥道,亂其紀綱,乃底滅亡。"①言自禹至太康,與唐、虞不易都域也。然則居陽城者,自為禹避商均時,非都也。故《戰國策》稱"桀之居,左天門之險,右天溪之陽。成皋在其北,伊、洛在其南”。吴起對魏武侯，亦言“桀之居，左河、濟，右泰、華。伊闕在其南，羊腸在其北。”按《地理志》上黨商都有天井關，即天門也。有羊腸坂，在太原晉陽西北九十里，為通西上郡關，即吴起之所云也。洛皆在②陽城，非都審矣。《御覽》一百五十五。

①按：此廿五字當删。《夏本紀》“兄弟五人須於洛汭”，索隱引皇甫謐云：“號五觀也。”謐苟據東晉古文，不得以五子為五觀矣。且上文既“按經傳曰夏與堯舜同在河北”，不必又引五子歌也。惠定宇按《晉書》謂謐之外弟天水梁柳傳《古文尚書》，謐嘗見之，故《五子之歌》等採入《世紀》。孔穎達《尚書正義序》云：“晉世皇甫謐獨得其書，載於《帝紀》，其後傳授始可詳焉。”翔鳳按：士安於古書真僞最為詳慎，如王肅之《家語》、束皙所得之《竹書紀年》未始苟且雷同，豈有反引後出之書？决無是理，正是梁柳輩所附益矣。　②下當有脱文。

禹避商均浚儀。《後漢·郡國志》注。

禹自安邑都晉陽，至桀徙都安邑。至周成王時以封弟叔虞，是為晉侯。《御覽》一百六十三。

自禹至桀并數有窮，凡十九王，合四百三十二年。禹一，啟二，太康三，仲康四，相五，羿六，寒浞七，少康八，杼九，槐十，芒十一，泄十二，降十三，扃十四，廑十五，孔甲十六，皋十七，發十八，桀十九。《初學記》九。

# 帝王世紀第四殷商

簡翟浴玄丘之水，燕遺卵，吞之，剖背生契。《御覽》三百七十一。

有燕飛而遺卵，簡翟與妹競取，覆以玉筐。又八百五。

殷出帝嚳，子姓也。主癸之妃曰扶都，見白氣貫月，意感，以乙日生湯，故名履，字天一，是謂成湯帝。豐下鋭上，皙而有髯，倨身而揚聲。長九尺，臂四肘。有聖德，諸侯不義者，湯從而征之。將伐桀，先滅韋、顧、昆吾，遂戰於鳴條之野。桀奔於南巢之山，湯乃即天子之位。以水承金，始居亳。為天子十三年，年百歲而崩。湯娶有莘氏女為正妃，生太子丁、外丙、仲壬。太子早卒，外丙代立。《初學記》九。

成湯，一名帝乙。豐下鋭上，指有骿，倨身而揚聲。長九尺，臂四肘。有聖德，諸侯有不義者，湯從而征之，誅其君，吊其民，天下咸服①。故東征則西夷怨，南征則北狄怨，曰："奚為而我後②？"故《仲虺誥》曰"徯我後，後來其蘇"也③。凡二十七征，而德施於諸侯焉。有出見羅者方祝曰："從天下者，從地出者，四方來者，皆入吾網。"湯曰：

“嘻！盡之矣。”乃命解其三面而置其一面，更教之祝曰④：“欲左者左，欲右者右，欲高者高，欲下者下。吾取其犯命者。”漢南諸侯聞之，咸曰：“湯之德至矣！澤及禽獸，况於人乎？”一時歸者三十六國⑤。及夏桀無道，湯使人哭之，桀囚湯⑥於夏臺而後釋之。⑦諸侯咸叛桀附湯，同日職貢者五百國，三年而天下悉服。湯即天子位，遂遷九鼎於亳，至大坰而有慚德⑧。湯自伐桀後，大旱七年，洛川竭，使人持三足鼎祝於山川，曰：“欲不節邪？使民疾邪？苞苴行邪？讒夫昌邪？宫室榮邪⑨？女謁行邪？何不雨之極也？”殷史卜曰：“當以人禱。”湯曰：“吾所請雨者，民也。若必以人禱，吾請自當。”遂齊戒翦髮斷爪，以己為牲，禱於桑林之社⑩，曰：“唯予小子履，敢用玄牡，告於皇天后土曰：萬方有罪，罪在朕躬。朕躬有罪，無及萬方。無以一人之不敏，使上帝鬼神傷民之命。”言未已而大雨至，方數千里⑪。《御覽》八十三。

①“服”，一本作“悦”。《藝文》十二亦作“説”。　②《藝文》作“後我”。　③此十三字後人竄入，《藝文》引此亦無此十三字。　④《御覽》九百四十八引此，下有“昔蛛蝥作罔，令人學結”九字。　⑤自“有出見羅者”至此，并依《藝文》所引增。　⑥《藝文》引“湯”下有“使”字。　⑦《夏本紀》“夏臺”，索隱：“皇甫謐云：地在陽翟。”　⑧此十八字據《文選·王元長曲水詩序》注所引增入。下尚有脱文。　⑨《後漢·鍾離意傳》《周舉傳》注引此，“營”并作“榮”。　⑩《御覽》五十五引作“桑林之野”，《後漢·鍾離意傳》注引“以己為犧牲，禱於桑林之社，以六事自責”。　⑪按：此採《墨子》及《吕氏春秋》而不用東晉古文《湯誥》，知士安所未見也。

湯思賢，夢見有人負鼎抗俎對己而笑，寤而占曰：“鼎為和味，俎者割截，天下豈有人為吾宰者哉？”初，力牧之後曰伊摯，耕於有莘之野，湯聞，以幣聘，有莘之君留而不進，湯乃求婚於有莘之君，有莘之君遂嫁女於湯，以摯為媵臣。至亳，乃負鼎抱俎見湯也。《御覽》三百九十七。

伊摯豐下鋭上，色黑而短，僂身而下聲，年七十而不遇。湯聞其賢，設朝禮而見之。摯乃説湯，致於王道。《後漢·馮衍傳》注。

太甲反位，又不怨，故更尊伊尹曰保衡，即《春秋傳》所謂"伊尹放太甲，卒為明王"是也。太甲修政，殷道中興，號曰太宗。《孔叢》所謂"憂思三年，追悔前愆，起而即政，謂之明王"者也。① 一名祖甲，享國三十三年，年百歲②。《御覽》八十三。

①按《孔叢》以下廿二字於上下文皆不屬，且重《春秋傳》語。《孔叢》之出，更在東晉古文之後，士安必未見，斷為竄入。 ②按：此用《書》今文家言，以《無逸篇》祖甲為太甲。

桐宫，蓋殷之墓地。有離宫可居，在鄴西南。又。

伊尹，力牧之後，生於空桑。《殷本紀》索隱。

伊尹名摯，為湯相，號阿衡。年百歲卒，大霧三日，沃丁以天子禮葬之。《史記·殷本紀》集解。

帝沃丁八年，伊尹卒，年百有餘歲。天霧三日，沃丁葬以天子之禮，祀以太牢，親自臨喪三年①，以報大德焉。《水經·泗水》注。《書·沃丁序》正義。《御覽》十五。

①《御覽》八十三引作"資之三年"。

帝祖乙以乙日生，故謂之帝乙。孔子所謂"五世之外，天之錫命疏，可同名"者也。是以祖乙不為諱，蓋殷禮也。《御覽》八十三。

帝盤庚徙都殷，始改商曰殷。又。

盤庚以耿在河北，迫近山川，自祖辛以①來，奢淫不絶②，盤庚乃南渡河，將徙都亳之殷。人咨嗟相怨，不欲徙，盤庚乃作書三篇以告喻之，今為《書·盤庚》三篇是也。亳在偃師。《後漢·郎顗傳》注。又《文苑傳》注。

①一作"巳"。②《書·盤庚序》正義引作"民皆奢侈"。

太戊問於伊陟，伊陟曰："臣聞妖不勝德，帝之政事有闕。"白帝修德。太戊退而占之，曰："桑穀野木而不合生於朝，意者朝亡乎？"太戊懼，修先王之政，明養老之禮，三年而遠方重譯而至七十六國。是言妖不勝德也①。《書·咸乂序》正義。

①按：《書序》："伊陟相太戊，亳有祥，桑穀共生於朝。"孔傳："祥，妖怪。二木合生，七日大拱，不恭之罰。"正義曰："七日大拱。伏生《書傳》有其文。《殷本紀》云'一暮大拱'，言一夜即滿拱。所聞不同，故説異也。皇甫謐云：太戊問於伊陟"云云。據此，則此當更有文，不審同《書大傳》或同《史記》也。

武丁即位，諒闇居凶廬，百官總己聽於冢宰，三年不言。既免喪，猶不言。群臣諫，武丁於是思建良輔。夢天賜賢人，姓傅名説，乃使百工寫其像，求諸天下。見築者胥靡衣褐帶索，執役於虞、虢之間，傅巖之野，名説，登以為相。享國五十有九年，年百歲。初，高宗有賢子孝已，其母早①死，高宗惑後妻之言，放之而死，天下哀之。《御覽》八十三。《世説注》上之上。

①一作"蚤"，同。

高宗夢天賜賢人，胥靡之衣，蒙之而來，曰云："我，徒也，姓傅名説。天下得我者，豈徒也哉！"武丁悟而推之，曰："傅者，相也。説者，歡悦也。天下當有傅我而説民者哉?”明,以夢視百官,百官皆非也。乃使百工寫其形象,求諸天下。果見築者胥靡衣褐帶索,執役於虞、虢之間,傅巖之野,名説。以其得之傅巖,謂之傅説①。《書·説命》正義。

①案:謐言初夢即云姓傅名説,又言得之傅巖謂之傅説,其言自不相副。謐惟見此書,傅會為近世之語,其言非實事也。

《春秋外傳》所謂“玄王勤商,十有四世,帝甲亂之,七世而隕”是也。《御覽》八十三。

帝武乙復濟河北,徙朝歌。又。

帝文丁,一曰太丁。又。

帝乙有二妃,正妃生三子,長子微子啟,中曰微仲行,小曰受。庶妃生箕子,年次啟,皆賢。初,啟母之生啟及行也,尚為妾,及立為后,乃生辛。帝乙以啟賢且長,欲以啟為太子,太史①據法争之,帝乙乃立辛為太子。帝乙即位三十年。又。

①一本無“太”字。

帝紂能倒曳九牛,撫梁易柱。有蘇氏叛,紂因伐蘇。蘇人以美女妲己奉紂,紂大悦,赦蘇而納妲己為妃。常與沉醉於酒,所譽者貴,所憎者誅,淫縱愈甚。始作象箸,箕子為父師,嘆曰:“為象箸必不更於土甌,必將為犀玉之杯,食熊蹯豹胎①。必不衣短褐,處茅茨之下。必將衣文繡之衣,游於九層之臺,居於廣室之中矣。”居五年,紂果造傾宫,作瓊室瑶臺,飾以美玉,七年乃成。其大三②里,其高千丈。其大宫百,其小宫七十三處。宫中九市,車行酒,馬行炙,以百二十日為一夜。六月發民,獵於西山。居期年,天下大風雨,飄牛馬,壞屋樹,天火燒其宫,兩日并盡。或鬼哭，或山鳴。紂不懼，愈慢神，誅諫士。為長夜之飲，七日七夜，失忘歷數，不知甲乙。問於左右，莫知。使問箕子，箕子謂其私人曰："為天下主，而一國皆失日，天下危矣。一國不知，而我獨知之，我其危矣。"宰人以醉，熊蹯不熟，紂怒殺宰人。斮朝涉之脛而視其髓，刳孕婦之腹而觀其胎，又殺人以食虎。諸侯或叛，妲己以罰輕，紂欲重刑，乃先為大熨斗，以火爇之，使人舉，輒爛手不能勝。紂怒，乃更為銅柱，以膏塗之，加於爇炭之上，使有罪者緣焉。足滑，跌墮火中。紂與妲己笑為樂，名曰炮烙之刑。武王乃率諸侯來伐紂，紂有億兆夷人，起師自容閭至浦水，與同惡諸侯五十國，凡七十③萬人，距周於商郊之牧野，紂師皆倒戈而戰。紂即位三十三年，正月甲子敗績，赴宮登鹿臺，蒙寶衣玉④，自投於火而死。周武王封其子武庚為殷後。又。

①《後漢·西羌傳》注引此云"象箸不施於土簋，不盛於菽藿，必須犀玉之杯，熊蹯豹胎"。 ②《御覽》百七十四作"十"。 ③一作"十七"。 ④《御覽》八百五引此，"玉"下有"席"字。

紂為玉箸，箕子曰："玉箸必食熊蹯豹胎。"散宜生獻紂黑豹。《御覽》八百九十二。

紂以鬼侯為三公，鬼侯有女美，而進之於紂，悦之。妲己乃泣而譖之，紂怒鬼侯女，遂殺之而醢鬼侯。又三百八十三。

紂作傾宮，多發美女以充之。武王伐殷，乃歸傾宮之女於諸侯也。《後漢·陳蕃傳》注。

紂多發美女以充傾宮之室，婦女衣綾紈者三百餘人。《後漢·桓帝紀》注。

紂自朝歌北築沙丘臺，多取飛禽野獸置其中。《太平寰宇記》五十九。

邢侯為紂三公，忠諫被誅。又。

朝歌，紂所都居。紂糟丘酒池肉林在城西。《後漢·郡國志》注。

《書·泰誓》正義曰："《殷本紀》云：紂爲長夜之飲，時諸侯或叛，妲己以爲罰輕，紂欲重刑，乃爲熨斗，以火燒之，燃使人舉，輒爛其手，不能勝。紂怒，乃更爲銅柱，以膏塗之，亦加以炭火之上，使有罪者緣之，足滑，跌墜入中。紂與妲己以爲大樂，名曰炮烙之刑。後文王獻洛西之地赤壤之田方千里，請紂除炮烙之刑，紂許之。"皇甫謐作《帝王世紀》亦云然①。謐又云：紂剖比干妻，以視其胎。

①按《史記·殷本紀》文并不同，蓋本《世紀》。

商契始封於商，在《禹貢》太華之陽，今上洛商是也。《世本》契本居番，相徙商丘，本顓頊之墟，故陶唐氏之火正閼伯之所居也。故《春秋傳》曰："閼伯居商丘，祀大火，相因之，故商主大火，謂之大辰，故辰為商星。"今濮陽是也。然則契之所封商丘，商洛是也。商土，於周為衛是也。而學者以商丘為契封，謬矣。湯始居亳，學者咸以亳本帝嚳之墟，在《禹貢》豫州洛河之間，今河南偃師西二十里尸鄉之陽亭是也。以為考之事實，甚失其正①。《孟子》稱"湯居亳，與葛為鄰"，案《地理志》今梁國寧陵之葛鄉是也。湯地七十里，葛又伯耳，封域有制。葛伯不祀，湯使亳衆為之耕，有童子餉食，葛伯奪而殺之②。計寧陵至偃師八百里，而使亳衆為耕，童子餉食，非其理也。今梁自有二亳，南亳在穀熟,北亳在蒙,非偃師也。故古文《仲虺之誥》曰“乃葛伯仇餉,初征自葛”,即《孟子》之言是也③。湯又盟諸侯於景亳。然則二亳皆在梁矣,《春秋》“會於亳”是也。太甲既立,不明,伊尹放諸桐。《世本》又言“太甲從上司馬在鄴西南”。案《詩》《書》太甲無遷都之文,桐宮其在斯乎?仲丁徙囂,或曰:今河南之敖倉是也④,故《書序》曰:“仲丁徙於囂。”河亶甲徙相,在河北,故《書序》曰“河亶甲居相”是也。祖乙徙耿,為河所毁,故《書序》曰“祖乙圮於耿”,今河東有耿鄉是也⑤。及盤庚立,復南居亳之殷地,故《書序》曰“將治亳殷”,今偃師是也。然則殷有三亳,二亳在梁國,一亳在河、洛之間。穀熟為南亳,即湯都也⑥。蒙為北亳,即景亳,湯所盟地⑦。偃師為西亳,即盤庚所徙者也,故《立政篇》曰“三亳阪尹”是也。武丁徙朝歌,於周為衛,今河内縣也。紂自朝歌北築沙丘臺,沙丘,《地理志》在鉅鹿東北七十里邯鄲國,屬趙,於《禹貢》在冀州大陸之野,昴畢之分,大梁之次。至今民俗歌謡,男女淫縱,猶有紂之餘風,世稱趙女之美是也。《御覽》百五十五。

①按:《詩·玄鳥》正義引作“謚考之事實,失其正也”。 ②按:《詩》正義引此文,下有“古文《仲虺之誥》曰:湯征自葛始”十二字,於上下文義無當,是後人竄入。文既竄入,遂各不同,故《御覽》無此語矣。 ③按:此廿四字為後人竄入,當删。《詩》正義所引亦無。 ④《御覽》八十三引此,“或曰”下有“墩”字。 ⑤按《世説注》上之上引作“今河東皮氏耿鄉是也”。 ⑥按:《御覽》本作“一亳在河南,南亳偃師,即湯都也”,大誤。兹據《詩》正義及《御覽》八十一所引改。 ⑦按:《詩》正義引作“即景亳,是湯所受命也”。

殷湯都亳,在梁。又都偃師。至盤庚徙河北,又徙偃師也。《史記·封禪書》正義。

偃師，帝嚳所都。殷盤庚徙南亳，是為西亳。《後漢·郡國志一》。

商之饗國也，三十一王。是見居位者實三十王，而言三十一者，兼數太子丁也。自湯得位至紂，凡六百二十九年。成湯一，外丙二，仲壬三，太甲四，沃丁五，太庚六，小甲七，雍己八，大戊九，仲丁十，外壬十一，河亶甲十二，祖乙十三，祖辛十四，沃甲十五，祖丁十六，南庚十七，陽甲十八，盤庚十九，小辛二十，小乙二十一，武丁二十二，祖庚二十三，祖甲二十四，廪辛二十五，庚丁二十六，武乙二十七，太丁二十八，帝乙二十九，紂三十。《商書》曰："成湯既没，太甲元年。"孔安國注云："太甲，太丁子，湯孫也。太丁未立而卒，及湯没而太甲立，稱元年。"《謚法》："殘義損善曰紂。"敗於牧野，縣首白旗①。從黄帝至紂三十六世。紂二年納妲己，二十年囚文王，三十年武王觀兵於孟津。《初學記》九。

①自"商書曰"至此，非士安元文。

# 帝王世紀第五周

棄恤民勤稼，蓋封地方百里，巡教天下。死於黑水之間，潢渚之野。《御覽》五十五。

《山海經·大荒經》曰："黑水、清水之間有廣都之野，后稷葬焉。"皇甫謐曰："冢去中國三萬里也。"《周本紀》集解。

后稷納姞氏，生不窋。《周本紀》索隱。

公非，字辟方。又。

云都，亞圉字。《周本紀》集解。

公祖，一名組紺諸盩，字叔類，號曰太公也。《周本紀》索隱。

古公亶父是為太王，以修德為百姓所附。狄人攻之，以皮幣事之不得免焉，又事之以玉帛不得免焉，又事之以犬馬不得免焉，遂策杖而去，逾梁山①，止於岐山之陽，邑於周地，故始改國曰周。豳人聞之，曰："仁人也，不可失也。"東循而奔，從之者如歸市焉。一年而成三千户之邑，二年而成都，三年五倍其初。王於是改戎俗，築城郭，立宗廟，設官司，即《詩》所謂"乃召司空，乃召司徒，俾立室家。

其繩則直""作廟翼翼""築之登登,削屢馮馮"者也。周道之端,蓋自此始。《御覽》百五十六。《長安志》二。

王季於帝乙殷王之時,賜九命為西長,始受圭瓚秬鬯。《周南譜》正義。

①三字依《後漢·陳龜傳》注增。

周,姬姓也。文王始修政,三年而天下二分歸之,入為紂三公。年十五而生太子發。文王九十七而崩,太子發代立,是為武王。武王二年,觀兵至孟津之上。四年,始伐殷為天子,以木承水。自酆徙都鎬。武王崩年九十三,太子誦代立,是為成王。《初學記》九。

文王昌,龍顏虎肩①,身長十尺,胸有四乳。敬老慈幼,晏朝不食,以延四方之士。文王合六州之諸侯以朝紂,紂以崇侯之讒而怒,諸侯請送文王棄於程。十年正月,文王自商至程,太姒夢見商庭生棘,太子發取周庭之梓樹之於闕間,梓化為松柏柞棫。覺而驚,以告文王。文王不敢占,召太子發,命祝以幣告於宗廟群神,然後占之於明堂。及發并拜吉夢,遂作《程寤》。始文王繼父為西伯,都於雍州之地。及受命,復兼梁、荆二州,化被於江、漢之域,於是諸侯歸附之者六州,而文王不失臣節。先是文王夢日月之光著身,又鸑鷟鳴於岐,作武象之樂。神農始作五弦之琴,以具宫商角徵羽之音。歷九代至文王,復增其二弦,曰少宫、少商。文王嗣位五十年,即《周書》所謂"文王受命享國五十年"是也。《御覽》八十四。

①"肩",《史記》正義《册府元龜》《御覽》三百六十五并引作"眉",《藝文》十二作"肩"。

文王徙宅於程。《詩·皇矣》正義。

西伯至仁，百姓襁負而至。《後漢·陳龜傳》注。

文王自程徙都豐。季秋之月甲子，赤雀銜丹書入豐，止於文王之户，言天命歸周之意。先是，文王夢日月之光著身。《御覽》三百九十八。

文王即位四十二年，歲在鶉火，文王更為受命之元年，始稱王矣。《周本紀》正義。

《周本紀》云："詩人道西伯蓋受命之年稱王。皇甫謐亦云受命元年始稱王矣。"《詩·文王》正義。

文王問太公："吾用兵孰可？"太公曰："密須氏疑於我，我可先伐之。"管叔曰："不可。其君天下之明君，伐之不義。"太公曰："臣聞先王之伐也，伐逆不伐順，伐險不伐易。"文王曰："善。"遂侵阮徂共，而伐密須。密須之人自縛其君而歸文王。《詩·皇矣》正義。

未受命時已得太公。《詩·文王》正義。

文王晏朝不食，以延四方之士，是以大顛、閎夭、散宜生、南宫适之屬咸至，是為四臣。文王雖在諸侯之位，襲父為西伯。紂既囚文王，文王之長子曰伯邑考，質於殷，為紂御，紂烹以為羹，賜文王，曰："聖人當不食其子羹。"文王得而食之，紂曰："誰謂西伯聖者？食其子羹尚不知也。"《御覽》八十四。

文王取太姒，生伯邑考、武王發，次管叔鮮，次蔡侯，次郕叔武，次霍叔處，次周公旦，次曹叔振鐸，次康叔封，次聃叔季載。《詩·思齊》正義。

文王受命，四年周正月丙子朔，昆①夷氏侵②周，一日三至周之東門。文王閉門修德而不與戰。《詩·采薇》正義。

①《綿》正義引作“混”。 ②《綿》正義作“伐”。

三統歷以爲文王受命九年而崩，班固、賈逵、馬融、王肅、韋昭、皇甫謐皆悉同之。《詩·文王序》正義。

武王自盟津還，反於周，見暍人，王自左擁而右扇之。紂政彌亂，殷太史向摯載其圖書而歸周。王以告於諸侯。四年，起師至鮪水①。甲子，至於商郊牧野，乃作《牧誓》。王襪繫解，五人侍於前，莫肯為王繫襪，皆曰：“臣所以事君，非為繫襪也。”王乃釋旄鉞而繫之。與紂戰，紂師敗績。擒費仲、惡來，紂赴於京，自燔於宣室而死。二嬖妾與妲己亦自殺。乃以大白旄②麾諸侯入殷都，百姓咸待乎郊。王使告曰：“上天降休。”商人皆拜，王亦答拜。以兵入，造紂及妲己尸。王親射之，三發然後下車，以劍擊之。周公為司徒，使以黄鉞斬紂頭，懸於大白之旗。召公為司空，又使以玄鉞斬妲己頭，懸之小白旗。明日天雨，王命除道修社，入商宫，朝成湯之廟。登堂見美玉，入室見美女，王皆取而歸之諸侯③。天下聞之，以廉於財色矣④。置旌於商容之閭，釋箕子之囚，散鹿臺之財，發鉅橋之粟，以賑貧民。命南宫适⑤伯達、史佚遷九鼎於洛邑，命閎夭封比干之墓，命宗祝饗祀於軍。微子膠鬲皆委質為臣。殷人咸喜，曰：“王之於人也，死者猶封其墓，況其生者乎？王之於賢仁也，亡者猶表其廬，況其存者乎？王之於財也，聚者猶散之，況其復籍者乎？王之於色也，在者猶歸其父母，況復征之乎？”十年冬，王崩於鎬，殯於岐，時年九十三歲矣。太子誦立，為成王。《藝文類聚》十二。《御覽》八十四。

①《初學記》九引作"武王四年，起師而東，遂率戎車至滌"。②"大白旂"一作"大旗"。③《文選注》五十六引《世紀》曰"王命歸琁臺之珠玉"，當在此。④《初學記》廿四引《世紀》曰："武王入殷，登堂，見美玉，曰：誰之玉？或曰：諸侯之玉也。王取而歸之。天下聞之，曰：王廉於財矣。"⑤《藝文》無"适"字。

武王入殷，命召公釋箕子之囚，表商容之閭，出傾宫之女於諸侯。《後漢·周舉傳》注。

王命封墓釋囚，又歸殷琁臺之珠玉及傾宫之女於諸侯。殷民咸喜，曰："王之於仁人也，死者猶封其墓，况生者乎？王之於賢人也，亡者猶表其閭，况存者乎？王之於財也，聚者猶散之，况其復籍之乎？"《書·武成》正義。

商容及殷民觀周軍之入，見畢公至，殷民曰："是吾新君也。"容曰："非也。視其為人，嚴乎將有急色，故君子臨事而懼。"見太公至，民曰："是吾新君也。"容曰："非也。視其為人，虎據而鷹趾，當敵將衆，威怒自倍。見利即前，不顧其後。故君子臨衆，果於進退。"見周公至，民曰："是吾新君也。"容曰："非也。視其為人，忻忻休休，志在除賊。是非天子，則周之相國也。故聖人臨衆知之。"見武王至，民曰："是吾新君也。"容曰："然。聖人為海内討惡，見惡不怒，見善不喜①，顔色相副，是以知之。"又。

①《文選·石闕銘》注引此，作"見利不喜"。

詩人歌武王之德，今《小雅》自《魚麗》至《菁菁者莪》七篇是也。《詩·大雅譜》正義。

武王伐紂之年，夏四月乙卯，祀於周廟，將率之士皆封。諸侯國四百人，兄弟之國十五人，同姓之國四十人①。《詩·賚》正義。

①按:此本《左傳》《周書》而不用《武成》僞書。

武王妃①太公之女,曰邑姜。修教於内,生太子誦。《藝文類聚》十五。《御覽》四十六。

①《御覽》作“納”。

武王定位元年,歲在乙酉。六年庚寅崩。《周本紀》集解。

文王葬於畢,畢在杜南。《書·亳姑序》正義。

成王元年,周公居冢宰,攝政。王年少,未能治事,故號曰孺子。八年春正月朔,王始躬親政事,以周公為太師,封伯禽於魯,父子并命。周公拜於前,魯公拜於後。王以周公有勛勞於天下,故加魯以四等之上,兼二十四附庸,地方七百里,革車千乘。王既營都洛邑,復居豐鎬。淮夷、徐戎及商奄又叛,王乃大蒐①於岐陽,東伐淮夷。七年,王崩,年十六矣②。太子釗即位。《藝文類聚》十二。《御覽》八十四。

①《藝文》作“搜”。②按此句有訛脱。

邵公為文王庶子。《禮記》釋文。

《燕世家》云“與周同姓”,孔安國及鄭皆云爾。皇甫謐云“文王之庶子”。按《左傳》富辰言“文之昭”十六國,無燕也。未知士安之言,何所憑據。《詩·甘棠》正義。

自殷都以東為衛,管叔監之;殷都以西為鄘,蔡叔監之;殷都以北為邶,霍叔監之。是為三監。《史記·周本紀》正義。

周成王時,肅慎氏來獻楛矢、石砮,長尺有咫。《初學記》五。

《文心雕龍·練字篇》曰:“《尚書大傳》有別風淮雨,《帝王世紀》云列風淫雨。”①

①按:《後漢·南蠻傳》"久矣,天之無烈風雷雨",注云"《尚書大傳》作別風淮雨"。又按《書·舜典》正義、《詩·蓼蕭》、《臣工》、《周頌譜》正義引《書傳》作此"列風淫雨"。

康王元年,釋喪冕,作誥申諸侯。命畢公作策,分民之居里於成周之郊。王在位二十六年崩,子瑕代立,是謂昭王。《御覽》八十五。

昭王在位五十一年,以德衰南征。及濟於漢,船人惡之,乃膠船進王。王御船至中流,膠液解,王及祭公俱没水而崩。其右辛游靡長臂且多力,拯得王①。國人諱之。王室於是乎大微。王娶於房,曰房后。生太子滿,代立,是謂穆王。又。

①《周本紀》正義引作"其右卒游靡長臂且多力游振得王"。

穆王即位,命伯嬰① 為太僕②。今《尚書·君牙》《伯冏》二篇是也③。《藝文類聚》四十九。

①當作"臩",形近而訛。 ②按:此本《史記》而不用東晉古文。 ③按:"今尚書"以下十一字係後人所增。

周穆王征犬戎,得煉鋼赤刀,用之割玉如割泥焉。《御覽》七十四。

穆王修德教,會諸侯於塗山,命吕侯為相,或謂之甫侯。五十一年,王一百歲①,老耄,以吕侯有賢能之德,於是乃命吕侯作《吕刑》之書。五十五年,王年百五歲,崩於祇宮。《御覽》八十五。

①一作"王已百歲"。

共王能庇昭穆之闕①,故《春秋》稱之。周自共王至夷王四世,年紀不明,是以歷依魯為正。王在位二十年崩,子囏②代立。又。

①"共"一作"恭",下同。 ②一作"堅"。

懿王二年,徙都犬丘。又。

夷王即位,諸侯來朝。王降與抗禮,諸侯德之。三年,王有惡疾,愆於厥身,諸侯莫不并走群望,以祈王身。十六年,王崩。又。

厲王荒沉於酒,淫於婦人。又。

共伯和干王位。《史記·三代世表》索隱。

宣王元年,以邵穆公為相,秦仲為大夫,誅西戎。是時天大旱,王以不雨,遇災而懼,側身修行,欲消去之,祈於群神,六月乃得雨。大夫仍叔美而歌之,今《雲漢》之詩是也。是歲西戎殺秦仲,王於是進用賢良,樊侯仲山父、尹吉父、程伯休父、虢文公、申伯、韓侯顯父、南仲、方叔、仍叔、召穆公、張仲之屬,并為卿佐。自厲王失政,玁狁荆蠻,交侵中國,官政隳廢,百姓離散。王乃修復宮室,興牧人,納規諫[1],安集兆民。命南仲、召虎、方叔、吉父并征定,復先王境土。繕車徒,興畋狩禮,天下喜王化復行,號稱中興。《御覽》八十五。

①一作"興收人才,容納規諫"。

宣王遭旱,非止一年,故皇甫謐以旱積五年。《詩·雲漢》正義。

三十年,伐魯[1]。謂宣王三十年。諸侯從此而不睦。《詩·小大雅譜》正義。

①謂宣王三十年。

鄭桓公友,宣王庶弟。《詩·鄭譜》正義。

西鄭為友之始封。《水經·渭水》注。

幽王三年納褒姒,八年立以為后。《詩·白華序》正義。

幽王三年嬖褒姒，褒姒年十四。又。

《十月之交》四篇正刺幽王。《詩·十月之交》正義。

《魯語》里革對威公云"幽王滅於戲"，今京兆新豐東二十里戲亭是也。《詩·王風譜》正義。

平王元年，鄭武公為司徒，與晉文侯股肱周室，夾輔平王，率諸侯，戮力一心，東遷洛邑。《御覽》八十五。

桓王既失於信，禮義陵遲，男子淫奔，讒偽并作，諸侯背叛，搆怨連禍，九族不親，故詩人刺之①。又。

①《詩序》："《葛藟》，王族刺平王也。周室道衰，棄其九族焉。"《音義》作"刺桓王"，云："本亦作刺平王。案《詩譜》是平王詩，皇甫士安以為桓王之詩，崔集注本亦作桓王。"正義引定本亦作"刺桓王"。

平王時，王室微弱，詩人怨而為刺，今《王風》自《黍離》至《中谷有蓷》五篇是也。桓王失信，禮義陵遲，男女淫奔，讒偽并作，九族不親，今《王風》自《兔爰》至《大車》四篇是也。《詩·王風譜》正義。

僖王自即位以來，變文武之制，作玄黄華麗之飾，宫室峻而奢侈，故孔子譏焉。五年，王崩，子凉洪代立。《御覽》八十五。

景王遇心疾，崩於榮錡氏。單穆公與劉文公立太子猛，是為悼王。景王在位二十五年。又。

悼王葬景王於翟泉，今濟陽太倉中大冢是也。《水經·穀水》注。

翟泉在洛陽東北，周之墓地。又。

悼王以景王二十五年四月始即位，十一月崩。王立凡二百日，故《春秋》稱"王子猛卒，不成喪"，故不言天王崩也。立王母弟丐，是謂敬王。《御覽》八十五。

敬王四十四年,元己卯,崩壬戌也。《周本紀》集解。

元王十一年癸未,三晉滅智伯。二十八年崩,三子爭立,立應為貞王①。又。

①按:依《世紀》當作"貞定王"。

貞定王十年,元癸亥,崩壬申①。又。

①按:《周本紀》"敬王崩,子元王仁立",集解:"徐廣曰:《世本》云貞王介也。"《本紀》又雲:"元王八年崩,子定王介立。"集解:"徐廣曰:《世本》云元王赤也。皇甫謐曰:元王十一年癸未,三晉滅智伯。二十八年崩,三子爭立,立應為貞王。"索隱曰:"《世本》云元王赤,皇甫謐曰貞定王。考據二文,則是元有兩名。一名仁,一名赤。如《史記》則元王為定王父,定王即貞王也。依《世本》則元王是貞王子,必有一乖誤。然此定當為貞字誤也。豈周家有兩定王,代數又非遠乎?皇甫謐見此,疑而不決,遂彌縫《史記》《世本》錯謬,因謂為貞定王,未為得也。"

哀王即位三月,弟叔襲殺王而立,是為思王。《御覽》八十五。

思王即位五月,弟隗攻殺王而代立,是為考哲王。又。

考哲王封弟揭於河南,續周公之官,是為西周桓公。按:自敬王遷都成周,號東周。桓公都王城,號西周桓公。《周本紀》正義。

考哲王元辛丑,崩乙卯。威烈王元丙辰,崩己卯。安王元庚辰,崩乙巳。《周本紀》集解。

威烈王崩,子耽立,是為元安王。《御覽》八十五。

安王子喜立,是為烈王。又。

顯王元年,趙成侯、韓哀侯來攻周。二年,西周威公之嗣曰惠公王,始封惠公少子班於鞏以奉王,號東周惠公。周於是始分為東西,王室微弱,政在西周。又。

慎靚王立六年①子赧王延立。又。

①“靚”一作“靖”。

赧王二十七年冬十月，秦昭襄王仍僭號西帝，齊閔王稱東帝。十一月，秦、齊各復去帝號為王。四十五年，王如秦，得罪於秦，秦攻周，或説秦王，乃止。王號雖居天子之位，為諸侯之所侵偪，與家人無異。多貰於民，無以歸之，乃上臺以避之，故周人因名其臺為逃債之臺，洛陽南宮誃臺是也。五十九年，秦攻韓、魏、趙，大破之，王懼，乃背秦與諸侯合從，將天下鋭師出伊闕攻秦，秦昭襄王大怒，使將軍樛攻周王。王恐，乃入秦頓首受罪，盡獻其邑。秦盡納其獻，使赧王歸於周，降為庶人，以壽終。又。

①《御覽》原注：“誃音夷，又音尸移切。”按：一百七十七卷引作“簃臺”。　②音求。

赧王名誕①。赧非謚，《謚法》無“赧”，正以微弱竊缺逃債，赧然慚愧，故號曰赧耳。《周本紀》索隱。

①按：亦作“延”。

周后稷始封邰，今扶風是也。及公劉徙居邑於豳，今新平漆之東北有豳亭是也。故《詩》稱“篤公劉，於豳斯館”。至太王避狄，循漆水，逾梁山，徙邑於岐山之陽，今美陽①西北有②岐城舊趾是也。故《詩》稱“率西水滸，至於岐下。”南有周原，故始改號曰周。王季徙程，故《書序》曰“維周王季宅程”是也。故《孟子》稱“文王生於畢郢，西夷人也”。暨文王受命，徙都於豐，在今京兆之西是也。故《詩》稱“既伐於崇，作邑於豐”。及武王伐紂，營洛邑而定鼎焉，今洛陽西南洛水之北有鼎中觀是也。周公相成王，以豐、鎬偏處西方，貢不均③，乃使邵公卜居洛水之陽，以即土中④。故《援神契》曰:"八方之廣,周洛為中。"於是遂築新邑,營定九鼎,以為王之東都於洛邑。故《周書》稱:"我乃卜澗水東、瀍水西,唯洛食",是為王城,名曰東周。故《公羊傳》曰:"王城者何?東周也。"《地理志》王城本郟鄏之地,是以或謂之郟鄏。故《春秋傳》曰"成王定鼎於郟鄏",河南是也。今郟鄏東門名鼎門,蓋九鼎所從入也。成王既卜營洛邑,建明堂,朝諸侯,復還酆、鎬,故《書序》曰:"成王既黜殷命,還歸在酆。"至懿王徙犬丘,秦謂之廢丘,今京兆槐里是也。《世本》曰:"懿王居犬丘,厲王淫亂,出於彘。"今河東永安是也。平王即位,徙居洛,《洛誥》所謂新邑也。《國語》曰:"幽王滅,周乃東遷,"本殷之畿內,在《禹貢》豫州外方之域,河、洛、纏、澗之間。周於南柳七星張之分,鶉火之次也。及敬王避子朝之亂,東居成周,故《春秋經》曰"天王入於成周"是也。後六年,王室定,遂徙都成周。是後晉又率諸侯之徒修繕其城,以成周城小,不受王都,故壞翟泉而廣焉。翟泉地在成周東北,今洛陽城中有周王冢是也。至赧王又徙居西周而失位。《御覽》百五十五。

①三字據《周南譜》正義增。 ②"有"字亦據《詩》正義增。 ③按:一百五十八卷引作"偏在西方,職貢不均"。 ④又"土中"引作"中土"。

文王居程,徙都豐。《後漢·郡國志》注。

豐在京兆鄠縣東,豐水之西。文王自程徙此。《詩·周南譜》正義。

鎬地即周之故都也。《太平寰宇記》廿五。

鎬在長安南二十里。《詩·小大雅譜》正義。

《春秋》"成王定鼎於郟鄏",其南門名定鼎門,蓋九鼎所從入也。《文選·謝朓〈暫使下都詩〉》注。

雒陽,周時號成周。城東西六里十一步,南北九里一百步。《後漢·郡國志》注。

狄泉本殷之墓地,在成周東北。今城中有殷王冢是也。又太倉中大冢,周景王也。又。

周襄王十五年,秦、晋遷陸渾之戎於伊川。果符辛有之言。《御覽》百五十八。

晉趙鞅納王,使汝寬守闕塞。服虔曰:"闕塞,南山伊闕也。"又。

虢有三焉:周興,封虢仲於西虢,此其地也。封虢叔於東虢,即成皋是也。今郟郡平陸縣是北虢。《御覽》百五十九。

自克殷至秦滅周之歲,凡三十七王,八百六十七年。武王一,成王二,康王三,昭王四,穆王五,恭王六,懿王七,孝王八,夷王九,厲王十,宣王十一,幽王十二,平王十三,桓王十四,莊王十五,釐王十六,惠王十七,襄王十八,頃王十九,匡王二十,定王二十一,簡王二十二,靈王二十三,景王二十四,悼王二十五,敬王二十六,貞定王二十七,元王二十八,哀王二十九,思王三十,考王三十一,威烈王三十二,元安王三十三,夷烈王三十四,顯聖王三十五,慎靚王三十六,赧王三十七。《初學記》九。

伯禽以成王元年封,四十六年,康王十六年卒。　獻公三十六年。　哀公,元甲辰,終庚午。　悼公四十年。元辛未,終庚戌。　元公元辛亥,終辛未。　穆公元壬申,終甲辰。　共公元乙巳,終丙寅。　康公元丁卯,終乙亥。　景公元丙子,終甲辰。　平公元乙巳,終甲子。　文公元乙丑,終丁亥。　頃公元戊子,終辛亥。《史記·魯世家》集解。

漢武帝元鼎四年,東巡河、洛,思周德,乃封姬嘉三千户,地方三十里,為周子南君,以奉周祀。元鼎五年,嘉弟昭進爵為承休侯,在此城也。平帝元始四年進為鄭公,光武建武三年封姬觀為衛公。《周本紀》正義。

# 帝王世紀第六秦

秦，嬴姓也，昔伯翳為舜主畜，多，故賜姓嬴氏。孝襄公始修霸業，壞井田，開阡陌，天子命為伯。至昭襄王，自稱西帝，攻周，廢赧王，取九鼎。至莊襄王，滅東、西周。莊襄王崩，政立為始皇帝，并天下，置三十六郡。自以水德，故以十月為正，色尚黑。使蒙恬築長城，焚《詩》《書》百家之言，坑儒士四百六十人。三十七年，崩於沙丘平臺，年五十。《初學記》九。

自昭襄王滅周至子嬰，凡四王二帝，合四十九年。昭襄王一，孝文王二，莊襄王三，始皇帝四，胡亥五，子嬰六。又。

秦改鎬曰咸陽，都焉。為漢驅除，不求五運，别以水德王。秦自始封至滅，三十六世，合六百五十年。秦，顓頊之後。先世造父之為穆王御，有功，封之於趙城。國為趙氏也。與簡子同祖，嬴姓也。秦亦在水火之間。又。

秦自非子受封，至始皇滅周之歲，在大梁。前後七遷，皆在《禹貢》雍州之域，荆山、終南、敦物之野，東井輿鬼之分，鶉火之次也。《御覽》五十五。

《史記·秦本紀》:"帝錫玄圭，禹受，曰:'非予能成，亦大費爲輔。'帝舜曰:'咨爾費，贊禹功。其賜爾皂游。爾後嗣將大出。'乃妻之姚姓之玉女。"集解:"徐廣曰:皇甫謐云:賜之玄玉，妻以姚姓之女也。"

又云:"蜚廉爲紂石北方。"集解:"徐廣曰:皇甫謐云:作石椁於北方。""死，遂葬於霍太山①。"集解:"皇甫謐云:去彘縣十五里有冢，常祠之。"

①謂蜚廉。

秦襄公二年，徙都汧。《秦本紀》正義。

文公葬於西山，在今隴西之西縣。《秦本紀》集解。

秦寧公都平陽。按岐山縣有陽平鄉，鄉内有平陽聚。《秦本紀》正義。

亳王號湯，西夷之國也。《秦本紀》集解。

秦寧公葬西山大麓，故號秦陵山也。《秦本紀》正義。

秦出公徙平陽。《後漢·郡國志》注。

左馮翊萬年，秦獻公都櫟陽是。又。

秦莊王葬於芷陽之麗山①。

①按:"芷陽"一本誤作"芒陽"。《水經·渭水》注。

秦非子始封於秦，故《秦本紀》稱周孝王曰:"朕分之土，邑秦"，本隴西秦谷亭是也。玄孫莊公徙廢丘，周懿王之所都，今槐里是也。及襄公始受酆之地，列為諸侯。文公徙汧，故《秦本紀》曰"公東獵至汧，乃卜居之"，今扶風郿縣是也。寧公又都平陽，故《秦本紀》曰"寧公二年徙居平陽"，今扶風郿之平陽亭是也。故《秦本紀》曰"德公元年初居雍”，今扶風雍是也。至獻公即位，徙治櫟陽，今馮翊萬年是也。孝公自櫟陽徙咸陽，《秦本紀》曰“作為咸陽，築冀闕，徙之”。及漢元年更名新城，屬扶風，後并於長安，故太史公《傳》曰“長安故咸陽也”。元鼎三年復别為渭城，今長安西北渭水陽有故城，故《西京賦》曰“秦里其朔，實為咸陽”是也。《御覽》百五十五。

# 帝王世紀第七前漢

漢出自帝堯，劉姓也。豐公生執嘉，即太上皇也。太上皇之妃曰媪，是為昭靈后。生子邦，字季，是為漢高皇帝。秦二世元年，諸侯叛秦，沛人共立為沛公。二年，入武關，至灞上，秦王子嬰降，項羽自立為西楚霸王，立沛公為漢王，王巴蜀。漢元年，還攻雍，遂定三秦。五年，破楚王羽於垓下，追斬於東城，天下始定。春正月，楚王韓信等請尊為皇帝。二年，即位于定陶汜水之陽，都長安。十二年，崩于長樂宫，年六十二。初，納吕公之女，謂之高皇后。生太子盈，代立。《初學記》九。

高祖為泗上亭長，送徒驪山。徒多道亡，自度比至皆失盡，到豐西澤中止飲，夜乃解縱所送徒。高祖即自疑亡匿於芒碭山澤岩石之間。又。

高祖以秦昭王五十一年生，至漢十二年，年六十三。《史記·高祖紀》集解。

高祖葬長陵。長陵山東西廣百二十丈，高十三丈，在渭水北，去長安城三十五里。又。

豐公家於沛之豐邑中①，其妻夢赤烏②若龍，戲己而生執嘉，是為太公，即太上皇也。太上皇之妃曰媪③，是為昭靈后，名含始。游於洛池，有玉鷄④銜赤珠出，刻曰玉英，吞此者王。含始吞之，生邦，字季⑤。《御覽》八十七。

①本作"之"，依《藝文類聚》九十九改。②本作"馬"，依《藝文》九十九《御覽》九百廿改。③《史記·高祖紀》索隱引皇甫謐云"媪蓋姓王氏"。④《高祖紀》正義引作"寶鷄"。⑤《漢書·孝惠紀》"立皇后張氏"，注師古曰："張敖之女也，《史記》《漢書》無名字。皇甫謐作《帝王世紀》皆為惠帝張后及孝文薄后以下别制名焉，至於薄父之徒亦立名字，何從而得之乎？雖欲示博聞，不知陷於穿鑿。"按：《史記索隱》知太上皇、昭靈后之名皆本《春秋握誠圖》《詩含神霧》，故顔氏不言其穿鑿也。

玄晏先生曰：禮稱至道以王，義道以霸。觀漢祖之取天下也，遭秦世暴亂，不階尺土之資，不握①將相之柄，發迹泗亭，奮其智謀，羈勒英雄，鞭驅天下，或以威服，或以德制，或以義成，或以權斷，逆順不常，霸王之道雜焉，是以聖②居帝王之位，而無一定之制。三代之美，固難及矣。又。

①"握"一作"權"。②一本無"聖"字。

孝文即位二十三年，年四十七。葬霸陵，因山為體，廟名顧成。又。

孝景帝在位十六年，年四十八。葬陽陵，廟名德陽。《御覽》八十八。

孝武帝廟名淵龍。又。

宣帝廟名樂游。《御覽》八十九。

孝元皇帝廟名長壽。又。

成帝廟名池陽。又。

嬰為孺子,三年而廢為安定公,十五年而失國。更始二年,平陵方望等將嬰聚衆為天子。數月,更始乃殺之。又。

按前漢十二帝:高祖一,惠帝二,高后三,文帝四,景帝五,武帝六,昭帝七,宣帝八,元帝九,成帝十,哀帝十一,平帝十二,王莽立孺子嬰,居攝,三年簒位,十二年更始立二年。《初學記》九。

自高祖元年至更始二年,凡得二百三十年。又。

更始名玄,字聖公,即位凡三年。《御覽》九十。

舂陵戴侯熊渠生蒼梧太守利,利生子張,納何氏女,生更始。《後漢·劉玄傳》注。

# 帝王世紀第八後漢

光武皇帝出自景帝也，名秀，字文叔。更始元年為偏將軍，破王邑，殺王尋，誅王郎。更始二年，立為蕭王。建武元年四月，更始降赤眉。六月，光武即帝位於常山鄗之陽千秋亭，都洛陽。在位三十三年。中元二年二月，崩於洛陽南宮，年六十三。太子莊代立，是為孝明皇帝。《初學記》九。

光武葬臨平亭南，西望平陰。《水經·河水》注。

原陵①，方三百二十步，高六丈，在臨平亭東南，去洛陽十五里。《後漢·明帝紀》注。

①光武陵。

玄晏先生曰：《左氏春秋》稱夏少康之起，"有田一成，有衆一旅"，若漢之再命。世祖不借①成旅之資，平暴反正，遂建中興，夏康同美矣。《御覽》九十。

①一作"階"。

顯節陵，①方三百步，高八丈。其地故富壽亭也，西北去洛陽三十七里。《後漢·章帝紀》注。

①明帝陵。

孝章皇帝以中元三年生於京師，其母姓秘不出號，其墓曰長信冢。《御覽》九十一。

孝和之嗣世，正身履道，以奉大業，賓禮耆艾，動式舊典，宮無嬪嬙鄭衛之燕，囿無般樂游畋之豫，躬履至德，虛靜自損。是以屢獲豐年，遠近承風。《藝文類聚》十二。

孝冲皇帝即位一年，年三歲。《御覽》九十二。

協，字伯和。①《後漢·獻帝紀》注。

①獻帝也。

禪陵，①在濁鹿城西北十里。在今懷州修武縣北二十五里。陵高二丈，周回二百步。又。

①獻帝陵。

漢高帝元年始為漢王，都南鄭，屬漢中，秦厲公所置，在《禹貢》梁州之域，北達雍，南跨巴蜀，與秦同分。二年，北徙櫟陽，故秦獻公之所居。後居萬年，故屬馮翊，今京兆縣也。都長安，秦咸陽之地，今京兆所治縣也。其城狹小，至惠帝元年始更築廣，五年乃成。光武以武信侯進封蕭王，在《禹貢》徐州之域，於周以封子姓之別附庸，事在《春秋》，於漢屬豫州，今沛國蕭是也。及即位於鄗，更名高邑。建武元年始都洛陽，故成周之舊基，城東西六里一十步，南北九里一百步。是以時人謂洛陽為東京，長安為西京。《御覽》百五十五。

按後漢十二帝：光武一，明帝二，章帝三，和帝四，殤帝五，安帝六，順帝七，冲帝八，質帝九，桓帝十，靈帝十一,獻帝十二。《初學記》九。

自漢元至更始二年,凡二百一十二年。自居攝元年至更始二年,凡十八年。自建武元年至延康元年,凡一百九十五年。漢前後諸廢帝及王莽合三十一帝,四百二十六年。又。

# 帝王世紀第九魏

魏，曹姓也。武皇帝諱操，字孟德。漢建安二十四年進爵為魏王，改二十五年為延康元年。春正月崩於洛陽，年六十六。太子丕代立，是為文皇帝。其年冬十月受漢禪，改延康元年曰皇①初，都洛陽。皇初七年崩，年四十。《初學記》九。

①當作“黃”，下同。

黃初元年追尊謚號曰武皇帝，廟號曰太祖。《御覽》九十三。

曹騰封費亭侯，酇縣有費亭是也。《後漢·郡國志》注。

魏文帝登禪於曲蠡之繁陽亭，為縣曰繁昌。亦《禹貢》豫州之域，今許之封内，今潁川繁昌是也。又。

高貴鄉公為太子舍人成濟所害，年二十。以公禮葬之。《御覽》九十四。

陳留王即位，禪晉，封陳留王就國治鄴，奉魏宗祀。又。

魏武為魏公，都鄴，今魏郡是也。後文帝因漢之舊，復都洛陽。以譙為先人本國，許昌為漢之所居，長安為西京之遺迹,鄴為王業之本基,與洛陽凡五處,故號曰五都。《御覽》百五十五。

自皇初元年至禪晉之歲,凡五帝,四十五年。文帝一,明帝二,廢帝齊王三,廢帝高貴鄉公四,元帝五。《初學記》九。

# 帝王世紀第十 星野 歷代墾田户口數

自天地設闢,未有經界之制。三皇尚矣,諸子稱神農之王天下也,地東西九十萬里,南北八十五萬里,及黄帝受命,始作舟車,以濟不通。乃推分星次,以定律度。自斗十一度至婺女七度,一名須女,曰星紀之次,於辰在丑,謂之赤奮若,於律為黄鍾,斗建在子,今吴、越分野。自婺八度至危十六度,曰玄枵之次,一名天黿,於辰在子,謂之困敦,於律為大吕,斗建在丑,今齊分野。自危十七度至奎四度,曰豕韋之次,一名娵訾,於辰在亥,謂之大淵獻,於律為太簇,斗建在寅,今衛分野。自奎五度至胃六度,曰降婁之次,於辰在戌,謂之閹茂,於律為夾鍾,斗建在卯,今魯分野。自胃七度至畢十一度,曰大梁之次,於辰在酉,謂之作噩,於律為姑洗,斗建在辰,今趙分野。自畢十二度至東井十五度,曰實沈之次,於辰在申,謂之涒灘,於律為中吕,斗建在巳,今晉、魏分野。自井十六度至柳八度,曰鶉首之次,於辰在未,謂之葉洽,於律為蕤賓,斗建在午,今秦分野。自柳九度至張十七度,曰鶉火之次,於辰在午,謂之敦牂，一名大律，於律為林鍾，斗建在未，今周分野。自張十八度至軫十一度，曰鶉尾之次，於辰在巳，謂之大荒落，於律為夷則，斗建在申，今楚分野。自軫十二度至氐四度，曰壽星之次，於辰在辰，謂之執徐，於律為南吕，斗建在酉，今韓分野。自氐五度至尾九度，曰大火之次，於辰在卯，謂之單閼，於律為無射，斗建在戌，今宋分野。自尾十度至斗十度百三十五分而終，曰析木之次，於辰在寅，謂之攝提格，於律為應鍾，斗建在亥，今燕分野。凡天有十二次，日月之所躔也。地有十二分，王侯之所國也。故四方方七宿，四七二十八宿，合一百八十二星。東方蒼龍三十二星，七十五度。北方玄武三十五星，九十八度四分度之一。西方白虎五十一星，八十度。南方朱雀六十四星，百一十二度。周天三百六十五度四分度之一。一度二千九百三十二星，分為十二次，一次三十度三十二分度之十四，各以附其七宿間。距周天積百七萬九百一十三里，徑三十五萬六千九百九十一里。陽道左行，故太歲右轉。凡中外官常明者百二十四，可名者三百二十，合二千五百星。微星之數，凡萬一千五百二十星。萬物所受，咸系命焉。此黄帝創制之大略也。而他説稱日月所照三十五萬里。考諸子所載，神農之地，過日月之表，近為虚誕。及少昊氏之衰，九黎亂德，其制無聞矣。洎顓頊之所建，帝嚳受定，則孔子稱其地北至幽陵，南暨交趾，西蹈流沙，東極蟠木，日月所照，莫不底焉，是以建萬國而制九州。至堯遭洪水，分為十二州，今《虞書》是也。及禹平水土，還為九州，今《禹貢》是也。是以其時九州之地，凡二千四百三十萬八千二十四頃，定墾者九百二十萬八千二十四頃，不墾者千五百萬二千頃。民口千三百五十五萬三千九百二十三人。至於塗山之會，諸侯承唐、虞之盛，執玉帛者亦有萬國。是以《山海經》稱禹使大章步自東極，至於西垂，二億三萬三千五百里七十五步。又使竪亥步南極，北盡於北垂，二億三萬三千五百里七十五步。四海之内，則東西二萬八千里，南北二萬六千里。出水者八千里，受水者八千里。名山五千二百五十，經六萬四千五十六里。出銅之山四百六十七，出鐵之山三千六百九，以供財用。儉則有餘，奢則不足。以男女耕織，不奪其時。故公家有三十年之積，私家有九年之儲。及夏之衰，棄稷弗務。有窮之亂，少康中興，乃復禹迹。孔甲之至桀行暴，諸侯相兼。逮湯受命，其能存者三千餘國。方於塗山，十損其七。民離毒政，將亦如之。殷因於夏，六百餘載，其間損益，書策不存，無以考之。又遭紂亂，至周克商，制五等之封，凡千七百七十三國，又減湯時千三百矣。民衆之損，將亦如之。及周公相成王，致治刑錯，民口千三百七十一萬四千九百二十三人，多禹十六萬一千人，周之極盛也。其後七十餘歲，天下無事，民彌以息。及昭王南征不反，穆王失荒，加以幽、厲之亂，平王東遷。三十餘載，至齊桓公二年，周莊王之十三年，五千里内，非天王九嬪之御，自世子公侯以下至於庶民，凡千①百八十四萬七千人，除有土老疾，定受田者九百萬四千人。其後諸侯相并，當春秋時，尚有千二百國。二百四十二年之中，殺君三十六，亡國五十二，諸侯奔走不得保其社稷者，不可勝數。至於戰國，存者十餘。於是縱横短長之説,相奪於時,殘民詐力之兵,動以萬計。故崤有匹馬之禍,宋有易子之急。晉陽之圍,縣釜而炊。長平之戰,血流漂鹵。周之列國,唯有燕、衛、秦、楚而已。齊及三晉,皆以簒亂,南面稱王。衛雖得存,不絶若綫。然考蘇、張之説,計秦及山東六國,戎卒尚存五百餘萬,推民口數,尚當千餘萬。及秦兼諸侯,置三十六郡,其所殺傷,三分居二。猶以餘力,行參夷之刑,收大半之賦,北築長城四十餘萬,南戍五嶺五十餘萬,阿房、驪山七十餘萬。十餘年間,百姓死没,相踵於路。陳、項又肆其餘烈,故新安之坑,二十餘萬,彭城之戰,沮水不流。至漢祖定天下,民之死傷,亦數百萬。是以平城之卒,不過三十萬,方之六國,五損其二。自孝惠至文、景,與民休息,六十餘歲,民衆大增。是以太倉有不食之粟,都内有朽貫之錢。武帝承其資蓄,軍征三十餘歲,地廣萬里,天下之衆,亦減半矣。及霍光秉政,乃務省役。至於孝平,六世相承,雖時征行,不足大害,民户又息。元始二年,郡國百三,縣邑千四百八十七,地東西九千三百二里,南北萬三千三百六十八里。定墾田八百二十七萬五百三十六頃,民户千三百二十三萬三千六百一十二,口五千九百一十九萬四千九百七十八人,多周成王四千五百四十八萬五十五人,漢之極盛也。及王莽簒位,續以更始、赤眉之亂,至光武中興,百姓虚秏,十有二存。中元二年,民户四百三十七萬千六百三十四,口二千一百萬七千八百三十人。永平、建初之際,天下無事,務在養民。迄於孝和,民户滋殖。及孝安永初、元初之間,兵饑乏苦,民人復損。至於孝桓,頗增於前。永壽二年,户千六百七萬九百六，口五千六萬六千八百五十六人，墾田亦多，軍師屢征。及靈帝遭黄巾，獻帝即位而董卓興亂，大焚宫廟，劫御西遷，京師蕭條，豪傑並争，郭汜、李傕之屬，殘害又甚。是以興平、建安之際，海内凶荒，天子奔流，白骨盈野。故陜津之難，以箕撮指。安邑之東，后裳不完。遂有寇戎，雄雌未定，割剥庶民，三十餘年。及魏武皇帝克平天下，文帝受禪，人衆之損，萬有一存。景元四年，與蜀通計民户九十四萬三千四百二十三，口五百三十七萬二千八百九十一人。又案正始五年，揚威將軍朱照日所上吴之所領兵户九十三萬二千，推其民數，不能多蜀矣。昔漢永和五年，南陽户五十餘萬，汝南户四十餘萬，方之於今，三帝鼎足，不逾二郡。加有食禄復除之民，凶年饑疾之難，見可供役，裁若一郡。以一郡之人供三帝之用，斯亦勤矣。自禹至今二千餘載，六代損益，備於兹焉②。《後漢·郡國志》注。

①一本“千”作“一”，非。②臣昭案：謐《記》云春秋時有千二百國，未知所出。班固云，周之始，爵五而土三，蓋千八百國。轉相吞滅，數百年間，列國秏盡，至春秋尚有數十。

《郡國志五》注：“應劭《漢官儀》曰：永和中，户至千七十八萬，口五千三百八十六萬九千五百八十八。又《帝王世紀》永嘉二年，户則多九十七萬八千七百七十一，口七百二十一萬六千六百三十六。應載極盛之時，而所殊甚衆。舍永嘉多，取永和少，良不可解。皇甫謐校覈精審，復非謬記，未詳熟是。”翔鳳按：“永嘉”當作“永壽”。《郡國志一》注所引永壽二年户口數多訛字，宜依此校。

# 帝王世紀附録

《隋書·經籍志》雜史部:“《帝王世紀》十卷。皇甫謐撰。起三皇,盡漢、魏。《帝王世紀音》四卷。盧綽撰。”

《舊唐書·經籍志》雜史部:“《帝王代紀》十卷。皇甫謐撰。《年歷》六卷。皇甫謐撰①。”

①《新唐書·藝文志》同。

《宋史·藝文志》編年類:“皇甫謐《帝王世紀》九卷。”①

①按:《世紀》非編年之體,蓋史家誤録。又作“九卷”,當時或失去一卷矣。

# 帝王世紀補遺

務光，黄帝時人。其耳[①]七寸。《莊子·大宗師》釋文。

①一作"長"，誤。

殷時有仙女名昌容，隔肉見骨。《御覽》三百七十五。

楚子熊渠封中子紅於鄂[①]。《御覽》一百七十。

①今武昌縣也。

老聃初生而發白，故曰老子。《御覽》三百七十三。

雀山之地，一夕為大澤，而深九尺。《御覽》七十二。

凡重霧三日必大雨。雨未降，其霧不可冒行。《初學記》二。

九卿者，所以參三公也。《初學記》十二。《御覽》二百廿八。

天子畿方千里曰甸服，甸服之內曰京師。《長安志》二。

# 帝王世紀續補序

皇甫士安多見異書，去古未遠，所撰《帝王世紀》雖久佚，然散見於諸書引用者尚多。所紀三代以前事，出入諸子緯候，間涉恢奇，往往出《史記》之外，足資考證。今世所傳，自黄帝以來迄共和以前紀年，肇自宋人，備書甲子，無一闕遺，一若二千年間相系而下，絶無可疑者。然核以《世紀》所載之年，率有未合，不知其何所依據。惜《世紀》之年，遺佚者多，無可以明其是非，遂使《甲子會紀》等書盛行於世矣。宋氏搜輯遺文，并為發明不見《古文尚書孔傳》之證，用力頗勤，惟所采尚有未盡。爰就所引諸書，復加補輯，續得數十條。原書所引，間有歧異，亦有非《世紀》而誤入者，悉為別出之。仿盧氏文弨校補《尚書大傳》之例，分編於後，聊備考古史者采擇焉。光緒四年六月，海寧錢保塘識。

# 帝王世紀續補

海寧 錢保塘

天地開闢，有天皇氏，地皇氏，人皇氏。或冬穴夏巢，或食鳥獸之肉。《北堂書鈔》百五十八。

《易》稱庖犧氏没，神農氏作，是為炎帝。《史記·五帝紀》集解。

神農以上有大九州，柱州、迎州、神州之等。黄帝以來，德不及遠，惟於神州之内分為九州。黄帝受命，風后受圖，割地布九州，置十二國。《繹史》五。

黄帝因著《占夢經》十一卷。《史記·五帝紀》索隱此句在"夢風后力牧節進以為將"句下。

昔蚩尤無道，黄帝討之於涿鹿之野。西王母遣道人以符授之，黄帝乃立請祈之壇，親自受符，視之，乃昔者夢中所見也。即於是日擒蚩尤。《北堂書鈔》百三。

黄帝損庖犧之瑟為二十五弦，長七尺二寸。又百九。

黄帝使伶倫氏為《渡漳之歌》。又百六。

黄帝始去皮服，為上衣以象天，為下裳以象地。又百二十九。

黄帝伐蚩尤，以其皮為鼓，聲聞百里。《事類賦·鼓賦注》。

國安，其主好文則鳳凰翔。《事類賦·鳳賦注》。

神農氏衰，蚩尤氏叛，不用帝命。黄帝於是修德撫民，始垂衣裳，以班上下。刳木為舟，剡木為楫，舟楫之利，以濟不通。服牛乘馬，以引重致遠。重門擊柝，以待暴客。斷木為杵，掘地為臼，杵臼之用，以利萬人。弦木為弧，剡木為矢，弧矢之利，以威天下。諸侯咸叛神農而歸之。討蚩尤氏，擒之於涿鹿之野。諸侯有不服者，從而征之。凡五十二戰而天下大服。俯仰天地，置衆官，故以風后配上臺，天老配中臺，五聖配下臺，謂之三公。其餘地典、力牧、常先、大鴻等，或以為師，或以為將，分掌四方，各如己視，故號曰黄帝四目。又使岐伯嘗味草木，典醫疾，今《經方》《本草》之書咸出焉。其史倉頡，又象鳥迹始作文字。自黄帝以上，穴居而野處，死則厚衣以薪，葬之中野。結繩以治。及至黄帝，為築宫室，上棟下宇，以待風雨。而易以棺椁，制以書契。百官以序，萬民以察。神而化之，使民不倦。後作云門、咸池之樂，《周禮》所謂大咸者也。於是人事畢具。黄帝在位百年而崩，年百十一歲。或傳以為仙，或言壽三百年，故宰我疑以問孔子，孔子曰："民賴其利，百年而崩。民畏其神，百年而亡。民用其教，百年而移。故曰三百年。"①《群書治要》載《史記·五帝紀注》。

①《易·繫辭》："黄帝、堯、舜垂衣裳而天下治。"正義："自此以下九事，皆黄帝、堯、舜取《易》卦以制象。黄帝制其初，堯、舜成其末。皇甫謐《帝王世紀》載此九事皆為黄帝之功。若如所論，則堯、舜無事，《易》何須連云堯、舜？則皇甫之言未可用也。"按：黄帝正名百物，制度大備，士安

故以九事歸功創始之人。理亦無礙。

古有鄭國,黄帝之所都。《續漢書·郡國志一·新鄭縣》注。

少昊時有鳳鳥之瑞,以鳥紀官。於是修其器用政度,户無淫民,天下大治,作樂曰九淵。《北堂書鈔》百五。

帝嚳作都於亳,偃師是也,王莽之所謂師氏者也。《水經·穀水》注。

始堯在位五十年,登舜。二十年,始老,使攝政。二十八年而崩。即位九十八年,年一百一十八歲。《初學記》九。

墨子以為堯堂高三尺,土階三等,茅茨不翦,採椽不斲。夏服葛衣,冬服鹿裘。《群書治要》載《史記·五帝紀注》。

堯時日月如合璧。《北堂書鈔》一百五十。

舜以堯之二十一年甲子生,五十一年甲午徵用,七十九年壬午即真,百歲癸卯崩。《史記·五帝紀》集解。

二妃葬衡山。又。

舜弟象封於有鼻。又。

河東有舜井。《史記·五帝紀》正義。

舜時群瑞畢臻。昆侖之北,玉山之神,人身、虎首、豹尾、蓬頭、戴勝拂枝杖,皓然白石城金室而居。有青鳥常為取食,名曰西王母。慕舜之德,來獻白環及貢益地圖。《開元占經》百十三。

有苗氏叛,虞舜南征,崩於鳴條,殯用瓦棺。《北堂書鈔》九十二。

舜立誹謗之木。《群書治要》載《史記·五帝紀注》。

論曰:"孔子稱古者三皇五帝設防而不犯,故無陷刑之民,是以或結繩而治,或象畫而化。自庖羲至於堯、舜,神道設教,可謂至政無所用刑矣。夫三載考績,黜陟幽明,善無微不著,惡無隱不章,任自然以誅賞,委群心以就制,故能造御乎無為,運道於至和,百姓日用而不知,含德若自有者也。《詩》云"上天之載,無聲無臭",其斯之謂乎①。又。

①按:《群書治要》載《史記·五帝紀注》引《帝王世紀》諸條,今《史記》集解、索隱、正義皆無之。此論在"舜立誹謗之木"後,蓋三皇五帝總論也。

《孟子》稱禹生石紐,西夷人也。《傳》曰"禹生自西羌"是也。《史記·六國年表》集解。

禹生石紐,縣有石紐邑。《續漢書·郡國志四·廣柔縣》注。

禹治水畢,天錫玄珪。西戎渠搜國服禹之德,獻其珍裘。《北堂書鈔》百二十九。

禹葬會稽,祠下有群象耕田。《事類賦·象賦注》。

紂①淫亂,災異并見。兩日鬭射,攝提移處,五星錯行,伊、洛竭,彗星出,鬼哭於國。湯伐之。《路史·後紀十三下》注。

①當作"桀"。

桀見篆書云"亡夏者桀",於是大誅豪杰。又。

左師曹觸龍諂諛不正,賢良鬱怒。又。

白馬縣南有韋城,故豕韋國也。《史記·曹相國世家》正義。

夏鯀封,虞、夏、商、周皆有崇國,崇國蓋在豐、鎬之間。《史記·周本紀》正義。

微,字上甲。其母以甲日生故也。商家生子以日為名,蓋自微始。《史記·殷本紀》索隱。

夏后氏生而母化為石。《路史·餘論九》。

陽城有啟母聚。《續漢書·郡國志二》注。

夏太康五弟須於雒汭,在縣東北三十里。《續漢書·郡國志一·鞏縣》注。

諸侯叛桀,關龍逢引皇圖而諫,桀殺之。伊尹諫桀,桀曰:“天之有日,由吾之有民。日亡吾乃亡。”《書·泰誓》正義。

《孟子》稱“湯居亳,與葛為鄰,葛伯不祀,湯使亳衆為之耕。”葛即今梁國寧陵之葛鄉也。若湯居偃師,去寧陵八百餘里,豈當使民為之耕乎?亳,今梁國穀熟縣是也。《書·帝告》《釐沃》序正義。

湯即位十七年而踐天子位,為天子十三年,年百歲而崩。《史記·殷本紀》正義。

革車三萬,伐桀於鳴條。《北堂書鈔》十三。

湯得天下,有神麠白狼銜鈎入殿朝。《開元占經》百十六。

湯時有神牽白狼銜鈎入殷朝者,乃東觀,沉璧於洛,獲黄魚黑玉之瑞,於是始受命稱王。《初學記》六。

奇肱民能為飛車,從風遠行。湯時西風吹至豫州,湯破其車,不以示民。十年,東風,湯復作車,遣賜之,去玉門四萬里。《事類賦·風賦注》。

湯令未命之為士者,車不得朱軒及有飛軨,不得乘飾車駢馬衣文繡。命,然後得以順其德。《繹史》十四。

殷湯問伊摯曰:“古者立三公九卿大夫元士者何?”摯曰:“三公以與主參王事,九卿以參三公,大夫以參九卿,元士以參大夫。故參而又參,是謂事宗。事宗不失,内外若一。”又曰:“相去幾何?”摯曰:“三公智通於天地,應變而無窮,辨於萬物之情,其言足以調陰陽四時而節風雨,如是者舉之以為三公。故三公之事常在於道。九卿者,不出四時,通溝渠,修堤防,樹種五穀,通於地理,能通利不利，如是者舉以為九卿。故九卿之事常在於德。大夫者，出入與民同衆，取去與民同解，通於人事，行内舉繩，不傷於言，言足法於世，不害於身，通關梁，實府庫，如是者舉以為大夫。故大夫之事常在於仁。元士者，知義而不失期，事功而不獨專，中正强諫而無奸詐，在私之公而可立法度，如是者舉以為元士。故元士之事常在於義。道德仁義定而天下正矣。”又曰：“三公股肱之臣，九卿手足之臣，大夫筋脈之臣，元士肌肉之臣。”《五行大義》五。

伊尹為丞相，仲虺為左丞相。《北堂書鈔》五十。

初，力牧之後曰摯。其母曰始，孕伊水之濱，夢神告己曰：“臼出水而遠走無顧。”及明，視臼中有水，即告鄰而走，東十里乃顧，其地盡為水矣。《開元占經》百十四。

鄴縣西南有上司馬，殷太甲嘗居焉。《續漢書·郡國志二》注。

仲丁自亳徙囂於河上者也。或曰敖矣，秦置倉於其中，故亦曰敖倉。《水經·濟水》注。

仲丁自亳徙囂，在河北也。或曰今河南敖倉。《書·仲丁序》正義。

桑穀合生。遠方來譯，至者十六國。《北堂書鈔》十。

殷紂六月雪，或雨赤血，鬼哭山鳴。《北堂書鈔》四十二。

殷紂期而不當，言而不信。又。

投珍物為沙丘苑。又二十。

牧野在朝歌南七十里。《書·牧誓》正義。

帝嚳妃姜嫄履神人之迹而孕，以為□□棄之陋巷，牛羊不踐。置之寒冰，鳥覆翼之。嫄以為神，收而養之。童齔好於稼穡。及長，仰伺房星以為農候。舜進之於堯，以掌農政而為稷官，故謂之后稷。賜姓姬氏，始武終赧，三十七王。頌曰：武成康昭，穆恭懿孝，夷厲宣幽，携平桓莊，僖惠襄頃，匡定簡靈，景悼敬元，貞哀思哲，威安烈顯順赧。王三十七，携不經□□云三十八。唐釋湛然《止觀輔行傳弘决》第二之五。

文王居於牖里，演六十四卦，著七八九六之爻，謂之《周易》。《北堂書鈔》九十九。

王軍至鮪水，紂使膠鬲候周師，見王問曰："西伯將焉之？"王曰："將攻薛也。"膠鬲曰："然。願西伯無我欺。"王曰："不子欺也，將之殷。"膠鬲曰："何日至？"王曰："以甲子日，以是報矣。"膠鬲去而報命於紂。而雨甚，軍卒皆諫王曰："卒病，請休之。"王曰："吾已令膠鬲以甲子報其主矣。吾雨而行，所以救膠鬲之死也。"遂行，甲子至於商郊。《書·武成》正義。

王之於色也，見在者猶歸其父母，况其復征之乎？[1]又。

①宋氏於"王令封墓"節引脱此末三句。

武王自酆居鎬，諸侯宗之，是謂宗周。今澧水之東，長安之南三十里，去酆二十五里，鎬池即其故都也。《長安志》三。

王城西有郟鄏陌。《續漢書·郡國志一》注。《史記·周本紀》正義。

周穆王使造父御八駿，日行千里，車轍馬迹遍於天下。《事類賦·地賦注》。

周之紀國，姜姓也。紀侯譖齊哀公於懿王，王烹之。《史記·秦始皇紀》正義。

宣王元年，不藉千畝，虢文公諫而不聽。天下大旱，二年不雨，至六年乃雨。《詩·雲漢》正義。

周有密須之鼓。《北堂書鈔》百八。

二十四年，惠王崩。《史記·十二諸侯年表》集解。

董狐奮筆，趙孟受惡。《北堂書鈔》三十七。

《世本》，左丘明所書。《顏氏家訓·書證篇》。

秦武王好多力之士，齊孟賁之徒并皆歸焉。孟賁生拔牛角。《孟子正義》三上。

秦武王好多力之士，烏獲之徒并皆歸焉。秦王於洛陽舉周鼎，烏獲兩目血出。《孟子正義》十二上。

《史記·秦始皇紀》："三十三年，明星出西方。"集解："皇甫謐云：彗星見。"又："悼武王葬永陵。"集解："皇甫謐曰：葬畢，今安陵西畢陌。"

漢初置長安城，嫌其狹小，至惠帝增廣築之。《長安志》五。

孝惠帝以秦始皇三十七年生，崩時年二十三。《史記·呂后紀》集解。

安陵去長陵十里，去長安北三十五里。《史記·呂后紀》集解。

漢文帝時，日中有王字。《事類賦·日賦注》。

霸陵去長安七十里。《史記·文帝紀》集解。

孝景帝以孝惠七年生，年四十八。《史記·景帝紀》集解。

陽陵山方百二十步，高十四丈，去長安四十五里。又。

漢武廟名龍淵，廟在茂陵東。《長安志》五。

光武原陵，在臨平亭之南，西望平陰，東南去洛陽十五里。明帝顯節陵，故富壽亭也。西北去雒陽三十七里。章帝敬陵，在雒陽東南，去雒陽三十九里。和帝慎陵，在雒陽東南,去雒陽四十一里。 殤帝康陵,高五丈四尺,去雒陽四十八里。 安帝恭陵,高十一丈,在雒陽西北,去雒陽十五里。 順帝憲陵,在雒陽西北,去雒陽十五里。 冲帝懷陵,西北去雒陽十五里。 質帝静陵,在雒陽東,去雒陽三十二里。 桓帝宣陵,山方三百步,高十二丈,在雒陽西北,去雒陽二十里。 靈帝文陵,山方三百步,高十二丈,在雒陽西北,去雒陽二十里。 獻帝禪陵,不起墳,深五丈,前堂方一丈八尺,後堂方一丈五尺,角廣六尺。在河内山陽之濁城西北,去濁城直行十一里,斜行七里。去懷陵百一十里,去山陽五十里,南去雒陽三百一十里。①《續漢書·禮儀志下》注。

①按:以懷陵去雒陽十五里計之,此里數有誤。十二帝俱從注中原文增。

帝以尚書郎郭溥喻汜,汜以屯部未定,乞須留之。溥因罵汜曰:"卿真庸人賤夫。為國上將,今天子有命,何須留之?我不忍見卿所行,請先殺我以章卿惡。"汜得溥言切,意乃少喻。《後漢書·董卓傳》注。

獻帝聞關東兵起,董卓遷帝都長安。見未央等宫遭赤眉之亂,宫室廢弛,故居京兆府舍。《長安志》五。

漢孝獻皇帝延康元年禪魏。黄初元年封山陽公,奉漢祀。《北堂書鈔》四十八。

東平王袛薦劉銓文云:"明公允侔阿衡,毗輔王室,亮采側微,日夕不暇,網羅隱逸,英彦盈庭也。"《北堂書鈔》四十九。

魏常道鄉公咸熙二年禪晉。太始元年封陳留王,奉魏祀。又四十八。

# 帝王世紀考異

海寧　錢保塘

## 卷　一

太昊帝庖犧氏　《易·繫辭》正義引作"太皡帝包犧氏",下同。

故或謂之宓犧　《易·繫辭》正義引作"故或謂之伏犧,或謂之虙犧"。《顏氏家訓·書證篇》引作"宓羲",謂"虙""伏"字古通,以"宓"為誤。按:"宓"通"密",與"虙""伏"古音通。"宓""虙"均見《説文》。

太昊在位一百一十年　《易·繫辭》正義引此,下有"包犧氏没,女媧氏代立為女皇"二語。

山當作宀　宀是注文,按語誤入正文,今更正。阮刻《禮·月令》正義作"宀",不誤。

極夭枉焉　"極"疑"拯"之訛。

承庖犧制度　《禮·明堂位》正義引此,下有"始作笙簧,無所革造,故《易》不載,不序於行"四語。

柏皇氏 《易·繫辭》正義引作“柏黄氏”。

渾混氏昊英氏 《易·繫辭》正義引作“混沌氏，皞英氏”。

神農氏母曰任姒有喬氏之女 《易·繫辭》正義引作“母曰任已，有蟜氏女”。

為少典妃游於華陽 《易·繫辭》正義引作“為少典正妃，游華山之陽”。

有神農首感女登 “農”當是“龍”之誤。

神農氏有聖德 《易·繫辭》正義引此，下有“繼無懷氏之後”。

凡八世帝承帝臨帝明帝直帝來帝衰帝榆罔 《易·繫辭》正義引作“神農氏生帝臨魁，次帝承，次帝明，次帝直，次帝釐，次帝哀，次帝榆罔，凡八代，及軒轅氏也”。

取莽水氏女曰聽訞 《易·繫辭》正義引作“納奔水氏女曰聽談”。

神農氏本起於烈山 《續漢書·郡國志》注引作“列山”。

炎帝戮蚩尤於中冀名其地曰絶轡之野 《史記·五帝紀》索隱引作黄帝事。按：炎帝無戮蚩尤事，他書所載，皆屬黄帝。疑所引《藝文類聚》及《太平御覽》似誤黄帝為炎帝。

少典氏又取附寶云云 《太平御覽》七引朱宣《帝王世紀》曰“神農氏之末，少昊氏娶附寶，見大電光繞北斗樞星照郊，感附寶，孕二十月，生黄帝於壽丘”，與原書所引大同，唯“少典”作“少昊”為異。按：《隋書·經籍志》有“來奥《帝王本紀》十卷”“何茂才《續帝王世紀》十卷”，無朱宣之書。疑此所云“朱宣”或涉少昊氏而誤。《御覽》七十九引《世紀》云“少昊帝以金承土，即圖讖所謂白帝朱宣者也”。又引《河圖》曰“大星如虹，下流華渚，女節氣感，生白帝朱宣”，宋均注云“朱宣，少昊氏也”。此既誤少典為少昊，遂以此為少昊之事。或《世紀》本書每篇有標目，少昊氏卷標目有“朱宣”二字，引書者不察，以標目冠於書名之上，致有此稱耳。

黄帝四目　“目”，明本《御覽》作“佐”。

黄帝在位百年而崩　《易·繫辭》正義引此，下有“子青陽代立，是為少皞”。

使力牧神皇　“皇”原誤作“農”，今據本書更正。

黄帝於東海流波山云云　《初學記》九已引此節，無“中”字、“聲”字。

在禹貢豫州之域　“在”原誤作“立”，今據本書更正。

故春秋傳　《御覽》“傳”下有“曰”字，此脱。

涿鹿在彭城　《御覽》“彭城”下有“南然則上谷本名彭城”九字，此脱。

伏羲神農黄帝為三皇少昊高陽高辛唐虞為五帝《五行大義》五已引此二語，下句作“少昊以下為五帝”。

# 卷　二

大星如虹　《易·繫辭》正義引作“大星如斗”，阮氏《校勘記》云：“閩、監、毛本同，錢本、宋本斗作虹。”

少昊在位百年而崩　《易·繫辭》正義引作“在位八十四年而崩”。

顓頊母曰景僕　《易·繫辭》正義引作“昌僕”。

北正黎司地以屬民　《群書治要》載《史記·五帝紀注》引作“火正黎”,與《國語》合。

東郡洛陽　“郡”原誤作“都”,今據本書更正。

顓頊在位七十八年而崩　《易·繫辭》正義引此,下有“少皞之孫蟜極之子代立,是為帝嚳”。

帝嚳其母不見云云　《史記·五帝紀》正義引作“帝俈高辛,姬姓也。其母生見其神異,自言其名曰岌。齠齔有德,年十五而佐顓頊,三十登位,都亳,以人事紀官也”。所引相同,唯“其母生見其神異”一語似有脱誤,《五帝紀》正義引作“俈母無聞焉”,亦即不見之義。

帝嚳在位七十五年而崩　《易·繫辭》正義引作“在位七十年而崩,子帝摯立”。

外方之城　“城”當是“域”之訛。

摯年兄弟最長　《史記·五帝紀》引“年”作“於”。

摯在位九年　《易·繫辭》正義引此,下作“摯立不肖而崩,弟放勳代立,是為帝堯”。

軟弱　《史記·五帝紀》正義引作“微弱”。

帝堯母曰慶都云云　《五行大義》五引作“帝堯陶唐氏,祁姓。母慶都,出洛渚,遇赤龍感孕,十四月而生帝於丹陵,名放勳。以火承木。其兄弟摯封之於唐,故是號陶唐氏”。

堯從母居為姓　《史記·五帝紀》索隱“居”上有“所”

字,此脱。

舜姚姓也　“姚”原誤“堯”,今據本書更正。

橋牛　《易·繫辭》正義引作“蟜牛”。

以六律五聲　《御覽》此下有“八音”二字,此脱。

鄭元曰一條移低一格,與全書一律。

汭水涯也猶洛汭渭汭然也　此十一字是索隱釋史文嬀汭之義,非《世紀》本文也。當删。

長沙下雋羅有黄陵亭　“下雋”二字衍,當删。

及潘者也　《史記·五帝紀》集解引作“或言潘。潘,今上穀也”。

# 卷　三

使羿射雀　《繹史》十三引此,下有“羿曰:生之乎?殺之乎?賀曰:射其左目”十四字。

帝厘　《通鑒外紀》注引作“廣或作廛”。

大梁魏都　“魏”原誤作“舊”,今據本書更正。

自為禹避商均時　“為”,鮑本《御覽》作“謂”。

成皋　“成”原誤作“城”,今據本書更正。

# 卷　四

吾所請雨者　《御覽》“所”下有“為”字,此脱。

帝之政事有闕　“闕”原誤“闗”,今據本書更正。

所譽者貴　“譽”原誤“遇”,今據本書更正。

宰人以醉熊蹯不熟　《御覽》"醉"作"醢"。

朝歌紂所都居　此六字宋氏據《郡國志》本文增。

商土於周為衛是也　《御覽》"衛"下有"商"字。

商書曰成湯既没太甲元年孔安國注云太甲太丁子湯孫也太丁未立而卒及湯没而太甲立稱元年謚法殘義損善曰紂敗於牧野懸首白旗自商書曰至此非士安元文　《書·武成》正義據此經《序》及《太甲》之篇，以《殷本紀》所云與經不同為妄。又以劉歆、班固不見古文，謬從《史記》。皇甫謐既得此經，作《帝王世紀》，乃述馬遷之語為疏。按：此亦可為士安不用晚出《孔傳》之一證。宋氏既辨此為非士安元文，何以又載之？又載從黄帝至紂以下三十一字均非士安元文也，當删。

# 卷　五

文王晏朝不食　原注"御覽四"誤，今據本書更正。

次蔡侯　《詩·思齊》正義原作"蔡叔度"，此誤。

率戎車至滌　《初學記》九引作"至鮪水"，此誤。

釋箕子之囚云云《藝文類聚》作"命召公釋箕子之囚，賜貝十朋。命原公釋百姓之囚，歸旋臺之珠玉。命南宫适散鹿臺之財"云云。按：此條之文，宋氏採《類聚》《御覽》二書所引合載之。此數句從《御覽》，故所引較簡略，宜從《類聚》補入。

又歸殷琁臺之珠玉　《書·武成》正義原作"施鹿臺之珠"。

周穆王征犬戎云云　《北堂書鈔》百五十九已引之。

共王在位二十年　《通鑒外紀》注引皇甫謐曰“在位二十五年,年八十四”。

懿王二年徙都犬丘　《通鑒外紀》注引皇甫謐曰“犬丘與鎬相近,有離宫,懿王暫居,非徙都也”。

夷王十六年崩　《史記·周本紀》正義引同。《通鑒外紀》注引作“在位二十年,年四十”。

宣王元年大旱六月乃得雨　《詩·雲漢》正義引皇甫謐言“宣王二年不雨,至六年乃雨”,則“六月”乃“六年”之誤也。此條下文云“是歲西戎殺秦仲”,據《史記·十二諸侯年表》,亦是宣王六年之事。

平王元年鄭武公云云　《北堂書鈔》四十九已引之。

弟隗　明本《御覽》作“弟嵬”。

威烈王崩子耽立是為元安王　明本《御覽》作“威烈王在位二十四年崩,子驕立,是為安王”。

慎靚王立六年子赧王延立　《御覽》原作“慎靚王六年崩,子延代立,是為赧王”。

或説秦王乃止　“止”原作“正”,誤。今據本書更正。

世本曰懿王居犬丘　明本、鮑本《御覽》自“世本”以下別為一節。下論秦、漢、魏三代建都語,均以“又曰”統之,似皆為《世本》文。按:此與上節語意文勢相承,與下三節均不似《世本·居篇》文體。宋氏定為《世紀》原文,甚核。疑《御覽》刻本誤分之耳。

雒陽周時號成周　此七字宋氏據《郡國志》原文增。

頃公　“頃”原誤“傾”,今據本書更正。

## 卷　七

二年即位於定陶　《初學記》九原文作“二月”，此誤。

高祖葬長陵　此五字宋氏增。

豐公家於沛之豐邑中　《御覽》原作“豐公家於沛之豐沛邑之陽里”。按：下“沛”字疑衍，此脱“陽里”二字。

昭靈後云云　《初學記》六已引之，無“出”字。末句作“生漢祖劉季”。

宣帝廟名樂游　此及下二條在《御覽》卷八十九。原文承上八十八，注曰“又”，誤。今更正。

成帝廟名池陽　《長安志》五引作“陽池”。

前漢十二帝一條乃徐堅語。誤引，當删。

## 卷　八

於周以封子姓之别附庸　《史記·項羽本紀》正義引作“周封子姓之别為附庸者”。

按後漢十二帝一條亦徐堅語，原本“後漢”下有“書”字。此誤引，當删。

## 卷　十

晉陽之圍　“圍”原誤“國”，今據本書更正。

# 補　遺

凡重霧云云　此條原書卷一已引《御覽》，又入補遺者，當以《初學記》所引在先耳。

天子畿方千里云云　此條原書卷一已引《御覽》，此引《長安志》，可删。

# 附　録　補

章宗源《隋經籍志考證》：《帝王世紀》十卷。皇甫謐撰。起三皇，盡漢、魏。《晉皇甫謐傳》謐撰《帝王世紀》，《尚書·堯典》正義曰：《晉書·皇甫謐傳》云：姑子外弟梁柳得《古文尚書》，故作《帝王世紀》往往載《孔傳》五十八篇之書①。《玉海》書目曰：晉正始初，安定皇甫謐以漢紀殘缺，博案經傳，旁觀百家，著《帝王世紀》并《年歷》合十二篇。起太昊帝，訖漢獻帝。《史通·論贊篇》曰：皇甫謐、葛洪，列具所號。《續漢志》注云：蔡邕分星次與皇甫謐不同，謐所列在《郡國志》。《史記》索隱《五帝紀》。云：皇甫謐號玄晏先生。今所引者，是其所作《帝王代紀》也。又云：《補三皇紀》按神農之後凡八代，事見《帝王代紀》及《古史》。然古典亡矣，譙②、皇二氏，皆前代博聞君子，考按古書而為此説，豈至今鑿空乎？愚按《周易·繫辭》正義引謐紀太皥、神農、黄帝、少皥、帝嚳、堯、舜事，《禮記》正義《初學記·帝王部》《藝文類聚·帝王部》并引之，而《太平御覽·

皇王部》所引尤詳③。其言放勳、重華、文命為堯、舜、禹名,《尚書》正義從之。惟取《易》卦以制象九事,謐皆以為黄帝之功,《易》正義云:若如所論,則堯、舜無事,《易·繫》何須連言?則皇甫之言,未可用也。《藝文類聚·職官部》穆王命伯䍐④為太僕,今《尚書·君牙、伯冏》二篇是也。此與《書序》不同。⑤《後漢書·野王二老傳》注:鳴條之地,謐謂孔安國《書注》之説為近。《御覽·州郡部》載謐所記都邑,其書徵引《春秋傳》《世本》《戰國策》《國語》《秦本紀》《漢地理志》,體裁主於考證。若仲丁徙囂,河亶甲居相,祖乙圮於耿,謐皆用《書序》。至葛伯仇餉,初征自葛,則稱古文《仲虺之誥》。又謐言封帝摯於高辛氏,本於東海衛宏所傳。二語見《御覽·皇親部》。衛宏從杜林受《古文尚書》,謐得其傳,則不徒資諸梁柳矣。篇終論贊稱玄晏先生曰:羈勒英雄,鞭驅天下,乃漢高論贊。平暴反正,遂建中興,乃光武論贊。二事見《御覽·皇王部》,列玄晏號。是可與《史通》相證。《初學記·帝王部》引魏武進爵,魏文受禪,《御覽·皇王部》引高貴鄉公為成濟所害,陳留王就國治鄴,正符《隋志》盡漢、魏之語。宋人《書目》謂訖漢獻帝,誤也。《唐志》卷同,《宋志》九卷,入編年類⑥。《後魏書·元延明傳》稱延明注《帝王世紀》,前《志》未見著録。

①今《晉書·謐傳》無此語,當是逸《晉書》。 ②謂譙周。 ③《左傳·昭公》正義引窮桑少皞之號,神農本起烈山。 ④䍐,古冏字。 ⑤《書序》:命君牙為大司徒,作《君牙》。命伯冏為周大僕正,作《冏命》。 ⑥考《御覽》諸書所引,似謐記乃分類為篇,體裁惟在博考,故隋、唐《志》并入雜史,《宋志》恐誤。

# 校 點 後 記

《帝王世紀》十卷,晉皇甫謐撰。

皇甫謐(公元215——283年)字士安,自號玄晏先生,晉安定朝那人。一生屢拒徵辟,以著述為務,著詩賦誄頌論難甚多,又撰有《帝王世紀》《年曆》《高士傳》《逸士傳》《列女傳》《玄晏春秋》等。《晉書》卷五十一有傳。

司馬遷著《史記》,以為"百家言黄帝,其文不雅馴",故以五帝為始。但六經諸子等載籍中,還有很多關於三皇時期的傳説性史料,而且五帝至漢魏期間之史事,除《史記》《漢書》《漢紀》等所載之外,亦尚有可述者,故皇甫謐"博采經傳,旁觀百家",以帝王世系為統序,考其年世,紀其都邑,述其墾田民數,"起三皇,盡漢魏",成《帝王世紀》一書。由於他多見異書,去古未遠,故"所紀三代以前事,出入諸子候緯,間涉恢奇,往往出《史記》之外,足資考證",於漢魏史事亦能補前史之未備。因此書成之後,有為之作《音》者,又有續此而作者,司馬貞作《史記索隱》,亦甚取此書。其在史學中之價值,於此可見。

此書《隋書·經籍志》著録為十卷,至《中興書目》及《宋史·藝文志》均著録為"九卷"(據《玉海》引《中興書目》云"闕周中一卷"),是宋代已開始散佚,後世遂不得見。至清,輯佚之學大盛,若顧觀光、宋翔鳳等均有此書之輯本,其中以宋輯本較佳,錢保塘於宋輯本復作續補及考異。光緒中貴筑楊氏將宋、錢之本一併刻入《訓纂堂叢書》中。今即以《訓纂堂叢書》本為底本校覈整理以入編。

校點者

1998年8月

# 世　　本

佚　名　撰

周渭卿　點校

# 序

《世本》十五篇，見《漢·藝文志》，蓋古史官所記也。其書舊目不可復得，今可識者，《世本》有《帝繫篇》，見《書序》正義，又釋玄應《一切經音義》二十三，有《世本本紀》，見《春秋穀梁·襄二十五年》疏、《史·三代世表》索隱、《左·襄二十一年》正義引《世本記》。“記”“紀”同也。有《世本世家》，見《左·桓三年》《閔二年》《襄二十一年》《二十九年》《定元年》正義，《史·田齊世家》索隱。有《傳》，見《史·魏世家》索隱。有譜，見《隋·經籍志》。又有《氏姓篇》，見《左·隱十一年》正義及《史秦本紀》集解。有《居篇》，見《史·吴世家》《魏世家》索隱。有《作篇》，見《周禮》及《禮記》鄭注。《禮》正義亦云《世本》有《作篇》。又當有《謚法》一篇，見沈約《謚法序》。故司馬遷作《史記》，多依用之。然《春秋》正義云：“今之《世本》，與遷言多有不同。如《世本》陳無利公，見《左·桓十一年》正義；韓無列侯，趙無武公，田齊無悼子及侯剡，見《史》索隱。大抵秦火之餘，轉寫訛脱。孔穎達諸儒得此失彼，往往以為未可據信，其實非原書之失也。至如《世本》無有陽國，見《左·閔二年》正義；《世本》無魏君名謚、檜君號謚，并見《左·襄二十九年》正義；杜預《釋例》引《世本》無許叔，皆晉唐人所見之本，雖非原書，然猶可想見此書之舊。又如《史·夏本紀》索隱引《世本》姒姓，不云彤城及褒，《殷本紀》索隱引《世本》子姓無稚氏，《孔子世家》索隱引《世本》無漆姓，亦並足與後來氏姓之書互相取證。王應麟《讀孟子注》，謂可備參考，良有以也。他如《世本》琵琶不載作者引見，《初學記》引傅玄《琵琶賦序》，則《世本·作篇》之所載者不可不知。其書至宋已不傳，國朝錢大昭嘗據書傳所引，集為《作篇》《居篇》《氏姓篇》《王侯大夫譜》，共四篇。孫馮翼復據諸書補其未備，刊載《問經堂叢書》中，然其中失載者亦夥。至孫星衍所藏澹生堂抄輯《世本》二卷，洪飴孫所編《世本》四卷，外間俱未之見。江都秦嘉謨因其書作《世本輯補》刊行，而所補者類皆司馬遷、韋昭、杜預之説，注欠分曉，多與《世本》原文相汩，轉覺《世本》一書，蕩然無復畺界矣。泮林輯為此書，與秦同時，繼聞秦書刊行，遂置不録。而又終恐後日之以似失真也，爰仍據所輯舊稿，釐為六卷，録成一編，并附纂《謚法》數條於後，庶幾周秦以上之書，可藉是以傳其舊，且其中尤有補秦書之所未備者，考古者或有取焉爾。道光元年冬十月高郵茆泮林識。

# 世本諸書論述

《尚書序》正義曰:"《大戴禮》:'帝繫出於《世本》。'"

《周禮》:"瞽矇諷誦詩,世奠繫。"鄭玄注曰:"世之而定其繫,謂書於《世本》也。"

《周禮》:"小史掌邦國之志,定繫世,辨昭穆。"鄭元注曰:"帝繫世本之屬。"孔穎達疏:"天子謂之帝繫,諸侯謂之世本。"

《漢書·藝文志》:"《世本》十五篇,古史官記黄帝以來讫春秋時諸侯大夫。"

《漢書·梅福傳》:"綏和元年,以《世本》相明封孔子世。"

《漢書·司馬遷傳》贊曰:"孔子因史記而作《春秋》,而左邱明論輯其本事以為之傳,又纂異同為《國語》。又有《世本》,録黄帝以來至春秋時帝王公侯卿大夫祖世所出。春秋之後,七國並争,秦兼諸侯,有《戰國策》。漢興,代秦定天下,有《楚漢春秋》。故司馬遷據《左氏》《國語》,采《世本》《戰國策》《楚漢春秋》,接其後事①"。

①案:《史集解》《索隱正義序》多引之。

《後漢書·班彪傳》:《漢書》略論曰:"唐虞三代,世有史官,以司典籍,暨於諸侯,國自有史,故定哀之間,左邱明論集其文,作《左傳》三十篇,又撰《國語》二十篇。又有記録黄帝以來至春秋時帝王公侯卿大夫,號曰《世本》,一十五篇。春秋之後,則有《戰國策》三十三篇。漢興,陸賈作《楚漢春秋》九篇。孝武之世,太史令司馬遷采《左氏》《國語》,删《世本》《戰國策》,據楚、漢列國時事,上自黄帝,下迄獲麟,作本紀、世家、列傳、書、表凡百三十篇。"

又曰:"夫百家之書,猶可法也。若《左氏》《國語》《世本》《戰國策》《楚漢春秋》《太公史書》,今之所以知古,後之所由觀前,聖人之耳目也。"

韋昭《國語解序》曰:"以《世本》攷其流。"

《隋書·經籍志》:"《世本王侯大夫譜》二卷,《世本》二卷,劉向撰。《世本》四卷,宋衷撰①。"

①案:《史記集解序》索隱引劉向曰:"《世本》,古史官明於古事者之所記也,録黄帝以來帝王諸侯及卿大夫系謚名號,凡十五篇。"據此,蓋《别録》之文,當是秦火之餘,劉向從校書後録出,非即劉向撰也。又案:王應麟《玉海》五十亦曰:"司馬遷已采《世本》,恐非向撰。若宋衷,則《世本》之撰注者。"

又曰:"漢初得《世本》,叙黄帝以來祖世所出。"

《舊唐書·經籍志》:"《世本》四卷,宋衷撰。《世本别録》一卷,《帝譜世本》七卷,宋均(注)〔撰〕。《世本譜》二卷。"

《新唐書·藝文志》:"宋衷《世本》四卷,《别録》一卷,宋均注《帝譜世本》十卷。王氏注《世本譜》二卷①。"

①王應麟《玉海》四十七："案：《藝文志》唐十三類史録譜牒類，《世本》至著姓略記十七家，三十九部，一千六百一十七卷。又案：《唐六典》史類十二曰：譜系以紀氏族繼序。《世本》等四十一部，三百六十卷。譜牒之書，以《世本》為首。"

劉知幾《史通》曰："帝王苗裔，公侯子孫，餘慶所宗，百世無絶。能言吾祖，郯子見師於孔公；不識其先，籍談取誚於姬后。故周撰《世本》，式辨諸宗；楚置三閭，實掌王族。"

《春秋左傳》孔穎達正義曰："杜君采《太史公書》《世本》，旁引傳記，以為《世族譜》，略記國之興滅。"

又曰："杜據《世本》《史記》，作《世族譜》，説諸國滅亡之年。"

柳冲《姓族系録表》曰："姓氏之初，《世本》著其義；昭穆之叙，《周譜》列其風。"

柳芳《族譜總論》曰："氏族者，古史官所記也。昔周小史定繫世，辨昭穆，故古者有《世本》，録黄帝以來至春秋時諸侯卿大夫名號繼統。秦既滅學，諸侯子孫失其本系。漢興，司馬遷父子乃約《世本》修《史記》，因《周譜》明世家，乃知姓氏之所由出。"

歐陽修《帝王世次圖序》曰："司馬遷作本紀，出於《大戴禮》《世本》諸書。今依其圖而考之，堯舜夏商周，同出黄帝。"

劉恕《通鑑外紀》："世本經秦歷漢，儒者改易。"

鄭樵《通志・氏族略序》曰："凡言姓氏者，皆本《世本》《公子譜》二書，二書皆本《左傳》。"

王應麟《漢志攷》引顔之推云："《世本》，左邱明所作[1]，而有燕王喜、漢高祖，非本文也[2]。”

①此説出皇甫謐《帝王世經》。　②顏説見《家訓書證篇》。

王應麟《玉海》五十引晁氏志云：“唐張九齡撰《姓源韻譜》，依《春秋正典世本圖》，捃摭諸書纂為此譜，分四聲以便尋閱。”

# 目　録

# 帝王世本[1]

①案:《周禮·瞽矇》"世奠繫"注引杜子春云:"繫謂帝繫諸侯卿大夫世本之屬是也。元謂世之而定其繫,謂書於世本也。"疏謂:"後鄭以世與繫為一事解之,對文言之。王謂之帝繫,諸侯卿大夫謂之世本。散則通,故云書於世本。世本即帝王繫也。"故今輯為《帝王世本》《諸侯世本》《卿大夫世本》。

## 黄　帝[1]

①案:《書》正義:"《世本》以黄帝為首。"《史》正義:"《世本》以黄帝、顓頊、帝嚳、唐堯、虞舜為五帝。"《史》正義、索隱又引孫氏注:"《世本》以伏羲、神農、黄帝為三皇,以少昊、顓頊、高辛、唐、虞為五帝。"孫氏未知何時人,今輯依黄帝為首,故《路史·後紀》注有引《世本》"尊盧氏在伏羲後"之文,棄而不録,而以諸書所引《世本》少皞文,叙録於次。

注:號有熊者,以其本是有熊國君之子故也。亦號軒轅氏。《史·五帝本紀》索隱單行本。

黄帝娶於西陵之女,謂之嫘祖,產青陽及昌意。《山海經·海内經》注。黄帝娶西陵氏女為妃,名嫘祖。《廣韻》十一齊注。

## 少　皞

少皞是黄帝之子。《左·昭元年》正義。金天氏少皞。仝上。青陽即是少皋，黄帝之子，代黄帝而有天下，號曰金天氏。《左·昭十七年》正義。少昊名摯。《路史·後紀》注。少昊，黄帝之子，名契，字青陽。黄帝没，契立，王以金德，號金天氏。同度量，調律吕，封泰山，作九泉之樂，以鳥紀官。仝上。宋衷曰：元囂青陽，即少昊也。《史·五帝本紀》索隱。又曰：元囂青陽，是為少昊，繼黄帝而立者，而史不叙。蓋少昊金德王，非五運之次，故叙五帝，不數之也①。仝上。

①三代世表引同，無"而史不叙"四字。

## 顓　頊

顓頊是黄帝之孫。《左·昭元年》正義。黄帝生昌意，昌意生顓頊。《山海經·海内經》注。昌意生高陽，是為帝顓頊。顓者專也，頊者正也，言能專正天之道也①。《玉篇·頁部》。宋衷曰："顓頊名高陽，有天下號也。《史·五帝本紀》索隱。顓頊母濁山氏之子，名昌僕。《山海經·海内經》注。顓頊娶於滕墳氏之子，謂女禄，是生老童。《山海經·大荒西經》注、《御覽》一百三十五。宋衷曰：滕墳，國名②。《御覽》仝上。顓頊生偁，偁生卷章。《路史·後紀》注。高陽生稱，稱生卷章，卷章生黎。《左·襄二十九年》正義。老童娶於根水氏，謂之驕福，生重及黎③。《山海經·大荒西經》注。老童生重黎及吴回④。《史·楚世家》集解。

①案："顓者專也"下，似非本文。　②《路史·國名紀》引宋衷注作"勝奔"。　③鄧名世《姓氏書辨證》引"老童娶根水氏女"。《路史·後

紀》注引"根水"作"棍水"。《元和姓纂》二十五寒引"老童娶安是女"。④《索隱》單行本引"老童生重黎"。

## 陸終六子附

陸終娶鬼方氏之妹，謂之女隤。是生六子，孕三年，啟其左肋，三人出焉；破其右肋，三人出焉。《水經·洧水》注。注：鬼方於漢，則先零戎是也。《文選·趙充國頌》注。其一曰樊，是為昆吾。昆吾者，衛是也①。宋衷曰：昆吾，國名，己姓所出。《史·楚世家》索隱，下併同。二曰惠連，是為參胡。參胡者，韓是也。宋衷曰：參胡，國名。斯姓，無後。三曰籛鏗，是為彭祖。彭祖者，彭城是也。姓籛，名鏗，在商為守藏吏，在周為柱下史，壽八百歲。《莊子》釋文，《論語》正義。四曰求言，是為會人。會人者，鄭是也②。宋衷曰：求言，名也，妘姓所出，鄶國也。其五曰安，是為曹姓。曹姓者，邾是也。宋衷曰：安，名也。曹姓者，諸曹所出也。六曰季連，是為芈姓。芈姓者，楚是也。宋衷曰：季連，名也。芈姓，諸楚所出，楚之先。

①《史·楚世家》集解引下一語，索隱引上二語，下併同。今據《水經·洧水注》引鄶人條併為一。 ②《水經·洧水》注引"求言"作"萊言"。

## 帝嚳

嚳，黃帝之曾孫。《路史·後紀》注。

帝嚳卜其四妃之子，皆有天下。上妃有邰氏之女，曰姜嫄，而生后稷；次妃有娀氏之女，曰簡狄，而生契；次妃陳鋒①氏之女，曰慶都，生帝堯；下妃娵訾氏之女，曰常儀，生摯②。《詩·生民》正義。帝嚳上妃有邰之女，曰姜原③。《史·外戚世家》索隱。宋衷曰：高辛，地名，因以為號。嚳，名也。《史·五帝本紀》索隱。

①《史·五帝本紀》索隱引作"鄁"。 ②《藝文類聚》十引與《詩》正義略同。《御覽》一百三十五引有脱字。 ③《路史·後紀》注引"嫄為上妃"。

## 帝 堯

堯是黃帝曾孫。《書·堯典》正義。黃帝生元囂，元囂生僑極，僑極生帝嚳，帝嚳生堯。仝上。帝堯為陶唐氏。《書·五子之歌》正義。帝堯娶散宜氏之子，謂之女皇。《御覽》一百三十五。女皇生丹朱。《路史·後紀》注。宋衷曰：是生丹朱。《御覽》仝上。

## 帝 舜

舜是黃帝八代之孫。《書·堯典》正義。舜為高陽五世孫。《路史·後紀》注。顓頊生窮係。《史·三代世表》索隱。宋衷曰：一云窮係，謚也。《史》索隱仝上。帝舜有虞氏。《路史·後紀》注。配以盲，婐以罃。從上增。盲即娥皇，字娥娙；罃即女英。《路史》仝上。舜時西王母獻白環及玦②。《藝文類聚》六十七。

①《史帝紀》索隱引"女瑩"。 ②《文選·景福殿賦》《與陳伯之書》注併引《世本》，"玦"作"佩"。

## 夏

顓頊生鯀。《山海經·海内經》注。鯀為顓頊子。《史·夏本紀》索隱。鯀娶有辛氏，謂之女志，是生高密。仝上。《御覽》一百三十五。宋衷曰：高密，禹所封國。《史》索隱仝上。

顓頊生骸，骸生高密，是為禹也①。《玉篇·骨部》。禹娶塗山氏，名女媧②。《史·夏本紀》。

①《路史·後紀》注引："鯀生高密，是為禹，宋曰禹之封國。" ②《索隱》《路史·後紀》注引"女媧"作"后嬌"。

啟，禹子。《書·益稷》正義。

帝杼。《史·夏本紀》索隱。

帝芬。仝上。

帝降。仝上。

帝皋生發及桀。仝上。帝皋生發及履癸。履癸一名桀。《史·三代世表》索隱。宋衷曰：帝皋墓在殽南陵。《史》仝上。

## 殷

契是帝嚳子。《書·帝嚳序》正義。

契生昭明，昭明生相土，相土生昌若，昌若生曹圉①，曹圉生根國，根國生冥。《禮·祭法》正義。

案：《史記殷本紀》，無根國一世。鄭注《禮》云："冥，契之六世孫也。"康成必有所據。孔疏引《世本》作證，仍作"曹圉"。竊疑索隱所見"糧圉"，係字形相近，轉寫脱"根國"之譌。

宋衷曰：冥為司空，勤其官事，死於水中，殷人郊之。《史·殷本紀》集解。

①《史·殷本紀》索隱引作"糧圉"。

冥子核。《史·殷本紀》索隱。

湯名天乙。《書》釋文引馬融注《論語正義》。

太甲，湯孫。《左·襄二十一年》正義。太甲，太丁子。《書·伊訓序》正義。

太甲崩，子沃丁立。《書·沃丁序》正義。

小甲，太庚子。《史·三代世表》索隱。

仲丁是太戊之子。《書·仲丁序》正義。

河亶甲，仲丁弟也。仝上。

祖乙，河亶甲子。仝上。

祖乙崩，子祖辛立。崩，子開甲立。崩，弟祖丁立。崩，開甲之子南庚立。崩，祖丁子陽甲立。崩，弟盤庚立①。《書·盤庚》正義。

①案：《史記·殷本紀》云："祖乙崩，子祖辛立。崩，弟沃甲立。崩，立沃甲兄祖辛子祖丁。崩，立沃甲子南庚。崩，立祖丁子陽甲。崩，弟盤庚立。"《書·盤庚》正義引與此文小異，"沃甲"作"開甲"。《史》索隱云："《世本》作'開甲'也。"據此，則《書》正義所引，乃《世本》紀文。讀正義者或以上引鄭玄云"盤庚湯十世孫"，"世"字宜屬上"十"字讀，故輯《世本》者多置其文不録。愚案：正義當以十字絶句，此當為《世本》紀文。若仍是《史記·殷本紀》正義，前已引之，於此當作又云矣。

盤庚崩，弟小辛立。崩，弟小乙立。崩，子武丁立。《書·説命》正義。

祖辛。《史·三代世表》索隱。

紂伐有蘇，有蘇人以妲己女焉。紂愛妲己，妲己之言是從。武王殺之，斬以元戈，懸之小白旗。《御覽》一百三十五。

## 周

后稷生不窋，不窋生鞠陶，鞠陶生公劉，公劉生慶節，慶節生皇僕，皇僕生差弗，差弗生毀揄①，毀揄生公非②，公非生高圉③，高圉生亞圉④，亞圉生組紺⑤，組紺生太王亶父，父生季歷，季歷生文王⑥。《書·□□》正義。宋衷曰：高圉能率稷者也，周人報之⑦。《史·周本紀》集解。

①《史》索隱引"僞揄"。 ②《史》索隱引"公非辟方"。 ③《史》索隱引"高圉侯侔"。 ④《史》索隱引"亞圉雲都"。 ⑤《史》索隱引"太公組紺諸盩"。《禮·中庸》正義引作"亞圉雲生太公組紺諸盩"。 ⑥《路史·後紀》注引《世本》:"公非辟方、高圉侯侔、亞圉雲都、組紺諸盩太公。" ⑦案:《路史發揮》引《世本》:"從不窋而下至季歷,一十有七世。"又案《史·世表》,不窋至季歷,止十三世。"七"字疑誤。輯補徑改"不窋"作"黄帝"。愚以《殷世表》從湯至黄帝十七世之説較之,似又不相應,姑從蓋闕可也。

成王生康王。康王生昭王。《詩·民勞》正義。康王生昭王。《禮·禮器》正義。宋衷云:"昭王南伐楚,辛由靡為右,涉漢中流而隕。由靡承王,遂卒不復。周乃侯其後於西翟。《史·三代世表》索隱。昭王生穆王。穆王生恭王。《詩》《禮》正義併仝上。恭王名伊扈。《史·周本紀》索隱。恭王生懿王及孝王。《詩》正義仝上。恭王生懿王。《禮》正義仝上。懿王名堅。《史》索隱仝上。孝王生夷王。夷王生厲王。《詩》正義仝上。懿王崩,弟孝王立。孝王崩,懿王太子燮立,是為夷王。《禮》正義仝上。

## 共　　和附

宋衷曰:齊武公十年,宣王大臣共行政,故號曰共和。十四年,宣王即位。《史·十二諸侯年表》索隱。

平王生桓王林,林生莊王佗,佗生僖王胡齊,齊生惠王涼①。涼生襄王鄭,鄭生頃王巨。《左·昭二十六年》正義。

①《史》索隱作"毋涼"。

劉夏逆王后於齊①。

①案:《春秋·襄公十五年穀梁》疏云:"案《世本紀》,當頃王也。"故特載於此。

巨生匡王班及定王瑜,瑜生簡王夷,夷生靈王泄心,心生景王貴，貴生悼王猛及敬王匄。《左》正義仝上。

敬王崩，貞王介立。貞王崩，元王赤立。《左·哀十九年》正義。

敬王崩，在魯哀公十九年。《左》正義仝上。魯哀公二十七年，定王介崩，子元王赤立①。《左》正義仝上。宋衷注引《太史公書》："元王仁生貞王介。"與《世本》不相應，不知誰是②。《左》正義仝上。

①《史·周本紀》集解引《世本》："貞王介，元王赤。" ②案：《史記·周本紀》集解、《左傳》正義所引《世本》，俱即宋衷所注之本，其定王與元王世系，或有顛倒舛誤，蓋自衷時已然矣。司馬貞作《本紀》索隱，據集解辨之，云依《世本》，元王是貞王子。而於《六國年表》引《世本》："元王名赤，敬王子，崩，子定王介立。"恰又不同。元王名仁，《世本》名赤。定王介即貞王介，為元王子。似正與《太史公書》"元王仁生貞王介"之説相應，豈所見本復得《世本》之舊，抑經儒者依《太史公書》改易而然歟？故並録之，以俟參攷。

## 威烈王附

宋衷曰："威烈王葬洛陽城中東北隅。"《史·周本紀》集解。

## 赧王附

宋衷曰："赧謚。"《史·六國年表》索隱。

## 武公附

宋衷曰："謚曰西周武公。"《史·周本紀》集解。

# 諸侯世本

## 魯

伯禽生煬公熙①、《禮·明堂位》正義。考公就。《史·魯世家》索隱。熙生微公弗②、《禮·明堂位》正義。幽公圉。《史·魯世家》索隱。弗生獻公具、《禮·明堂位》正義。厲公翟。《史·魯世家》索隱。具生武公敖、《禮·明堂位》正義。慎公摯。《史·魯世家》索隱。孝公生惠公弗皇。弗皇生隱公。《禮·曾子問》正義。隱公名息姑。《史·魯世家》索隱、《十二諸侯年表》引同。桓公名軌。《左·桓元年》正義、《穀梁》疏、《史·魯世家》索隱。湣公名啟方③。《左·閔元年》正義。昭公名稠。《史》索隱仝上。哀公蔣生悼公寧。寧生元公嘉。嘉生穆公不衍④。《禮·檀弓》正義。平公名旅。《史·魯世家》索隱。湣公。《史》索隱仝上。

①《左·定元年》正義、《禮·祭法》正義引《世本》:"煬公,伯禽子。"

②《史·三代世表》索隱引《世本》:"微公名弗甚。"

③《穀梁》疏、《史·魯世家》索隱引"名啟"。

④《史·六國年表》索隱引"名蔣",又引"悼公名寧"。《魯世家》索隱引"哀公蔣,穆公不衍"。

## 齊

太公望生丁公伋，伋生乙公得，得生痼公慈母[①]，慈母生哀公不臣[②]。《禮·檀弓》正義。宋衷曰：哀公荒淫田游，作還詩以刺之也。《史》索隱仝上。

①《史·齊世家》索隱引，"痼公慈母"。　②《史》索隱引"名不臣"。

胡公。宋衷曰：其黨周馬繻人，將胡公於貝水殺之，而山自立也。《史》索隱仝上。

成公說。《史》索隱仝上。

莊公贖。《史·十二諸侯年表》索隱。

齊侯潘，齊昭公也。《穀梁·文十四年》疏。

靈公名環。《史·管晏列傳》索隱。

莊公名光。仝上。

景公名杵臼。仝上。

平公敬。《史·齊世家》索隱。

## 晉

宋衷曰：唐叔已下五代無年紀。《史·十二諸侯年表》索隱。

武侯曼期。《史·晉世家》索隱。

厲侯輻。《史》索隱仝上。

獻侯蘇。《史》索隱仝上。

穆侯名弗生。《史·十二諸侯年表》索隱。

鄂侯郄。《史·晉世家》索隱。

武公莊伯子。《左·桓三年》正義。

定公名午。《史·六國年表》索隱。

出公名鑿。《史》索隱仝上。

昭公名桓，子雝，雝生忌，忌生懿公驕。《史·晉世家》索隱。注云：雍號爲戴子。《史》仝上集解。

幽公生烈成公止。《史》索隱仝上。宋衷曰：《太史公書》幽公柳之時，晋衰，反朝韓、趙、魏之君。《史》索隱仝上。

孝公傾。《史》索隱仝上。

静公俱。《史》索隱仝上。

## 秦

伯益之後。《史·秦本紀》索隱。附庸。《路史·國名紀》注。

繆公名任好。《史》索隱仝上。

秦伯稻，秦共公也。《穀梁·宣四年》疏。

秦伯，秦桓公也。《穀梁·成十四年》疏。

景公名后伯車。《史·秦本紀》索隱。

靈公立十年。《史·秦始皇本紀》索隱。

簡公名悼子，即刺龔公之子，懷公弟也。《史》索隱仝上。

少主。仝上。

元獻公立二十二年。仝上。

武烈王十九年而立，立三年。仝上。

昭王名側。《史·樗甘列傳》索隱。

秦始皇政生於趙，故曰趙政。《史·秦始皇本紀》正義。宋衷曰：以正月旦生，故名正。仝上。

## 楚

陸終娶於鬼方氏之妹，謂之女嬇，是生六子①。

六曰季連，是為芈姓。季連者，楚是也。《史》索隱仝上。宋衷曰：季連，名也。芈姓，諸楚所出。仝上。熊渠長子庸為句祖王。《史》索隱仝上。熊渠封其中子紅為鄂王，《水經·江水》注。少子疵為就章王。《史》索隱仝上。

①《史·楚世家》索隱引首二語，“是生六子”，據《水經·洧水》注引《世本》增。餘已見前。

楚武王

楚武王墓在豫章新息①。《史》仝上正義。

①案：正義引作《世本》，今定以為注。

康王名招。《史·十二諸侯年表》索隱。

考烈王熊完。《史·楚世家》索隱。

## 宋

宋莊公馮，穆公之長子。《穀梁·莊二年》疏。

## 衛

康叔，周公弟。《左·襄二十九年》正義。

康伯名髡。《史·衛世家》索隱。宋衷曰：即王孫牟也，事周康王為大夫。《史》索隱仝上。

摯伯。《史》索隱仝上。

箕伯。《史》索隱仝上。

武公，康叔九世孫。《左·襄二十九年》正義。

公子留①。

①案：《公羊·莊二年》疏云：“天子新立衛公子留。”《世本》及《史記》並有其事。《史記》作“公子黔牟”，則作“留”者《世本》文也。

戴公名申。《左·閔二年》正義。

悼公虔。《史》索隱仝上。

敬公費。《史》索隱仝上。

敬公生橈公舟。《史》索隱仝上。

公子虔。《史》索隱仝上。

聖公馳。《史》索隱仝上。

成侯名不逝。《史》索隱仝上。

## 陳

陳遂,舜後。《路史·後紀》注。宋衷曰:"虞思之後,箕伯直柄中衰,殷湯封遂於陳,以爲舜後。"《史·陳世家》索隱、《路史·後紀》注仝。

陳侯躍,厲公也。《左·桓十一年》正義。

陳侯朔,陳共公也。《穀梁·文十三年》疏。

## 蔡

平侯者,靈侯般之孫,太子友之子。《史·管蔡世家》集解。

## 曹

曹國,伯爵。《左·桓五年》正義。振鐸,文王之子,封於曹。《穀梁·昭十五年》疏。悼伯卒,弟露立,謚靖公。《史·管蔡世家》索隱。

## 鄭

周宣王二十二年,封庶弟友於鄭。《水經·渭水》注。

鄭伯費,鄭悼公。《穀梁·成六年》疏。

## 燕

穆公，康公之十六世孫。《詩·江漢》正義。

宣侯。《史·燕世家》索隱。

桓侯[1]。仝上。

①索隱曰："譙周云：'《世本》謂燕自宣侯已上，皆父子相傳，故無所疑。桓侯已下，並不言屬，以其難明故也。'"案：今《世本》無燕代系，宋衷依《太史公書》以補其闕。尋徐廣作音，尚引《世本》，蓋近代始散佚耳。

閔公。《史》索隱仝上。

燕王喜。《顏氏家訓·書證》篇。

## 吴

夷昧及僚，夷昧生光[1]。《左·昭二十七年》正義。夫差，吴子光之子。《禮·檀弓》正義。

①《史·吴世家》集解引"夷昧生光"，索隱引"光為夷昧子"。

## 杞

殷湯封夏後於杞，周又封之。《列子釋文》。

惠公。《史·杞世家》集解、索隱並仝。惠公生成公及桓公。《史·杞世家》索隱。惠公立十八年，生成公及桓公。成公立十八年，桓公立十七年。《史》仝上集解。杞桓公，是成公之弟，成公卒而桓公立[1]。《左·襄六年》正義。

①案：桓公繼成公立，以《左傳》考之，凡七十年。《史記》依《世本》云"十七年"，蓋誤倒其字也。

## 滕

錯叔繡，文王子。《漢書·地理志》師古注。錯叔繡封滕。《路史·後紀》注。

隱公之後，仍有六世為君。《左·隱七年》正義。

考公麋，與文公之父定公相直，其子元公宏，與文公相直。趙岐《孟子注》。

齊景公亡滕。《左·隱七年》正義。

## 韓

景子名處。《史·韓世家》索隱。

武侯。《史·六國年表》索隱。

懿侯[1]。《史》仝上。

①索隱云："《系本》無名。"

韓宣王，昭侯之子也。《史·蘇秦列傳》索隱。

索隱曰："《紀年》敗韓舉在威侯八年，而《世家》以為宣惠王之年。又上有弒悼公，悼公又不知是誰之謚。此文與《世本》不同。"

桓惠公。《史·留侯世家》索隱。

## 趙

敬侯名章。《史·魏世家》索隱。

成侯名種。《史》索隱仝上。

肅侯名語。《史·趙世家》索隱。

孝成王丹生悼襄王偃，偃生今王遷。《史》仝上集解。

## 魏

駒生文侯斯。《禮·樂記》正義。桓子生文侯斯。《史·魏世家》索隱。

惠王子名嗣。《史·蘇秦列傳》索隱。襄王名嗣。《史·魏世家》索隱。

昭王名遫。《史》索隱仝上。昭王名遫，襄王之子也。《史·范雎蔡澤傳》索隱。

惠王生襄王。《史·魏世家》集解。襄王生昭王。《史》仝上索隱。

(史)〔安〕僖王名圉。《史》索隱仝上。安僖王生景愍王午。《史》索隱仝上。

## 田　齊

宣王名辟彊，威王之子也①。《史·蘇秦列傳》索隱。

①索隱曰："《紀年》：'齊宣王十五年，田莊子卒。明年，立田悼子。悼子卒，乃次立田和。'是莊子後有悼子。蓋立年無幾，所以作《世本》及《史記》者不得録也。而莊周、鬼谷子亦云：'田成子殺齊君，十二代而有齊國。'今據《世本》、世家，自成子至王建之滅袛十代。若如《紀年》，則悼子及侯剡，即有十二代，與莊子、鬼谷説同也。"

湣王名遂。《史·田世家》索隱。

## 莒

周興，封黄帝之後於祁，而置莒後興期於始都計斤。十一世兹丕歸莒，至紀公復己姓①。《路史·後紀》注。

①案：小國《世本》無其系諡。今因諸書所引有者，姑併載之。

## 邾

邾子貜且，邾定公也。《穀梁·成十六年》疏。

## 隨

隨，國名。《穀梁·僖二十八年》疏。

## 鄶

會人，即檜之祖也。《詩·檜風》正義。

## 舒　鮑

小國。《路史·國名紀》注。

## 空　桐

商後國。仝上。

## 黎

## 比

## 髦

## 杒

## 段

## 瓦

## 鐵[1]

①仝上，云七國并見《世本》。

## 蜀

蜀之為國，肇自人皇。《路史·前紀》注。蜀無姓，相承云黃帝後[1]。《史·三代世表》索隱。

①《路史·前紀》注引"蜀王每世相承為黃帝後"。又引"五丁事蜀王開明，負力能徙山通石"。

# 卿大夫世本

## 魯

### 臧　氏

僖伯名彄，字子臧，孝公之子。《左·隱五年》正義。考公生僖伯彄，彄生哀伯達，達生伯氏瓶，瓶生文仲辰。《左·莊二十八年》正義、《禮·禮器》正義。

臧會，臧頃伯也，宣叔許之孫，與昭伯賜為從父昆弟也。《史·魯世家》索隱。

### 厚　氏

孝公生惠伯革，其後為厚氏。《禮·檀弓》正義。

郈昭伯名惡，魯孝公之後，稱郈氏①。《史·魯世家》索隱。

①"厚""郈"古音同。

### 施　氏

施伯，魯惠公孫。《史·魯世家》正義。

## 仲孫氏

慶父生穆伯敖，敖生文伯穀，穀生獻子蔑。《禮·檀弓》正義。獻子蔑生孝伯，孝伯生惠伯，惠伯生昭伯，昭伯生景伯。仝上。

仲孫貜生南宮縚。《禮·檀弓》正義。敬叔與懿子，皆孟僖子之子。《史·孔子世家》索隱。敬叔，桓公七世孫。惠伯是桓六世孫。《禮》正義仝上。魯孟僖子生閱，號南宮敬叔。叔生路，路生會，會生虔，為南宮氏。《姓纂》二十三覃。

## 叔孫氏

桓公生僖叔牙，牙生戴伯茲，茲生莊叔得臣，臣生穆叔豹，豹生昭子婼，婼生成子不敢，敢生武仲州仇。《禮·檀弓》正義。州仇，叔牙六世孫，叔孫不敢子也。《論語》正義。

桓公生僖叔牙，叔牙生武仲休，休生惠伯彭，彭生皮，為叔仲氏。《禮·檀弓》正義。

## 季孫氏

公子友生齊仲，齊仲生無逸，無逸生行父，行父生夙。《禮·檀弓》正義。季友生仲無佚，佚生行父①。《穀梁·文五年》疏。行父，季友之孫，故以季孫為氏。死謚曰文子。《詩·魯頌》正義。

①案：此及《國語》韋註，季文子，季友之孫，齊仲無佚之子。則《禮》正義多出一代。

季悼子紇生平子意如，意如生桓子斯，斯生康子肥。

《禮·檀弓》正義。

季悼子之子公甫靖。仝上。悼子紇生穆伯靖。仝上。季悼子紇生穆伯，穆伯生文伯歜，文伯歜生成伯，成伯生頃，為公父氏。《姓纂》一東。

### 仲　氏

仲遂，魯莊公之子，東門襄仲。《禮·檀弓》正義。述產子家歸父及昭子子嬰[①]。《史·魯世家》索隱。

①"述""遂"古字通。

### 子叔氏

叔肸生聲伯嬰齊，齊生叔老，老生叔弓。《禮·檀弓》正義。叔弓生定伯閱，閱生西巷敬叔，叔生成子還。《左·定十一年》正義。魯文公生惠伯叔肸，叔肸生聲伯嬰齊，嬰齊生叔老子叔，子叔生叔弓，叔弓生仲南文楚及伯張、穆伯、定伯，為子叔氏。《姓纂》六止。

## 齊

### 國　氏

懿伯生貞孟。貞孟生成伯高父。《禮·檀弓》正義。

### 高　氏

敬仲生莊子，莊子生傾子，傾子生宣子，宣子生厚，厚生止[①]。《左·襄二十九年》正義。敬仲生莊子，莊子生傾子，傾子之孫武子偃。《左》正義仝上。傾子之孫鄢[2]。《左·昭十二年》正義。

①案：正義引劉炫云："據《世本》，高止，敬仲元孫之子。" ②案：正義引《世本》文，"偃"作"鄢"，云"鄢""偃"聲相近。"鄢"即所云高偃是也。《傳》云："齊人立敬仲之曾孫鄢。"必有一誤。

## 管　　氏

管莊仲產敬仲夷吾，夷吾產武子鳴，鳴產桓子啟方，啟方產成子豫，豫產莊子盧，盧產悼子其夷，夷產襄子武，武產景子能陟，陟產帶。凡九代。《史·管晏列傳》索隱。

## 陳　　氏

夷孟思。《史·田世家》索隱。

閩孟克芷。仝上。

陳桓子無字產子亹，亹產子獻，獻生鞅。《史·齊世家》索隱。

僖公生昭子莊、簡子齒、宣子共夷、穆子安、廩邱子毉茲、芒子盈、惠子得。《左·哀十四年》正義。陳僖子乞產成子常、簡子齒、宣子共夷、穆子安、廩邱子尚毉茲、芒子盈、惠子得。《史·田世家》索隱。

①案：《史》索隱引《世本》云"成子兄弟凡七人"，杜預取昭子莊以克八人之數。《世本》昭子是桓子之子、成子之叔父，又不名莊，彊相證會。愚案：成子兄弟八人，服虔已有此說。《世本》昭子既不名莊，則名莊者，絶非杜氏臆造。孔穎達《春秋正義》所引《世本》，杜氏與同，當有據也。司馬貞所見本異耳。又《史》索隱作"毉茲"，杜預集解作"意茲"，"毉""意"古音義通。正義引《世本》作"毉茲"，"僖子"作"僖公"。

成子常生襄子班，班生莊子伯[1]。《禮·檀弓》正義。

①《史·田世家》索隱引襄子盤作班;莊子白,《世本》名伯。

## 閭丘氏

齊閭丘産生嬰,嬰生歐,歐生莖,莖生施①。《姓纂》九魚。

①案:《氏族略》云:"閭邱本邾地,為齊所并。往時閭邱氏食邑於此,故以名氏。"閭邱嬰之後也。《釋例》《公子譜》皆略,惟《世本》詳焉,兹故並載之。

# 晉

## 欒氏

欒叔賓父。《史·晉世家》正義。

## 郤氏

郤豹生冀芮,芮生缺,缺生克。《左·成十一年》正義。豹生義,義生揚,揚生州。仝上。豹生義,義生步揚,揚生蒲城鵲居,居生至。《左·成二年》正義。

## 韓氏

韓萬,曲沃桓叔之子。《史·韓世家》索隱。韓萬,莊伯弟。《左·桓二年》正義。桓叔生子萬,萬生求伯,求伯生子輿,輿生獻子厥。《左·宣十二年》正義。韓萬生賕伯,賕伯生定伯簡,簡生輿,輿生獻子厥①。《史·韓世家》索隱。

①案:《左傳》正義引《韓世家》云:"韓武子後三世有韓厥,史云武子,蓋韓萬也。"又引《世本》文,謂厥是萬之曾孫,而服虔、杜預皆言厥是韓萬玄孫,不知何所據也。今案:索隱所引《世本》,中有定伯簡一世,《左

傳·僖十五年》有韓簡,杜注亦云“晉大夫韓萬之孫”,然則《史》云“三世有韓厥”,疎矣。而服虔、杜預想當據此。孔穎達所見《世本》,轉寫者失之也。

平子名頃,宣子子也。《史》索隱仝上。

簡子名不信。仝上。

莊子名庚。仝上。

武子名啟章,康子子。《史·魏世家》索隱。

晉韓厥生無忌,無忌生襄,襄生魯,為韓言氏。《姓纂》二十五寒。

## 趙　　氏

公明生趙夙。《左·成十年》正義。公明生共孟及趙夙,夙生成季衰,衰生宣孟盾。《史·趙世家》索隱。趙夙為衰祖,穿為夙之曾孫①。《左·宣三年》正義。

①案:《史記·趙世家》云:“夙生共孟。共孟生衰。”是趙夙為衰祖史公亦是依《世本》也。索隱既引《世本》云云,復引《左傳》“趙衰,趙夙弟”,均與夙為衰祖之說不合。古籍流傳,轉寫多誤,即如索隱單行本,則於《史記》又出“夙生共,共生孟,孟生衰”,多出一代。

景叔名成。《史·趙世家》索隱。

代成子起,即襄子之子。仝上。

襄子子桓子。仝上。桓子名嘉,襄子之子。《史·魏世家》索隱。

## 魏　　氏

畢萬生芒季,芒季生武仲州。《左·閔元年》正義。萬生芒,芒生季,季生武仲州,州生莊子降①,降生獻子荼②,荼生簡子取③,取生襄子多,多生桓子駒④。《禮·樂記》正義。

孺子瘨是魏駒之子。《史》索隱仝上。

①《史·魏世家》索隱引"武仲生莊子絳"。　②《史》索隱引"獻子名荼,莊子之子"。　③《史》索隱引"简子名取"。　④《史》索隱引"獻子生簡子取,取生襄子多。襄子生桓子駒"。

## 荀　氏

晉大夫逝遨生桓伯林父,林父生宣伯庚,庚生獻伯偃,偃生穆伯吴,吴生寅。本姓荀,自荀偃將中軍,曰中行,因氏焉。元與智氏同祖逝遨,故智氏亦稱荀。《史·趙世家》索隱。

逝遨生莊子首,首生武子罃,罃生莊子朔,朔生悼子盈,盈生文子櫟,櫟生宣子申,申生智伯瑶。《史》索隱仝上。

程鄭,荀氏别族。《左·成十八年》正義。

## 士　氏

士蔿生士伯缺,缺生士會,會生士燮。《左·文十三年》正義。晉大夫隰叔之子,士蔿之後。蔿生成伯缺,缺生武子會,會生文叔燮,燮生宣叔匄,匄生獻子鞅,鞅生吉射。《史·趙世家》索隱。

## 籍　氏

黶生司空頡,頡生南里叔子,子生叔正官伯,伯生司徒公,公生曲沃正少襄,襄生司功大伯,伯生侯季子,子生籍游,游生談,談生秦①。《左·昭十五年》正義。

①《史·趟世家》索隱引籍秦是"籍游之孫,籍談之子"。

### 羊舌氏

叔向兄弟有季夙。《左·昭五年》正義。

## 衛

### 孫氏

孫氏出於衛武公,至林父八世。《左·成十四年》正義。

### 公叔氏

獻公生成子當,當生文子拔,拔生朱。《禮·檀弓》正義、《論語》疏。

### 公孟氏

靈公之子,字公孟,名彄。《左·隱八年》正義。

### 司寇氏

靈公生昭子郢,郢生文子木及惠叔蘭,蘭生虎,為司寇氏。《禮·檀弓》正義。

### 將軍文氏

文子生簡子瑕,瑕生衛將軍文氏。《禮》仝上正義。

### 趙氏

趙懿子兼生昭子舉,舉生趙陽。《左·定十四年》正義。

### 孔　氏

莊叔達生得閭叔穀，穀生成叔烝鉏，鉏生頃叔羅，羅生昭叔起，起生文叔圉，圉生悝。《禮·祭統》正義。

## 宋

### 孔　氏

宋湣公生弗甫何，弗甫何生宋父，宋父生正考父，正考父生孔父嘉，為宋司馬，華督殺之而絶其世，其子木金父降為士。木金父生祁父，(祀)〔祁〕父生防叔，為華氏所偪，奔魯為防大夫，故曰防叔。防叔生伯夏，伯夏生叔梁紇，叔梁紇生仲尼。《詩·商頌》正義。孔父嘉生木金父，木金父生祁父，其子奔魯為防叔。防叔生伯夏，伯夏生叔梁紇，叔梁紇生仲尼。《左·桓元年》正義。《穀梁·桓二年》疏。

仲尼圩頂，反首，張面，四十有九表。堤眉，谷竅，參臂，駢脅。腰大十圍，長九尺有六寸，時謂長人。《路史·後紀》注。後數世皆一子。《禮·檀弓》正義。

### 華　氏

宋督是戴公之孫，好父説之子。華父是督之字①。《左·隱八年》正義。華督生世子家，家生秀老，老生司徒鄭，鄭生司徒喜。《左·成十五年》正義。華督生世子家，家生華孫御事，事生華元右師。《左·文十六年》正義。

①《桓元年》正義引"華父督，宋戴公之孫，好父説之子"。

## 樂　氏

戴公生樂甫術，術生碩甫澤，澤生季甫，甫生僕伊與樂豫。《左·文七年》正義。戴公生樂甫術，術生碩甫澤，澤生夷甫須，須生大司寇吕。《左·文十八年》正義。戴公生樂甫術，術生石甫愿繹，繹生夷甫傾，傾生東鄉克，克生西鄉士曹，曹生子罕喜。《禮·檀弓》正義。

樂懼，戴公六世孫。《左·成十六年》正義。

## 皇　氏

皇父，戴公子。《左·文十年》正義。

## 仲　氏

莊公生右師戌，戌生司城師。《左·成十五年》正義。

公孫名固，為大司馬[①]。《史·宋世家》正義。

①案：公孫固，未知何氏，因出自莊公，附仲氏後。

## 鱗　氏

桓公生公子鱗，鱗生東鄉矔，矔生司徒文，文生大司寇子奏，奏生小司寇朱[①]。《左·成十五年》正義。

①《文七年》正義引"桓公生公子鱗，鱗生東鄉矔"。

## 向　氏

桓公生向父肸，肸生司城訾守，守生小司寇鱣及合左師。《左·成十五年》正義。向戌生東鄰叔子超，超生左師眇。眇即向巢也，魋是巢之弟。《禮·檀弓》正義。

### 蕩　氏

公孫壽生大司馬虺，虺生司馬澤。《左·成十五年》正義。

## 鄭

### 子罕氏

鄭穆公子喜，字子罕。罕生子展舍之，舍之生子皮虎，或作子軒氏[①]。《姓氏書辨證》二十二。

①案："軒""罕"古音同。

### 子駟氏

子游、子瑕，並公孫夏之子。《左·昭十九年》正義。

### 子國氏

鄭穆公生子國發，發生子産僑、簡成子，僑生子思參，參生子玉珍，珍生子樂卑、顯莊子，為子國氏。《姓氏書辨證》二十二。

## 陳

### 鍼　氏

鍼宜咎，陳鍼子八世孫。《左·襄二十四年》正義。

### 夏　　氏

宣公生子夏，夏生御叔，叔生徵舒，舒生惠子晉，晉生御寇，寇生悼子齧。《左·昭二十三年》正義。

## 楚

### 蒍　　氏

艾獵，叔敖之兄。《左·宣十一年》正義。蒍艾獵是叔敖之兄，馮是艾獵之子。《左·襄十五年》正義。

### 屈　　氏

屈蕩，屈建之祖父。《左·襄二十五年》集解。

### 陽　　氏

穆王生王子揚，揚生尹，尹生令尹匄。《左·昭十七年》正義。

### 沈　　氏

楚縣葉公子高。《禮·緇衣》正義。葉公名諸梁，楚大夫，食采於葉，僭稱公。《論語》正義。

# 世本氏姓篇[①]

①案:《左傳·隱十一年》正義引《世本·氏姓篇》,《史記·秦本紀》集解引應劭説,尤可想見篇目之舊,今輯依其目。《史記·高祖本紀》索隱、《一切經音義》六引《世本·氏姓篇》,言姓則在上,言氏則在下。如《左》正義隱元年引子姓、十一年引任姓,文十二年引偃姓,尤可想見原文之舊,餘皆約舉文。

## 姜　姓

炎帝,姜姓[①]。《水經·渭水》注。炎帝神農氏。《左·昭十七年》正義。

①《御覽》五十九引《水經》,轉引《世本》。

向,姜姓。《左·隱二年》正義。

州國,姜姓。《左·桓五年》正義。

齊,姜姓。《左·襄十一年》正義。

許州向申,姜姓也,炎帝後。《水經·陰溝水》注。

## 姬　姓

召、芮、畢、衛、毛,姬姓。《書·顧命》正義。

息國，姬姓。《左·隱十一年》正義。

芮魏皆姬姓。《左·桓四年》正義。

隨國，姬姓。《左·桓六年》正義。

荀、賈皆姬姓。《左·桓九年》正義。

晉、魯、衛、鄭、曹、滕，姬姓。《左·襄十一年》正義。

鮮虞、姬姓。白狄也。《穀梁·昭十三年》疏。

唐，姬姓之國。《史·楚世家》正義。

沈，姬姓。《史·陳杞世家》索隱。

霍國，姬姓[1]。《史三代世表》索隱。

馮，姬姓。鄭大夫馮簡子後[2]。《姓纂》一東。

①《路史·國名紀》作"真姓"，注云"今本作姬姓"。 ②案：《氏族略》三引《世本》云："馮，歸姓。"

## 己　姓

己姓，出自少皞。《左·昭十七年》正義。

莒，己姓。《左·隱二年》正義、《襄十一年》正義。自紀公以下為己姓。《左·隱二年》正義。

## 任　姓

任姓，謝、章、薛、舒、吕、祝、終、泉、畢、過。《左·隱十一年》正義。謝，任姓，黄帝之後。《姓氏急就篇》注。章，任姓之國[1]。《水經注》。薛，任姓。夏奚仲封薛，周有薛侯，其後為氏[2]。舒，任姓。《急就篇》注。吕，任姓。仝上。祝，任姓。仝上。終，任姓。仝上。泉，任姓。仝上。畢，任姓。仝上。過，任姓。仝上。

①《急就篇》注引"章姓任"。 ②《左·襄十一年》正義引首三字，餘

引見《急就篇》注。

## 姞 姓

燕國,姞姓①。《左·隱五年》正義。

①案:《太平寰宇記》一引《世本》:"東郡燕國侯伯儵子卒,葬封邱,遂(一)〔于〕城内作地道向子墓,名封邱臺,亦名向子臺。"

密須,商時姞姓之國①。《氏族略》二。

①《姓氏書辨證》三十六引:"密須,商時姞姓國也。文王滅之,其後以國為氏。"《氏族略》二有"密須氏,引《世本》"云。

## 姚 姓

帝舜,姚姓。《左·隱八年》正義。舜姓姚氏。《左·昭八年》正義。

## 姒 姓

有扈氏,與夏同姓。《書·甘誓》正義。

彤,姒姓之國。《書·顧命》正義。

杞,姒姓。《左·襄十一年》正義。

斟灌氏、斟鄩氏,夏同姓諸侯。《史·夏本紀》索隱。

有南氏。仝上。

弗氏。仝上。

莘國,姒姓,夏禹之後①。《史·周本紀》正義。

①《路史·後紀》注引:"莘國,姒姓,禹後。文王妃家二。"

## 子 姓

子姓,殷、時、來、宋、空同、黎、比、髦、目、夷蕭。《左·

隱元年》正義。宋,子姓。《左·襄十一年》正義。北殷,子姓[1]。《姓纂》二十五德。空同,子姓。《氏族略》三。北旄,子姓[2]。《姓氏書辨證》四十。

①案:《姓纂》五十候又引"鬬者,子姓",恐誤。 ②案:《史·殷本紀》索隱云:"《世本》有髦氏,又有時氏、蕭氏、黎氏。"

## 偃 姓

偃姓,舒庸、舒蓼、舒鳩、舒龍、舒鮑、舒龔。《左·文十二年》正義。舒蓼,偃姓,皋陶之後。《氏族略》二。舒鮑,偃姓[1]國。《姓纂》九魚。

①《氏族略》二引:"舒鮑,偃姓國。晉悼公大夫有舒鮑無終。"《姓纂》引此句,"大夫"作"子"。

蓼、六皆偃姓。《史·杞世家》索隱。

## 嬴 姓

黄,嬴姓。《左·莊十九年》正義。江、黄二國並嬴姓。《史·陳杞世家》索隱。

徐、奄二國皆嬴姓。《左·昭元年》正義。徐,嬴姓。《史·齊世家》索隱。

終黎,嬴姓之國。《史·伍子胥傳》索隱。應劭曰:《氏姓》注云"有姓終黎者"是也。《史·秦本紀》集解。

鍾離,嬴姓。《水經·淮水》注、《史·秦本紀》集解引《世本》。與秦同祖,其後因封為姓[1]。《廣韻》三鍾注。

①《姓纂》三鍾引"鍾離,與秦同祖,嬴姓也"。案:《氏族略》三引:"鍾離,姬姓,即鍾氏。以伯州犂居鍾離,故曰鍾離氏。亦省言鍾氏。"州犂與晉同姓,而《世本》云與秦同祖,何也?竊疑鍾離、終犂,舊姓相通,故皆云嬴姓。或漢後别為二氏,故《氏族略》又有"鍾離姬姓"之説歟?

淮夷，嬴姓。《路史·後紀》注。

## 巳　姓

昆吾，古巳姓國，夏時諸侯伯，祝融氏之後。《姓纂》二十三魂。《氏族略》二。

## 董　姓

参氏，董姓，陸終第二子参胡後①。《氏族略》四。

①《姓纂》二十三覃引無“董姓”字，“参胡”作“日胡”。《廣韻》二十一侵引“参氏，祝融之後”。《姓氏書辨證》二十一侵引《世本》，亦無“董姓”字。

## 防　姓

豕韋，防姓。《史·夏本紀》索隱。

姓籛，名鏗，在商為守藏吏，在周為柱下史，年八百歲①。《莊子》釋文、《論語》疏。

①案：防姓出籛。

## 妘　姓

夷，妘姓。《左·隱元年》正義。

偪陽，妘姓，是祝融之孫，陸終第四子求言之後。《左·襄十年》正義。偪陽，妘姓國，為晉所滅，子孫因氏焉。《廣韻》十陽注。

鄅為妘姓。《左·昭十八年》正義。

寒，妘姓。《路史·國名(記)〔紀〕》。

## 曹　姓

邾、小邾，曹姓。《左·襄十一年》正義。

## 芈　姓

越，芈姓也，與楚同祖者也。《漢書·地理志》注臣瓚説。

## 熊　姓

羅，熊姓。《左·桓十二年》正義。

## 歸　姓

胡，歸姓。《史·老莊列傳》索隱。胡子國，歸姓。《路史·國名紀》。

## 允　姓

鄀，允姓國，昌意降居為侯。《春秋釋例》《路史·國名紀》。

允格，允姓國。《路史·後紀》注。

## 曼　姓

鄧為曼姓。《左·桓七年》正義。

## 公　父　氏①

①以上多言姓，以下多言氏，悉以《姓纂通志》《氏族略》《姓氏書辨證》之次為序。其三書所引同者，附注於前書中。其有已引於言姓内者，亦不復贅。其他書間引者，攟録於末。

魯季悼子紇生穆伯，穆伯生文伯歜，文伯歜生成伯，成伯生頃,頃為公父氏。《姓纂》一東。

## 中　行　氏

晉荀逝遬生桓子林父,將中行,為中行氏。《姓纂》仝上。

## 媯　氏

帝舜之後。舜生媯汭,子孫氏焉。《姓纂》五支。

## 差　師　氏

魏公族有差師氏。《姓纂》仝上。

## 師　子　氏

鄭有師子濮。《姓纂》六脂。

## 司　城　氏

宋戴公生東鄉克、孫樂喜,為司城氏。陳哀公子郲勝之後,亦為司城氏。《姓纂》七之。

## 司　寇　氏

衛靈公子郢子孫,為司寇亥之後①。《姓纂》仝上。

①案:《氏族略》四引《世本》:"司寇氏,衛靈公之子公子郢之後。郢之子孫為衛司寇,以官為氏,司寇亥即其裔也。"

## 司　功　氏

晉大夫司功景子,其先士匄也,因官氏焉。《姓纂》仝上。

《氏族略》四。

## 詹葛氏

有熊氏之後焉，詹葛氏。《姓纂》九魚、《氏族略》二。

## 齊季氏

齊襄公子季奔楚，因氏焉。魯有大夫齊季窺。《姓纂》十二齊、《氏族略》四。

## 西陵氏

春秋時有大夫西陵羔。《姓纂》仝上，《姓氏書辨證》引同。

## 韓言氏

晉韓厥生無忌，無忌生襄，襄生魯，為韓言氏。《姓纂》二十五寒、《氏族略》四。

## 安是氏

老童娶安是女。《姓纂》仝上。

## 强梁氏

衛將軍文子生慎子會生强梁，因氏焉。《姓纂》十陽、《氏族略》四。

## 常壽氏

宋大夫，景公時有常壽邦。《姓纂》仝上。

## 乘　氏

乘睢，古賢人。《姓纂》十六蒸、《氏族略》三。

## 曾　氏

夏少康封少子曲烈於鄫，春秋時為莒所滅。鄫太子巫仕魯，去邑為曾氏[①]。《姓纂》七十登。

①《氏族略》二引"春秋時為莒所滅"作"襄六年莒滅之"。

## 南宫氏

孟僖子孫閲，號南宫敬叔。叔生路，路生會，會生虔，為南宫氏。《姓纂》二(一)十二覃。

## 甘士氏

宋司徒華定甘士氏，周卿士。甘平公為王卿士，後氏焉。《姓纂》仝上。

## 子叔氏

魯文公生惠伯叔肸，叔肸生聲伯嬰齊，嬰齊生叔老子叔，子叔生叔弓，叔弓生仲南文楚及伯張、穆伯、定伯，為子叔氏。《姓纂》六止。

## 子革氏

宋司城子革之後。又曰，季平子支孫為子革氏[①]。《姓纂》仝上、《氏族略》三。

①《姓氏書辨證》引《姓纂》轉引《世本》云皆誤矣。謹案:《春秋》季氏無子革,宋司城子罕,非子革氏。

## 子尚氏

陳僖子生廩邱子尚意兹,因氏焉。《姓纂》仝上、《氏族略》三。

## 子郢氏

衛公族昭子郢之後[①]。《姓纂》仝上。

①《姓氏書辨證》引《姓纂》,作"時子郢"。

## 子午氏

楚公子午之後。《姓纂》仝上、《姓氏書辨證》引同。

## 子獻氏

陳桓公孫子獻之後。《姓纂》仝上、《氏族略》二。

## 子蕩氏

宋威公生子蕩,因氏焉。《姓纂》仝上、《姓氏書辨證》引同。

## 子工氏

齊頃公子子公之後[①]。《姓纂》仝上。

①《氏族略》三引:"子工氏,齊頃公之子公子子工之後。"

## 子揚氏

季桓子生穆叔,其後為子揚氏。《姓纂》仝上、《氏族略》三。

## 子芒氏

陳僖子生子芒盈，因氏焉。《姓纂》仝上。

## 史鼂氏

衛史鼂之後。《姓纂》仝上、《氏族略》四。衛有史朝朱駒①。《廣韻》。

①《姓氏書辨證》引《世本》"衛史鼂之後"。謹案："鼂"與"朝"通，必史朝氏也。

## 楚季氏

楚若敖氏生楚季，因氏焉。陳大夫有楚季融。《姓纂》八語、《氏族略》四。

## 楚鳩氏《姓纂》十姥

## 馬師氏

鄭穆公有馬師之官：馬師頡、馬師朔、馬師猳。《姓纂》三十五馬。

## 右師氏

宋武公生公子中代為右師，因氏焉。《姓纂》四十四有。

## 右史氏

古者右史記事，因氏焉。周右史戍。《姓纂》仝上、《氏族略》四。

## 仲行氏

宋有仲行寅，晉大夫有仲行氏①。《姓纂》一送。

①《姓氏書辨證》引《姓纂》轉引《世本》首無"宋"字。案："宋"當"晉"字之誤。

## 季融氏

楚鬭廉生季融，子孫氏焉。《姓纂》六至。

## 季隨氏

周八士季隨之後。《姓纂》仝上、《氏族略》四。

## 季嬰氏

晉樓季嬰之後。《姓纂》仝上、《氏族略》四。

## 大季氏

鄭穆公生大季子孔志父之後。《姓纂》十四泰。

## 邵皓氏

惠公族羌子孫憲，為邵皓氏。《姓纂》三十五笑。

## 鬬門氏

陳鬬父之後，楚大夫有鬬門楊。《姓纂》五十候。

## 叔向氏

晉羊肸字叔向，因氏焉。《姓纂》一屋。

## 叔夙氏

羊舌職生叔夙，為叔夙氏。《姓纂》仝上、《姓氏書辨證》引《姓纂》轉引《世本》。

## 不夷氏

宋不夷甫須之後。《姓纂》八物。

## 伯宗氏

晉孫伯起生伯宗，因氏焉。《姓纂》二十陌、《姓氏書辨證》引同。

## 巴氏

巴子國，子孫以國為氏。《通志·氏族略》二。

## 莢氏

莢成僖子，晉大夫也①。《氏族略》三、《廣韻》二十九葉注。

①《姓氏書辨證》四十引"晉大夫有莢成僖子"。

## 狐邱氏

晉大夫狐邱林之後。《氏族略》三。

## 閭邱氏①

①案：《氏族略》三云："《釋例》《公子譜》皆略，惟《世本》詳焉。蓋春秋閭邱嬰之後也。"

## 廩邱氏

齊大夫廩邱子之後。《氏族略》三。

## 東鄉氏

宋大夫東鄉為人之後①。《氏族略》三、《廣韻》一東注。

①《姓氏書辨證》二引《世本》,無"人"字。

## 西鄉氏

宋大夫西鄉錯之後①。《氏族略》三。

①《廣韻》十二齊注引"宋大夫西鉏吾、西鄉錯"。

## 郄州氏

晉郄豹孫步楊生郄州,因氏焉。《氏族略》三、《姓氏書辨證》二十九。

## 少施氏

魯惠公子施父之後①。《氏族略》三。

①《姓氏書辨證》三十三引:"施父之後,支孫為少施氏。"

## 子乾氏

齊公子都字子乾之後①。《氏族略》三。

①《姓氏書辨證》二十二引:"齊頃公子子乾之後,以王父字為氏。"

## 子泉氏

齊頃公之子公子湫字子泉之後①。《氏族略》三。齊大夫淵湫[2]。《廣韻》一先注。

①《姓氏書辨證》二十二引:"齊頃公生子泉湫,因氏焉。" ②《姓氏急就章》注:"淵氏,引《世本》。"案:"泉""淵"古通用。

## 子占氏

陳桓公生書字子占之後[1]。《氏族略》三。

①《姓氏書辨證》二十二引:"陳成子占書,書生子良堅,堅子以王父字為氏。"

## 根水氏

老童娶根水氏。《氏族略》四。

## 嚻氏

元嚻之後。《氏族略》四、《姓氏書辨證》十。

## 述氏

魯大夫仲述之後。《氏族略》四、《姓氏書辨證》三十六。

## 季嬰氏

晉靖侯孫季夙之後。《氏族略》四。

## 大狐氏

晉大夫狐伯生突生饒為大狐氏,其後大狐容為晉大夫。《氏族略》四、《姓氏書辨證》三十一。

## 大 戊 氏

晉公子大戊教昭為原大夫。《氏族略》四。

## 去 疾 氏

鄭穆公子去疾之後。去疾字子良，又有良氏，取以別族。《氏族略》四、《姓氏書辨證》三十。

## 季 老 氏

宋華氏有華季老，子孫氏焉。《氏族略》四、《姓氏書辨證》二十九。

## 泥 氏

宋大夫卑泥之後[①]。《氏族略》四。

①《姓氏書辨證》四引作"泥車"。

## 方 叔 氏

鼓方叔之後。《氏族略》四。

## 慶 父 氏

楚大夫慶父之後[①]。《氏族略》四。

①《姓氏書辨證》三十四引："魯大夫慶父之後，有慶父籍，為楚工正。"

## 韓 餘 氏

韓宣子子餘子之後，因氏焉[①]。《氏族略》四。

①《姓氏書辨證》八引:"韓宣子子餘之後氏焉。"

## 榦獻氏

宋司徒華定後為榦獻氏。《氏族略》四、《姓氏書辨證》三十二。

## 將軍氏

衛靈公子昭生子郢,〔郢〕生文子才芳,為將軍氏①。《氏族略》四。

①《姓氏書辨證》十四引:"衛靈公子郢生文子彌牟為將軍氏。"

## 右師氏

宋莊公生公子申世為右師氏。《氏族略》四。

## 伍參氏

楚伍參之後,支孫以為氏①。《氏族略》四。

①《姓氏書辨證》二十四引:"伍參之後,楚昭王時有伍參蹇。"

## 鬭班氏

羋姓鬭彊生班,因氏焉。《氏族略》四、《姓氏書辨證》三十四。

## 鬭彊氏

羋姓若敖生鬭彊,因氏焉。《氏族略》四。

## 尹文氏

齊有尹文子,著書五篇。《氏族略》四。

## 恒　　氏

楚大夫恒思公之後。《氏族略》五。

## 瞻　葛　氏

宋景公時有瞻葛祁為大夫①。《氏族略》五。

①案:瞻葛,當即《姓纂》所引"詹葛"。

## 甫　爽　氏

宋大夫甫爽之後①。《氏族略》五。

①《姓氏書辨證》二十三引:"宋有大夫甫爽文叔。"

## 公　旗　氏

齊威王時有左執法公旗藩。《姓氏書辨證》二。

## 公　他　氏

有蒲邑大夫公他世卿,其先以王父字為氏。《姓氏書辨證》仝上。案:《廣韻》一東引:"晉蒲邑大夫公佗世卿。"

## 公　牽　氏

齊公(于)〔子〕牽之後有公牽氏①。《姓氏書辨證》仝上。

①案:《廣韻》一東引同"公子牽"作"成"。

## 公　襄　氏

魯大夫公襄昭,魯襄公太子子野之後。《姓氏書辨證》仝上。

## 公金氏

秦公子金之後有公金氏[①]。《姓氏書辨證》仝上。

①案:《廣韻》一東引同。

## 公朱氏

宋公子朱之後[①]。《姓氏書辨證》仝上。

①案:《路史·後紀》注引《世本》:"楚大夫公朱高,出宋公子朱。"

## 巃子氏

出自巃子觀起之後,楚大夫有巃子班。《姓氏書辨證》四。

## 車遳氏

齊有臨淄大夫車遳氏[①]。《姓氏書辨證》十二。

①案:《廣韻》二十三魂引:"齊臨淄大夫車門遳。"

## 羌憲氏

衛公族羌之孫憲為羌憲氏。《姓氏書辨證》十四。

## 羌師氏

衛公族有羌師氏。《姓氏書辨證》仝上。

## 唐孫氏

祁姓唐堯之後,其孫仕晉,自為唐孫氏。《姓氏書辨證》十五。

## 承　氏

衛大夫承之後①。《姓氏書辨證》十七。

①案:《後漢書·承宫傳》注引《世本》:"承姓,衛大夫成叔承之後。"

## 雔子氏

陳威公生昭子來將孫卑,為雔子氏。《姓氏書辨證》十九。

## 子游氏

鄭穆公生子偃字子游之後。《姓氏書辨證》二十二。

## 子孔氏

鄭穆公生子喜字子孔之後。《姓氏書辨證》仝上。

## 子士氏

魯叔孫成子生齊季,為子士氏。《姓氏書辨證》仝上。

## 子寤氏

季平子生昭伯寤,其後為子寤氏。《姓氏書辨證》仝上。

## 子石氏

陳威子生石,難自别,為子石氏。《姓氏書辨證》仝上。

## 子穆氏

陳僖子生子穆安,因為子穆氏。《姓氏書辨證》仝上。

## 子然氏

鄭穆公子子然之後。《姓氏書辨證》同上。

## 子沮氏

陳烈子生子沮與,後為子沮氏。《姓氏書辨證》仝上。

## 子襄氏

齊桓公子子襄之後。《姓氏書辨證》仝上。

## 子季氏

楚公族子季氏。《姓氏書辨證》仝上。

## 子成氏

魯季平子生子成叔彭侯之後。《姓氏書辨證》仝上。

## 卷子氏

衛文公後卷子,子州氏焉。《姓氏書辨證》二十五。

## 雍門氏

齊頃公生子夏勝,以所居為雍門氏①。《姓氏書辨證》二十九。

①案:《左·昭二十年》正義引《世本》:"頃公生子夏勝,勝生子石青。"

## 季騶氏

周八士季騶之後。《姓氏書辨證》仝上。

## 太公氏

太公叔穎[1]。《姓氏書辨證》三十一。

①案:《廣韻》一東引同。

## 下門氏

晉有大夫下門聰[1]。《姓氏書辨證》三十三

①案:《廣韻》二十三魂注引同。

## 涉其氏

楚大夫有涉其氏,春秋涉其帑是也[1]。《姓氏書辨證》四十。

①《廣韻》六脂注引“楚大夫有涉其帑”。

## 融氏

祝融之後,又復姓融夷氏。祝融後董父之允,以融夷為氏。《姓氏急就章》注。

## 羅氏

夏有武羅,其後氏焉。仝上。

## 賜氏

齊大夫簡子賜之後。仝上。

## 墨 夷 氏

宋襄公子墨夷須為大司馬，其後有墨夷皋[①]。仝上。

①案：《廣韻》六脂注引同。

## 它 氏

楚平王孫有田公它成[①]。仝上。

①案：《荀子·非十二子篇》注引同。

## 老 成 氏

宋有大夫老成方[①]。仝上。

①案：《廣韻》十四注引同。

## 陽 氏

陽侯。《路史·後紀》注。

宋衷曰："陽侯，伏犧之臣，蓋大江之神者。"仝上。

## 封 父 氏

鄭大夫封父彌真然。仝上。

## 仇 氏仝上。

## 公 之 氏

晉大夫公之文。《廣韻》一東注。

## 公紀氏

衛有大夫左公子洩、右公子職。仝上。

## 唐孫氏

齊大夫長孫修食邑於唐,其孫仕晉,後號唐孫氏①。《廣韻》二十三魂注。

①案:此説與《姓氏書辨證》不同。

## 巴氏
## 樊氏
## 瞫氏
## 相氏
## 鄭氏

廩君之先故出巫誕。巴郡南郡蠻,本有五姓:巴氏、樊氏、瞫氏、相氏、鄭氏,皆出於武落鍾離山。其山有赤黑二穴。巴氏之子生於赤穴,四姓之子皆生黑穴,未有君長,俱事鬼神。廩君名曰務相,姓巴氏,與樊氏、瞫氏、相氏、鄭氏,凡五姓俱出,皆爭神。仍共擲劍於石,約能中者奉以為君。巴氏子務相乃獨中之,衆皆服。又令各乘土船,雕文畫之而浮水中,約能浮者當以為君。餘姓悉沈,惟務相獨浮,因共立之,是為廩君。乃乘土船,從夷水至鹽陽。鹽水有神女,謂廩君曰:“此地廣大,魚鹽所出,願留共居。”廩君不許。鹽神暮輒來取宿,旦即化為飛蟲,與諸蟲羣飛,掩蔽日光,天地晦冥,積十餘日。廩君不知東西所向,七日七夜，使人操青縷以遺鹽神，曰："纓此，即相宜云，與女俱生，宜將去。"鹽神受而纓之，廩君即立陽石上，應青縷而射之，中鹽神，鹽神死，天乃大開。廩君於是君乎夷城，四姓皆臣之，世尚秦女①。《後漢書·西南夷》傳注。

①《姓氏書辨證》十二引略同。《御覽》三十七、九百四十四、《事類賦》、《舟賦》注皆散引文。

## 何 氏

應劭曰：《氏姓》注云："以何氏爲韓後①。"《史·周本紀》集解。

①案：此與"終黎"條仝引應劭説，俱當是《氏姓篇》注文，但未知是何人注，今無可附，故特載於後。

# 世本氏姓篇補遺

## 北唐氏

晉有高人,隱於北唐,因以為氏。《廣韻》二十五德注。

# 世本居篇[①]

①案:《史記·吴世家》《魏世家》索隱引《居篇》文,今輯依其目。

## 帝　都

黄帝都涿鹿。《路史·後紀》注。涿鹿在鼓城南[①]。《續漢書·郡國志》注。

①《御覽》一百五十五、王應麟《地理通釋》並引《世本》,"鼓"作"彭"。

舜居嬀汭。《水經·漢水》注。嬀虚在西城西北,舜之居[①]。《漢書·地理志》應劭注。

①《路史·國名紀》引:"嬀虚在西城西,舜居。"又引:"嬀虚,舜所都在西城。"《地理通釋》云:"《世本》:'舜居饒内,在漢中西城。或言嬀墟在西北,舜所居也。'"又云:"《通典》:'金州西城縣有嬀墟,《帝王世紀》謂之姚墟,《世本》曰饒汭'。《古文尚書》《周語》'嬴内'音'嬀汭',然而《世本》文當作'饒内'矣。"

## 夏

禹都咸陽,及後乃徙安邑。《禮·緇衣》正義。禹都陽城,在大梁之南[①]。《漢書·地理志》臣瓚注。

①《御覽》一百五十五引作“夏后居陽城,本在大梁之南”。《地理通釋》引同。

## 殷

契居蕃。《水經·渭水》注、《御覽》一百五十五、《路史·後紀》注、《地理通釋》引同。

昭明居砥石,《書·帝告序》正義。《路史·後紀》注、《地理通釋》。復遷商。《路史注》仝上。相徙商邱,本顓頊之虚。《御覽》一百五十五。宋衷曰:相土就契封於商。《史·殷本紀》集解。

太甲徙上司馬在鄴西南。《御覽》一百五十五引《帝王世紀》轉引《世本》。

## 周

武王在酆鄗①。《文選·西都賦》注。

①案:《路史·國名紀》注云:"'鎬',《世本》作'鄗'。"

懿王徙於犬邱。《詩·小雅譜》正義、《御覽》一百五十五。宋衷曰:懿王自鎬徙都犬邱,一曰廢邱,今槐里是也。《史·周本紀》索隱。

厲王淫亂,出於彘。《御覽》一百五十五。

平王即位,徙居洛。仝上。

敬王東居成周。仝上。

赧王又徙居西周。仝上。

西周桓公名揭,居河南。東周惠公名班,居洛陽。《史·周本紀》索隱、《戰國策》吳師道補注、《地理通釋》引同。

## 吳

吳孰哉居藩籬。《史·吳世家》索隱、《地理通釋》。宋衷曰:孰哉，仲雍字。藩籬，今吴之餘暨。《史》索隱及《通釋》並仝。

孰姑徙句吴。《史》索隱仝上，《文選·魏都賦》注、《地理通釋》。宋衷曰："句吴，太伯始所居地名。"《史》仝上，集解、索隱並仝，《通釋》。注：孰姑，壽夢也。句吴，太伯始所居地名。《文選》注仝上。

諸樊徙吴。《史》仝上集解。

## 魯

煬公徙魯。《史·魯世家》集解。宋衷曰：今魯國。仝上。

## 燕

召公居北燕。《史·燕世家》集解。宋衷曰：有南燕，故云北燕。仝上。

桓侯徙臨易。《史》仝上集解。宋衷曰：今河間、易縣是也。仝上。

## 蔡

蔡叔居上蔡。《書·蔡仲之命》正義、《史·管蔡世家》集解、《地理通釋》。

上蔡也，九江有下蔡，故稱上①。《水經·汝水》注。

①案：《水經》注本引《世本》文，今以其文義似注，故列為注。

胡徙居新蔡。《史·管蔡世家》集解。宋衷曰：胡徙居新蔡，《書》正義、《史》集解並同。以奉叔度祀，從《水經·汝水》注增。故名其地為新蔡。句引見《水經·汝水》注。

平侯徙下蔡。從《史》索隱補。宋衷曰：平侯徙下蔡①。《史·管蔡世家》集解、索隱同。

①案：索隱云："今《世本》無者，近脱耳。"則宋注此句當是原文。

## 晉

唐叔虞居鄂。《史·晉世家》集解。宋衷曰：鄂地，今在大夏。仝上。

## 衛

宋衷曰：今定昌也。《史·衛世家》索隱。康叔從康徙封衛，衛即殷虚。定昌之地，畿内之康，不知所在也。仝上。

成公徙濮陽。《史·衛世家》集解。宋衷曰：濮陽，帝邱地名。仝上。

## 鄭

鄭桓公封棫林。《左·昭十六年》正義。桓公居棫林，徙拾。《史·鄭世家》索隱。宋衷曰：棫林與拾，皆舊地名。《史》索隱仝上。封桓公，乃名爲鄭。王應麟《詩地理攷》。

厲公居櫟①。宋衷曰：櫟，今潁川陽翟縣。《史》仝上集解。

①從《史記》補。

文公徙鄭①。宋衷曰：即新鄭。《史》仝上索隱。

①從《史記》補。

## 曹

宋衷曰：濟陽定陶縣。《史》索隱。

## 滕

錯叔繡封滕。《路史·後紀》注。宋衷曰：今沛國公邱，是滕國也。《史·陳杞世家》索隱。

## 杞

宋衷曰：杞，今陳留雍縣故地。《史·杞世家》集解。

## 宋

宋更名睢陽。《史·宋世家》集解、《地理通釋》。

## 楚

楚鬻熊居丹陽。《左·桓二年》正義。宋衷曰：丹陽在南郡枝江縣①。《左》正義仝上。

①《左·僖四年》正義引："丹陽，南郡枝江縣也。"

武王徙郢。《左·桓二年》正義。宋衷曰：今南郡江陵縣北有郢城。《左》正義仝上。

## 秦

秦非子始封於秦。《御覽》一百五十五。

莊公徙廢邱。仝上。

文公徙汧。仝上。

寧公又都平陽。仝上。

獻公徙治洛陽。仝上。

孝公自櫟陽徙咸陽。仝上。

## 郳

郳顏居郳，肥徙郳。《左·莊五年》正義。宋衷曰：郳顏别封小子肥於郳,爲小邾子。仝上。

## 沈

沈國在汝南平輿。《史》索隱。

## 胡

胡在汝南。仝上。

## 霍

周武王封弟處於霍。《史·三代世表》索隱。

## 暴

周圻内國。《路史·國名紀》。

## 武羅

夏武羅國,冀都之武邑。仝上。

## 莒

輿期始都計斤,兹丕歸莒。《路史·後紀》注。

## 韓

景子居平陽,平陽在山西。《史·韓世家》索隱。宋衷曰:今河東平陽縣。仝上。

## 趙

成季徙原。《史·趙世家》索隱。宋衷曰：今雁門平原縣。仝上。

## 魏

畢萬居魏。《前漢書·高帝紀》注。

魏武子居魏。《史·魏世家》索隱。

悼子徙霍。仝上。宋衷曰：霍，地名，今河東彘縣也[1]。仝上。

①案：《世本》卿大夫無悼子。索隱云此，則是有悼子代自脱耳。

昭子徙安邑，《史》索隱仝上，《前漢書》注仝。文侯亦如之。《前漢書》注仝上。

## 中　山

中山武公居顧。《史·趙世家》索隱、《路史·後紀》注、《國名紀》引並仝。

桓公徙靈壽。仝上。

# 世本作篇①

①案：《周禮》《禮記》鄭注引《世本》作正義曰："《世本》有《作篇》。"今輯依其目。

## 燧　人

燧人出火。《禮記·禮運》正義。造火者燧人，因以為名。釋玄應《大般涅槃經》十四、《大智度論》五十三、《瑜伽師地論》二十七、《阿毗曇毗婆沙論》四十、《阿毗達摩俱舍論》五十三音義並同。

## 庖　犧

伏犧制以儷皮嫁娶之禮。《禮記·月令》正義。

庖犧氏作瑟。瑟，潔也，使人精潔於心，純一於行也①。《北堂書鈔》樂部、《御覽》五百七十六、《玉海》一百十。宓犧作瑟，八尺二寸，四十五弦。《風俗通義》。庖犧氏作五十絃，黄帝使素女鼓瑟，哀不自勝，乃破為二十五絃，具二均聲。《爾雅·釋樂》疏、《通典》樂四、《三禮圖》、《路史·後紀一》、《後紀三》注引同。

①《廣韻》七櫛注引"庖犧作瑟"。

伏犧作琴。《山海經·海内經》注。伏犧作琴瑟。《孝經》正義。

伏犧臣芒氏作羅。《路史·後紀一》注。

芒作罔①。《御覽》八百三十四。宋衷曰:芒,庖犧之臣。《御覽》同上。

①《廣韻》三十六養注引:"罔,庖犧臣所作。"

## 神 農

神農和藥濟人。王應麟《急就篇》補注。

神農作琴①。《禮記·樂記》正義、《爾雅·釋樂》疏、《風俗通義》、《初學記》十六、《玉海》一百十。神農氏琴長三尺六寸六分,上有五絃,曰宫商角徵羽,文王增二絃,曰少宫商。曹憲《廣雅音釋》。

①《通典》樂四引:"琴,神農所造。"

神農作瑟。《山海經·海内經》注,《玉海》一百十引《山海經》注同。

蚩尤作兵。《御覽》二百七十。蚩尤以金作兵器。《廣韻》十二庚注。蚩尤作五兵,戈矛戟酋矛夷矛,黄帝誅之涿鹿之野。《路史·後紀四》注。宋衷注曰:蚩尤,神農臣也。《御覽》仝上。

## 黄 帝

黄帝見百物始穿井。《初學記》七。

黄帝樂名咸池。《禮記·樂記》正義。

黄帝造火食旃冕。《禮記·冠義》正義。黄帝作旃冕。《書鈔》制作部、《御覽》六百八十六、《路史·後紀五》注。黄帝作旃。《爾雅·釋文》、《御覽》三百四十、《玉海》八十三。黄帝作旃,亦曲柄旃,以招士衆也。《廣韻》二仙注。黄帝作冕旒。《儀禮·士冠禮》疏。黄帝作冕。《左·桓二年》正義、釋玄應《華嚴經》十八音義、《通典》禮十七、邢昺《論語》疏、《三禮圖·黄帝造冕》。

垂旒，目不邪視也。充纊，耳不聽讒言也。《通典》同上。宋均曰：通帛爲旃。冕，冠之有旒者也。應劭曰：周始垂旒也。《御覽》六百八十六。宋仲子曰：冕，冠之有旒者。《左》正義、《論語》疏並同。

羲和占日。《史記·歷書》索隱。

常儀占月。仝上。羲和作占月。《玉海》九。

后益作占歲。《御覽》十七、《玉海》九。

更區占星氣。《史記》索隱仝上。

大撓作甲子。《書·舜典》正義、《左傳序》正義、《史記·歷書》索隱。黄帝令大撓作甲子。《路史·後紀一》注。宋衷曰：大撓，黄帝史官。《書》正義、《左》正義并仝上。

隸首作算數。《史記·歷書》索隱。隸首作數①。《文選·西京賦》注、《廣韻》十遇注。宋衷注曰：隸首，黄帝史也。《文選》注仝上。

①《廣韻》二十九换注引："黄帝時，隸首作數。"當脱一"算"字。

伶倫造律吕。《史記·歷書》索隱。

容成造歷①。《書·舜典》正義、《左傳序》正義、《廣韻》二十三錫注。

宋衷注曰：容成，黄帝史官②。《書》正義、《左》正義並仝上。

①《北堂書鈔》歲時部、《藝文類聚》五、《御覽》十六，以上三書，俱引"容成作歷"。 ②《御覽》十六引注："黄帝之臣。"《書鈔》引注："容成，黄帝臣也。"案：《史記·歷書》索隱引《世本》："黄帝使羲和占日，常儀占月，更區占星氣，伶倫造律吕，大撓作甲子，隸首作算數，容成綜此六術而著調歷。"是容成作歷兼綜六術也。《顔氏家訓·勉學篇》云："《世本》'容成造歷'，或讀'歷'為碓磨之磨，其謬誤一至於此。"

蒼頡作書。《尚書序》正義。蒼頡造文字。《周官·外史》疏。沮誦、蒼頡作書，並黄帝時史官。《廣韻》九魚注兩引。宋衷注曰：

蒼頡、沮誦，黄帝史官。《路史·發揮一》。黄帝之世，始立史官，蒼頡、沮誦，居其職矣。至於夏商，乃分置左右①。《初學記》二十一。

①案:《路史·發揮一》引《世本》:"蒼頡、沮誦作書。"又引宋衷注:"蒼頡、沮誦，黄帝史官。"《路史》不知衷何所據，《廣韻》所引下六字，當與原文相汩。

史皇作圖。《文選·宣貴妃誄》注、《御覽》七百五十。史皇、蒼頡同階。《路史·發揮一》。宋衷曰:史皇，黄帝臣也。圖謂畫物象也①。《文選》《御覽》注並仝上。

①案:張彦遠《歷代名畫記》云:"史皇，黄帝之臣也。始善圖畫，創制垂法，體象天地，功侔造化。"云見《世本》。

伯余作衣裳①。《淮南子·氾論訓》注、《玉海》八十一。

①《路史·後紀五》注"作"俱作"製"。案:高誘注曰:"伯余，黄帝臣。"

胡曹作衣。《廣韻》八微注、《御覽》六百八十九、《路史·國名紀六》。宋衷注曰:黄帝臣。《御覽》仝上。

胡曹作冕。《路史·後紀五》注。宋衷注曰:黄帝臣也。《路史》注仝上。

於則作扉履①。《初學記》二十六、《御覽》六百九十七。宋衷曰:黄帝臣，草曰扉，麻曰履。《御覽》仝上。

①《路史·後紀五》注引:"黄帝臣於則作扉履。"

雍父作舂杵臼。《御覽》七百六十二。雍父作舂①。《廣韻》三鍾。雍父作杵臼②。《廣韻》八語。雍父作臼。《廣韻》四十四有。

宋衷曰:雍，黄帝臣也。《御覽》七百六十二。

①《御覽》八百二十九、《路史·餘論二》引"雍父踐舂"。　②釋玄應《壽世阿毗論》八音義引:"雍父作杵舂，黄帝臣也。"

胲作服牛①。《初學記》二十九、《御覽》八百九十九、《路史·後紀五》注。注曰：胲，黄帝臣也，能駕牛②。《初學記》同上。又云：少昊時人，始駕牛。《御覽》仝上。

①《廣韻》十八尤注引："黄帝臣胲作服牛。" ②《御覽》無下三字。

相土作乘馬。《周禮·校人》注、《荀子·解蔽篇》注、《玉海》七十六引荀子注同、《事物紀原》七。腸作駕。《事物紀原》仝上。宋衷云：皆黄帝臣。《紀原》仝上。

共鼓、貨狄作舟①。《山海經·海内經》注、《藝文類聚》七十一、《初學記》二十五、《一切經俱舍論》六音義、《廣韻》十八尤、《御覽》七百六十九。注曰：二人，黄帝臣也②。《書鈔》仝上。共鼓、貨狄，黄帝二臣。《類聚》《御覽》引並同上。

①《北堂書鈔》舟部引作"化狄"。 ②《一切經音義》仝上引宋衷曰："黄帝臣也。"

女媧作笙簧。《禮記·明堂位》鄭注、《玉海》一百十。女媧作簧。《風俗通義》、《北堂書鈔》樂部、《文選·長笛賦》注、《御覽》五百八十一。宋均注曰：女媧，黄帝臣也①。《書鈔》、《文選》注、《玉海》并仝。

①《路史·後紀》二注引《世本》注："女媧笙簧為黄帝臣。"

隨作笙，《漢書·律歷志》注應劭説、《北堂書鈔》樂部、《藝文類聚》四十四、《初學記》十六、釋玄應《大哀經》六音義、《通典》樂十四。長四寸，十二簧，像鳳之身。《風俗通義》。宋衷注：隨，女媧氏之臣①。

①《路史·後紀》二注引《世本》以為"隨作"乃宋衷注。

隨作竽。《廣韻》十虞、《文選·吴都賦》注、《御覽》五百八十一。

夷作鼓。《玉海》一百十。

以桴擊之曰鼓，以手摇之曰鼗。《通典》樂四。

揮作弓①。《禮記·射義》正義、《山海經·海内經》注、《藝文類聚》六十、《初學記》二十二、《一切經善見律》八音義、《御覽》三百四十七、《玉海》七十五、一百五十。

①《北堂書鈔》武功部引:"揮始作弓。"《廣韻》一東、《三禮圖》引:"黄帝臣揮作弓。"

夷牟作矢①。《禮記·射義》正義、《藝文類聚》六十、《荀子·解蔽篇》注、《御覽》三百四十九、《三禮圖》、《玉海》七十五、一百五十。牟夷作矢。《山海經·海内經》注、《藝文類聚》六十、《初學記》二十二。筹,黄帝臣夷牟作。《龍龕手鑑》竹部引《世本》"牟"作"弁"。

宋衷注曰:夷牟,黄帝臣也②。《禮記》注、《書鈔》、《荀子》注、《玉海》引並同。

①《北堂書鈔》引:"夷牟始作矢。" ②案:《御覽》引注:"夷牟,黄帝二臣。""二"疑衍,抑或引"夷牟",或引"牟夷",存攷。

巫彭作醫。《山海經·海内經》注。

## 顓　頊

祝融作市。《易》釋文、《玉篇》冖部、《廣韻》六止注、《初學記》二十四、《御覽》一百九十二。

宋衷云:顓頊臣也。《釋文》仝上。祝融,顓頊臣,爲高辛氏火正。《初學記》仝上。

## 堯

陶制五刑。《路史·後紀》七注。

巫咸初作醫。《玉海》六十三。

巫咸,堯臣也,以鴻術為帝堯之醫。《御覽》七百二十一。

巫咸作筮。《周禮·龜人》注、《初學記》二十、《玉海》六十三、一百三十五。

巫咸作鼓。《玉海》一百十。

無句作磬①。《禮記·明堂位》鄭注、《周禮·考工記》疏、《風俗通義》、《山海經·海内經》注、《一切經四分律》十一音義、《初學記》十六、《御覽》五百七十六、《玉海》一百九。注云：無句，堯臣也。《初學記》仝上。

①諸書"無"一作"毋"，通。

化益作井①。《周易釋文》。宋衷曰：化益，伯益也，堯臣。《釋文》仝上、《玉海》二十四引《釋文》同。

①《初學記》七引"伯益作井"。《御覽》一百八十九引"伯夷作井"。

## 舜

舜始陶，夏臣昆吾更增加也①。

①《一切經四分律》一音義、《雜阿毗曇心論》三音義、《史記·龜策傳》集解引"昆吾作陶"。

倕作規矩準繩①。《玉篇》夫部。垂，舜臣。《廣雅·音釋》。

①諸書"倕"一作"垂"，古字通。

垂作耒耜。《齊民要術》一。垂作耒耨。《路史·餘論二》。垂作銚耨。《詩·周頌》釋文。垂作耜。《廣韻》六止注。垂作銚。《詩·周頌》正義、《御覽》八百廿三。垂作耨。《詩》正義仝上、《左·僖三十三年》正義。宋仲子注曰：銚，刈也。《詩》正義仝上。

咎繇作耒耜。《御覽》八百二十三。

伯夷作五刑。《北堂書鈔》四十三、《御覽》六百三十六。

簫，舜所造。其形參差象鳳翼，十管，長二尺①。《路史·後紀十二》注。垂作鍾。《禮記·明堂位》正義、《風俗通義》、《山海經·海内經》注、《廣韻》三鍾注、《初學記》十六。

夔作樂。《通典》樂四、《初學記》。

①《爾雅》釋文引："鍾，垂所作。"

磬，叔所造。《通典》樂四、《御覽》五百七十六、《路史·後紀十》注。

叔，舜時人①。《文選·長笛賦》注。

①案:《通典》引《世本》云:“不知何代人。”《禮記》正義引皇氏:“無句,叔之別名。”故《路史》注以為叔即無句,義或然也。

烏曹作簙。《廣韻》十九鐸注、《文選·博弈論》注。

## 夏

鯀作城郭。《禮記·祭法》正義。鯀作城。《玉篇》土部、《妙法蓮華經》音義三、《水經·河水》注。

鯀作郭①。《廣韻》十九鐸。

①《路史·後紀一》注引“鯀置城郭”。

禹作宮室①。《爾雅》釋文、《初學記》二十四、《玉海》一百五十五。禹作宮。《廣韻》一東、《藝文類聚》六十二。

①《御覽》一百七十三引“堯使禹作宮室”。《玉海》一百五十五又一條引“堯使禹作宮”。

奚仲作車。《山海經·海内經》注、《續漢書·輿服志》注、《後漢書·蔡邕傳》注、《文選·演連珠》注、《玉海》七十八引《山海經》注同。

夏作贖刑。《事物紀原》九。

儀狄造酒。《尚書·酒誥》正義。儀狄始作酒醪,辨五味。《初學記》二十六、《御覽》八百四十三。

夏禹之臣①。

①《書》正義引《世本》,今定為注。

杜康造酒。《書》正義仝上。

少康作秫酒。《北堂書鈔》酒食部、《初學記》仝、《御覽》八百四十三。

少康作箕箒。《御覽》七百六十五。箕箒,少康作。《廣韻》七之注。

杼作甲①。《書·費誓》正義、《詩·叔于田》正義、《御覽》三百五十三。宋衷云:少康子,杼也。《書》正義仝上。輿,少康子。《初學記》仝上。少康之子，輿也，甲鎧也。《玉海》仝上。

①《初學記》二十二引"輿作甲"。《史記·夏本紀》索隱引"季佇作甲"。《路史·後紀十四》注引"季杼作甲"。《玉海》一百五十一引"輿作甲"。

逢蒙作射。《藝文類聚》七十四、《廣韻》二十二昔注。

## 商

湯作五祀。《路史·餘論四》。户井竈中霤行，至周而七，曰門行厲户竈司命中霤。《事物紀原》二。

微作禓五祀。注：微者，殷王八世孫也。禓者，强死鬼也，謂時儺索室驅疫逐强死鬼也。五者，謂門户及井竈中霤。《御覽》五百二十九。

紂為玉牀。《御覽》七百六。

## 周

武王作翣。《初學記》二十五、《廣韻》三十二狎、《御覽》五百五十三。

武王始作箑。《事類賦·扇賦》注。

暴辛公作塤[①]。《詩·彼人斯》正義、《風俗通義》、《漢書·律歷志》注、《廣韻》二十二元注、《玉海》一百十、《路史·後紀十》注。塤，暴辛公所作也。圍五寸半，長三寸半，六孔也[②]。《爾雅》釋文。

①《御覽》五百八十一引："塤，暴辛公所造。" ②《三禮圖》引："圍五寸半，長三寸四分。"

暴辛為塤。《文選·長笛賦》注。宋均曰：暴辛，周平王時諸侯，作塤，有三孔[①]。《文選》注同上。

①《御覽》引注："暴公，周平王諸侯。"《路史》注引宋云"平王諸侯"。

蘇成公作篪。《詩·彼人斯》正義、《玉海》一百十。篪，蘇成公所作，長一尺二寸①。《爾雅》釋文。蘇成公作篪，管樂十孔，長尺一寸，吹孔有嘴，如酸棗②。《御覽》五百八十。注：蘇成公，平王時諸侯。《御覽》同上。

①《廣韻》五支注引："篪，蘇成公所造。" ②案：《後漢書·明帝紀》注引："暴辛公作篪，以竹為之，長尺四寸，有八孔。"說與《周禮·春官》鄭注合，惟"暴辛"字恐誤。

秦穆公作沭。《御覽》三百九十五。

魯昭公作弁。《御覽》六百六十八。宋均曰：制素弁也。仝上。

魯昭公始作壐。《玉海》八十四。

宿沙作煮鹽。《御覽》八百六十五。宋衷曰：宿沙，衛齊靈公臣。齊濱海，故以爲魚鹽之利。仝上。

衛叔文子作輗軸。《北堂書鈔》一百四十一。注云：文子，公叔齊。仝上。

公輸作石磑①。《後漢書·張衡傳》注。

①《一切經四分律》二十七音義引"輸般作磑"。《御覽》七百六十二引"公輸般作磑"。

韓哀作御。《漢書·王褒傳》注應劭說、《文選·聖主得賢臣頌》注。宋衷曰：韓哀，韓文侯也。時已有御，此復云作者，加其精巧也①。《漢書》注仝上。

①《文選》注引"時已有御"云云，與正文相汩。

# 世本謚法篇

《玉海》引沈約《謚法序》曰："《大戴禮》及《世本》，舊並有《謚法》。其書約時已亡，今略采之，以有其目。"

顓頊生子窮係。宋衷曰：窮係，謚也。《史·五帝本紀》索隱。

**周赧王** 宋衷曰：赧，謚也。《史·六國年表》索隱。

**西周武公** 宋衷曰：謚曰武公。《史》索隱仝上。

## 曹靖公

悼伯卒，弟露立，謚靖公。《史·管蔡世家》索隱。

## 季文子

行父，季友之孫，故以季孫為氏。死，謚曰文子。《詩·魯頌》正義。

# 世本論述補遺

楊泉《物理論》曰："楚漢之際，有好事者作《世本》，上録黄帝，下逮漢末。"①馬總《意林》卷五。

《廣川書跋》云："昔《左氏書》：'子皮即位，叔向言罕；樂得其國，葉公作《顧命》。'楚漢之際，為《世本》者用之。"

①案："漢末"當是"周末"之訛。

# 世本作篇補遺

空侯，空國侯所造。《通鑑·漢紀三十六》胡三省注。

堯作圍棋。《藝苑卮言》云見《世本》。鯀作城郭。

城，盛也，郭，大也①。《意林》卷四引《風俗通》。

①案：《意林》統上引十字作《世本》文，今訂下六字為之注。又今《風俗通》本亦無此語。

杼作矛。《御覽》三百五十五。

# 世本雜録

龐英《文昌雜録》曰："梁四公子，一人姓䨲名杰，一人姓㲉名𪏘。昭明太子曰：'"䨲"出《世本》，"𪏘"出《世本》。'"

夏竦《古文四聲韻》曰："'姬'，古《世本》字；'彭'，古《世本》字。"

# 校 點 後 記

《世本》一書,相傳為戰國時史官所作,内容主要是記載黄帝以來至春秋時列國諸侯大夫的氏姓、世系、居(都邑)、作(製作)等。該書經秦歷漢,幾經儒者改易增補。據《漢書》記載,此書原為十五篇,司馬遷作《史記》時曾予採用、刪定。東漢人宋衷曾為之作註。唐代因避太宗李世民諱,改稱《系本》。此書在唐代即已殘缺,到宋代末年散佚。清代學者王謨、孫馮翼、錢大昭、王梓材、洪飴孫、陳其榮、秦嘉謨、張澍、雷學淇、茆泮林等人各有輯本,而以雷、茆本為佳。1957 年,商務印書館合印《世本八種》,1985 年中華書局《叢書集成初編》亦收録此書。

本書此次整理,以清代學者茆泮林輯本(《十種古逸書》本)為底本。之所以採用茆泮林輯本,是因為茆本無論是在内容完備還是輯録周詳方面,較之他本,都稍勝一籌,茆氏為嘉道間著名學者,治學嚴謹,所輯《世本》六卷,博採舊聞,考覈甚精,不僅補纂《謚法》一篇,還就《氏姓篇》《作篇》作了補遺。本書整理過程中,個別文字參考孫馮翼輯本(《問經堂叢書》本)和張澍輯本(《二酉堂叢書》本)。對一些明顯的錯字則作了徑改。本着審慎嚴謹的態度，對極個別必須補足的文字，加〔　〕予以注明。茆本無目録，為檢索方便，特編目録。

由於校點者水平所限，加之時間倉促，書中難免存在着這樣那樣的錯誤和不足，敬祈專家學者不吝賜教。

校點者

1998年12月

# 逸周書

佚名撰
袁宏點校

# 逸周書目録

## 卷第三



## 卷第四

# 序

《周書》本以總名一代之書，猶之《商書》、《夏書》也。自漢以來，以所傳五十八篇目為《尚書》，而於《尚書》所載《周書》之外以七十一篇者，稱之為《周書》而別之，劉向以為孔子刪削之餘。第《漢志》載《周書》七十一篇，即列於《尚書》之後，而總繫之以辭，則究未嘗別之於《尚書》之外也。至《隋志》始降列雜史之首，以為與《穆天子傳》俱汲冢書。然《漢志》未嘗列《穆傳》，則其非出自汲冢可知，不當牽合。愚嘗玩其文義，與《尚書》周時誥誓諸篇絶異，而其宏深奧衍，包孕精微，斷非秦漢人所能仿彿。不第《克殷》、《度邑》為龍門所引用也，《明堂》見於《禮記》，《職方》載在《周官》，其文雖有小異，要不足為病。而《箕子》、《月令》想即《洪範》、《吕覽》所傳之文，周史所記載者也。惟其闕佚既多，又頗有為後人羼入者，篇名亦大率俗儒更易，必有妄為分合之處，其序次亦未確當。如《大匡》為荒政第四卷王在管時，不當復以名篇，且文内《大匡》、《中匡》、《小匡》，意不可解。《時訓》似《五行傳》，《諡法》與《史記正義》大同。《殷祝》雜出殷事，與《王會》篇末成湯、伊尹語皆為不類。若《太子晉》一篇尤為荒誕，體格亦卑弱不振，不待明眼人始辨之也。愚謂是書文義酷似《國語》,無疑周末人傳述之作。其中時涉陰謀,如《寤儆》之歎謀泄,《和寤》之記圖商,多行兵用武之法,豈即戰國時所稱《太公陰符》之謀與?時蓋周道衰微,史臣掇拾古訓以成此書,始於文、武,而終於穆王、厲王也。好古之士,所宜分别觀之。立乎千載以下,讀千載以上之書,而猶執篇目之多寡以繩之,豈不誤哉?乾隆五十有一年,歲在丙午,八月望日,嘉善謝墉題於江陰使院。

《班志》載《周書》七十一篇僅存四十五篇,今其目仍有七十篇,而存者乃有五十九篇,較《班志》轉多十四篇,此由後人妄分以符七十之數,實衹四十五篇未嘗亡耳。且如《大武》以下,並論攻伐之宜,文氣不斷,不得分為三篇。卷一之《糴匡》與卷二之《大匡》俱屬荒政,辭義聯屬,自是一篇。蓋《糴匡》之文即在《大匡》中間。如勤而不賓、祈而不賓、利民不淫、民利不淫,文義一律,簡册舛錯,遂分而為二,因有卿參告糴之句,而妄立"糴匡"之名也。若第四卷《大匡》為監殷事,篇内雖有"大匡"、"中匡"、"小匡"之名,不應與前篇同其名目,二者必有一訛。《武寤》文勢亦似,竟接前文,非另篇也。《世俘》與《克殷》事詞相屬,文筆亦一類,應為《克殷》一篇。今中隔《大匡》、《文政》、《大聚》三篇,蓋亦妄立《世俘》之名而分之,并亂其篇次也。

孔氏既註《周書》,而尚有不註者十餘篇,豈此十餘篇為孔氏之所未見,後乃附入者耶?如《器服》篇多闕文,固不可註,至若《酆謀》、《度邑》、《武儆》、《嘗麥》、《官人》諸篇均多名言法語,何以概置不註?是可疑也。

是書之刻,盧抱經同年積數年校勘之功,加以博雅之士薈萃所見而成之,而墉適以採風莅止,遂以夙昔管見參互考訂,課士之餘,不辭炳燭之明,悉力討論,謹以質之同好汲古之士,願更有以開我也。丙午九月下浣,墉又識。

# 逸周書舊序

古書之存者，六籍之外，蓋亦無幾。《汲冢周書》其一也。其書十卷，自《度訓》至於《器服》，凡七十解。自叙其後為一篇，若《書》之有小序同。孔晁為之註。晉太康中，盜發汲郡魏安釐王冢而得之，故繫之汲冢。所言文王與紂之事，故謂之《周書》。劉向謂是周時誓誥號令，孔子删録之餘。班固《藝文志》亦有其篇目。司馬遷記武王伐紂之事正與此合。然則兩漢之時，已在中祕，非始出於汲冢也。觀其屬辭成章，體製絶不與百篇相似，亦不類西京文字，是蓋戰國之世逸民處士之所纂輯，以備私藏者。性命道德之幾微，文武政教之要略，與夫《謚法》《職方》《時訓》《月令》無不切於脩己治人。雖其間駁而不純，要不失為古書也。郡太守劉公廷榦，好古尤至，出先世所藏，命刻板學宫，俾行於世，上不負古人之用心，下得以廣諸生之聞見。其淑惠後人，不既多乎！至正甲午冬十一月，四明後學黄玠謹志。

晉太康二年，涿郡人不準私發魏安釐王冢，得竹書數十車，其《紀年》十三篇；《易經》二篇；《易繇陰陽卦》二篇；《卦下易經》一篇；《公孫段》二篇，公孫段與邵涉論《易》；

《國語》三篇,言楚、晉事;《名》三篇,似《爾雅》《論語》,又似《禮記》;《師春》一篇,《瑣語》十一篇,諸國夢卜妖相書也;《梁丘藏》一篇,先叙魏之世數,次言丘藏金玉事;《繳書》二篇,論弋射法;《生封》一篇,帝王所封;《大歷》二篇,鄒生談天類也;《穆天子傳》五篇;《圖詩》一篇;又雜書十九篇,凡七十五篇,七篇簡書折壞,不識名題。漆書,皆科斗文字。多燼簡斷札,文既殘缺,不復詮次。武帝詔荀勖撰次之,以爲《中經》,列在祕書。著作郎束晳得觀竹書,隨疑分釋,皆有義證。此《晉書·武帝紀》、荀勖及束晳傳文也。又杜預《春秋集解後序》亦云:"汲冢古文七十五卷,多不可訓,《周易》及《紀年》最為分了。《周易》上下篇與今正同。别有《陰陽説》,而無《彖》《象》《文言》《繫辭》。其《紀年》起自夏殷周,皆三代王事,無諸國别也。惟特記晉國,起自殤叔,皆用夏正建寅之月為歲首,編年相次。晉滅,獨記魏事,至魏哀王之二十年,蓋魏國之史記也。文大似《春秋經》。又稱伊尹放太甲七年,太甲潛出自桐,殺伊尹,乃立其子伊陟,伊奮令復其父之田宅而中分之。《師春》一卷,則純集《左氏傳》卜筮事。"合此觀之,汲冢所得書雖不可見,而其目悉具於此,曾無一語及所謂《周書》者也。案《漢·藝文志》有《逸周書》七十一篇,以今所謂《汲冢周書》校之,止缺四篇。蓋漢以來原有此書,不因發冢始得也。李善注《文選》,日月遠在晉後,而其所引亦稱《逸周書》,不曰《汲冢書》也。惟宋太宗時脩《太平御覽》,首卷引目始有《汲冢周書》之名。蓋當時儒臣求汲冢七十五篇而不得,遂以《逸周書》七十一篇充之矣。晁氏公武、陳氏振孫、洪氏适、高氏似孫、黄氏震、李氏燾、吴氏澄、周氏洪謨，號通知古今者，皆未暇深攷，余故録《晉書》及《左傳後序》文於此，則此書也當復其舊名，題曰《逸周書》可也。嘉靖壬午八月望日，楊慎書。

史以事辭勝。如以事而已，則自周秦以逮於今，體無論繁簡，辭無論工拙，而是非善敗興壞之端，備見於史，何可廢也？如以辭而已，則自左氏内外《傳》、子長孟堅二書，以及於范曄、陳壽而下，遂無足論。然吾以為皆不能當左氏。左氏所紀載，雖斷自東遷以後，而彼其時去古未遠，所稱引多三代盛時微言遺事，迄今讀之，若揭日月而行千載，其博大精深之旨，非晚世學者所及，固道法所存，而六藝之羽翼也。等左氏而上之，則無如世所稱《汲冢周書》者。《周書》七十一篇，自劉歆《七略》、班史《藝文志》已有之。而汲冢發自晉太康二年，得書七十五篇，其目具在，無所謂《周書》。當仍舊名，不得繫之汲冢。楊用脩太史論辨甚覈，茲可無論。其文辭湛深質古，出左氏上，所不必論。若《酆謀》《世俗》諸篇，記武王謀伐殷與克殷，俘馘甚衆，往往誇誕不雅馴，疑衰周戰國之士以意參入之。然吾觀《文傳》《柔武》《和寤》《大聚》《度邑》《時訓》《官人》《王會》《職方》諸篇，其陳典常，垂法戒，辨析幾微，銓叙名物，亦有非叔季之主淺聞之士所能彷佛者。蓋文、武、周公所為政教號令，概見此書，固不徒以事與辭勝而已也。丘明氏以博物君子，抒藻摛辭，臣素王以垂不朽。千載而下，誦法素王者不能舍《左氏》，故諸家訓詁，犂然甚具。而《周書》視《左氏》，辭特深奥。流俗畏難好易，不復研覈。孔晁一注寥寥，及今亦頗多繆誤矣。楊用脩太史嘗序是書以傳，顧未嘗一為參合讎校。予讀之，不無遺憾，乃稍加參訂，正其舛誤，其不可以意更定者仍闕之，以竢博聞之士。説者謂《尚書》纂自孔子，而此逸書者，劉向以為孔子所論之餘，若不足存。嗟乎！是書不知當孔子删與否，其指誠不得與經竝，然其事則文、武、周公，其文辭則東周以後作者不逮也。蓋不離屬辭紀事，而道法猶有存者。謂《尚書》百篇而外，是書無一語足傳於經，吾猶疑之，安得以一二駁辭，盡疑其為孔子所詘，遂置不復道哉？自六藝以下，文辭最質古者，無如是書與《周髀》《穆天子傳》諸篇，而是書深遠矣。然皆殘缺漫漶，不甚可讀。蓋去古日遠，綴文者喜為近易，故時俗之言易傳，而古語日就脱誤。有足歎者！予既刻是書，因為叙之如此。姜士昌仲文序。

# 逸周書卷第一

## 度訓解第一

天生民而制其度①。度小大以正，權輕重以極，明本末以立中②，立中以補損，補損以知足③。□爵以明等極④，極以正民，正中外以成命⑤，正上下以順政⑥。政以内□，□□自邇，彌興自遠，遠邇備極終也。□微補在□□，分微在明⑦。明王是以敬微而順分，分次以知和，知和以知樂，知樂以知哀，知哀以知慧，内外以知人⑧。

①聖人為制法度。　②制法度所以立中正。　③損益以中為制，故知足也。　④極，中也。貴賤之等，尊卑之中也。　⑤内外正，則大命成也。　⑥順其政教。　⑦知精□□□□微分理有明故。　⑧慧者甚明，所以知人。

凡民生而有好有惡，小得其所好則喜，大得其所好則樂；小遭其所惡則憂，大遭其所惡則哀①。然凡民之所好惡，生物是好，死物是惡。民至有好而不讓，不從其所好，必犯法，無以事上②；民至有惡不讓，不去其所惡，必犯法，無以事上。偏行於此，尚有頑民，而況□不去其所惡而從其所好，民能居乎③？

①言其性之自。 ②不讓則争，争則必犯法矣。 ③偏謂兼行好惡也。能居乎，言不能居好也。

若不□力，何以求之①？力争則力政，力政則無讓，無讓則無禮，無禮雖得所好，民樂乎②？若不樂，乃所惡也。凡民不忍好惡，不能分次③。不次則奪，奪則戰，戰則何以養老幼，何以救痛疾死喪，何以胥役也④？明王是以極等以斷好惡，教民次分，揚舉力竟，任壯養老長幼有報⑤，民是以胥役也。夫力竟非衆不尅，衆非和不衆⑥。和非中不立，中非禮不慎，禮非樂不履。明王是以無樂非人，無哀非人⑦，人是以衆。人衆賞多罰少，政之美也；罰多賞少，政之惡也。罰多則困，賞多則乏。乏困無醜，教乃不至⑧。是故民主明醜以長子孫，子孫習服，鳥獸仁德⑨，土宜天時，百物行治⑩。治之初麼初哉，治化則順，是故無順非厲⑪。長幼成而生曰順極⑫。

①言力争也。 ②争則不樂。 ③忍為持久堅以次第。 ④胥相也。 ⑤壯者任之，老者養之，幼者長之，使相報，此謂力竟也。 ⑥和之以懷衆。 ⑦言明王所樂所哀無非人也。 ⑧醜謂所厚。 ⑨歸其仁德。 ⑩土之所宜，天時所生，皆行其物。 ⑪明醜以使之，所以成順者也。 ⑫言使小人大人皆成其事上之心，而生其義，順之至也。

## 命訓解第二

天生民而成大命①，命司德正之以禍福②，立明王以順之③。曰大命有常，小命日成，成則敬，有常則廣，廣以敬命，則度至于極④。夫司德司義，而賜之福禄，福禄在人，能無懲乎？若懲而悔過，則度至于極[⑤]。夫或司不義，而降之禍在人，能無懲乎？若懲而悔過，則度至于極。夫民生而醜不明，無以明之，能無醜乎？若有醜而競行不醜，則度至于極[⑥]。夫民生而樂生，無以穀之，能無勸乎？若勸之以忠，則度至于極[⑦]。夫民生而惡死，無以畏之，能無恐乎？若恐而承教，則度至于極[⑧]。六極既通，六閒具塞[⑨]。通道通天以正人，正人莫如有極，道天莫如無極[⑩]。道天有極則不威，不威則不昭；正人無極則不信，不信則不行[⑪]。明王昭天信人以度，功地以利之，使信人畏天，則度至于極。

①賢愚，自然之性命也。　②司，主也。以德為主，有德正以福，無德正以禍然。　③順天作政。　④日成，日進也。如有常，則其人法度至中正也。　⑤懲，止也。以德居身深術息其義。　⑥不謂醜者，若道上為君。　⑦穀，善也，謂忠信也。　⑧以死亡恐民，使奉上易教也。　⑨六中之道通，則六閒塞矣。　⑩道謂言說之也。　⑪政教不明。

夫天道三、人道三[①]：天有命、有禍、有福，人有醜、有紼絻、有斧鉞。以人之醜當天之命，以紼絻當天之福，以斧鉞當天之禍，六方三述其極一也，不知則不存[②]。極命則民墮，民墮則曠命，曠命以誡其上，則殆於亂[③]；極福則民祿，民祿則干善，干善則不行[④]；極禍則民鬼，民鬼則淫祭，淫祭則罷家[⑤]；極醜則民叛，民叛則傷人，傷人則不義[⑥]；極賞則民賈其上，賈其上則民無讓，無讓則不順[⑦]；極罰則民多詐，多詐則不忠，不忠則無報[⑧]。凡此六者，政之殆也。明王是故昭命以命之，曰大命世，小命身[⑨]。福莫大於行義，禍莫大於淫祭，醜莫大於傷人，賞莫大於信義，讓莫大於賈上，罰莫大於貪詐⑩。

①言相方以立教。 ②一者，善之謂也，不行善，不知故也。 ③此下六極，謂行之極，其道殆近。 ④不行善也。 ⑤罷，弊其財，冀無禍也。 ⑥民不堪行，則叛義也。 ⑦賈，賣。以功求其賞也。 ⑧上遇其禮，不報□終。 ⑨違大命則世受罰，犯小命則罰身。 ⑩言此六者最大。

古之明王奉此六者以牧萬民，民用而不失①。撫之以惠，和之以均，斂之以哀，娛之以樂，慎之以禮，教之以藝，震之以政，動之以事，勸之以賞，畏之以罰，臨之以忠，行之以權②。權不法，忠不忠，罰不服，賞不從勞，事不震，政不成③，藝不淫，禮有時，樂不滿，哀不至，均不壹，惠不忍人。凡此物，攘之屬也④。惠而不忍人，人不勝害，害不如死⑤。均一則不和，哀至則匱，樂滿則荒，禮無時則不貴藝淫則害于才，政成則不長，事震則寡功⑥。以賞從勞，勞而不至；以法從中則賞，賞不必中；以權從法則行，行不必以知權。權以知微，微以知始，始以知終⑦。

①不失其義。 ②以權行之。 ③言行權當有如此時。 ④物事。 ⑤害則死□而猶不如□。 ⑥不長，言近淺也。震而其功寡矣。 ⑦言事勢之相權，物理之相致如此也。

## 常訓解第三

天有常性，人有常順，順在可變，性在不改①。不改可因，因在好惡，好惡生變，變習生常，常則生醜，醜命生德②。明王於是生政以正之。民生而有習有常，以習為常，以常為慎。民若生于中，習常為常③。夫習民乃常，為自血氣始④。明王自血氣耳目之習以明之醜⑤，醜明乃樂義，樂義乃至上，上賢而不窮⑥。哀樂不淫，民知其至，而至于子孫，民乃有古，古者因民以順民⑦。

①學能故可變，自然故不改。②雖有天性，可因其好惡以變之。明醜所以命之，則德生矣。③習常為常，如性自然，故若生于中也。④性本所有，而幼小習之，若自其血氣生之始也。⑤示之以好惡也。⑥窮謂不肖之人。⑦皆有經遠之規，謂之有古。父教子，子教孫，故曰因也。

夫民羣居而無選，為政以始之，始之以古，終之以古①。行古志今，政之至也。政維今，法維古。頑貪以疑，疑意以兩，平兩以參，參伍以權，權數以多，多難以允，允德以慎，慎微以始而敬終乃不困②。困在坌，誘在王，民乃苟。苟乃不明，哀樂不時，四徵不顯，六極不服，八政不順，九德有姦，九姦不遷，萬物不至③。

①言政必敬始慎終。選，行也。②重明終始之義。③言以坌導民政之弊。

夫禮非尅不承，非樂不竟，民是乏生。□好惡有四徵：喜樂憂哀。動之以則，發之以文，成之以民，行之以化①。六極：命、醜、福、賞、禍、罰。六極不嬴②，八政和平。八政：夫、妻、父、子、兄、弟、君、臣。八政不逆，九德純恪。九德：忠、信、敬、剛、柔、和、固、貞、順。順言曰政，順政曰遂，遂偽曰姦，姦物在目。姦聲在耳，耳目有疑。疑言有樞，樞動有和，和意無等③。萬民無法，□□在赦，□復在古。古者明王奉法以明幽，幽王奉幽以廢法。奉則一人也，而績功不同④。明王是以敬微而順分。

①以中道化之也。②嬴謂無常。③等謂差等。④所行相反故也。

## 文酌解第四

民生而有欲、有惡、有樂、有哀、有德、有則。則有九聚，德有五寶，哀有四忍，樂有三豐，惡有二咎，欲有一極①。極有七事，咎有三尼，豐有三頻，忍有四教，寶有五大，聚有九酌②。九酌：一、取允移人，二、宗傑以親，三、發滯以正民，四、貸官以屬，五、人□必禮，六、往來取此，七、商賈易資，八、農人美利，九、□寵可動③。五大：一、大知率謀，二、大武劍勇，三、大工賦事，四、大商行賄，五、大農假貸④。四教：一、守之以信，二、因親就年，三、取戚免梏，四、樂生身復⑤。三頻：一、頻禄質潰，二、陰福靈極，三、留身散真⑥。三尼：一、除戎咎醜，二、申親考疏，三、假時權要⑦。七事：一、騰咎信志，二、援拔瀆謀，三、聚疑沮事，四、騰屬威衆，五、處寬身降，六、陵塞勝備，七、録兵免戎⑧。

①廣演其義也。 ②又敷陳也。 ③此言所酌為政之事，英傑人當親之也。 ④率謀，言為謀之帥。假貸，恤貧振施者也。 ⑤就年，尊長年也。戚，近也。免梏，無患也。 ⑥頻，數也。散，失也。 ⑦尼，是也。咎，罪也。考，成也。時，是也。 ⑧騰，勝也。録謂不備兵。

一極惟事昌道開蓄伐①。伐有三穆、七信、一幹、二御、三安、十二來②。三穆：一、絶靈破城，二、筮奇昌為，三、龜從惟凶③。七信：一、仁之慎散，二、智之完巧，三、勇之精富，四、族之寡賄，五、商之淺資，六、農之少積，七、貴之争寵④。一幹：勝權輿⑤。二御：一、樹惠不痣，二、既用兹憂⑥。三安：一、定居安帑，二、貢貴得布，三、刑罪布財。十二來：一弓二矢歸射⑦，三輪四輿歸御⑧，五鮑六魚歸蓄⑨，七陶八冶歸竈⑩，九柯十匠歸林⑪，十一竹十二葦歸時⑫。三穆、七信、一幹、二御、三安、十二來，伐道咸布。物無不落，落物取配，維有永究⑬。急哉急哉！後失時。

①言事事皆以忠政行之，則吉昌之道開行，而征伐之道蓄之也。②言征伐之道，必有此事可也。③絶靈，不淫祀也。不正而卜，雖從而凶。④七者所宜信明之也。⑤言有權無不興。⑥瘀，巔也，以為己巔也。既，盡。⑦射當可用。⑧言御可用。⑨積以為資。⑩言竈善則陶冶良也。⑪林當作材匠以為用。⑫取之以時，所以來人也。⑬落，始也，類也。究，終也。

## 糴匡解第五

成年年穀足，賓、祭祭以盛①。大馴鍾絶，服美義淫②。皁畜約制，餘子務藝③。宮室城廓脩為備，供有嘉菜。於是日滿④。

①言賓客、宗廟足而不奢也。②大馴後落。淫，過。③皁，廄别名。畜則馬。約制，不常秣。餘，衆也。藝，樹也。④嘉，善也。謂薑蒜之屬滿也。

年儉穀不足，賓祭以中盛①。樂唯鍾鼓，不服美②。三牧五庫補攝③，凡美不脩，餘子務穡。於是紀秩④。

①有黍稷，無稻粱。②外有祭服，内無文飾。③事物相兼，不物設也。④紀之令有事秩。

年饑則勤而不賓，舉祭以薄①。樂無鍾鼓，凡美禁，書不早羣，車不雕攻，兵備不制，民利不淫②。征當商旅，以救窮乏。問隨鄉，不鬻熟③。分助有匡，以綏無者。於是救困。

①用下牲也。②攻，治。③鬻，賣。

大荒，有禱無祭①。國不稱樂，企不滿壑，刑罰不脩，舍用振穹②。君親巡方，卿參告糴，餘子倅運，開□同食，民不藏糧，曰有匡③。俾民畜唯牛羊。於民大疾惑，殺一人無赦④。男守疆，戎禁不出，五庫不膳。喪禮無度，祭以薄資⑤。禮無樂，宮不幃。嫁娶不以時，賓旅設位有賜⑥。

①饑饉師旅為大荒也。②不滿壑，不于治地。舍用常以振民也。③倅，副也。盡行此事，名曰有匡也。④雖有凶，疾惑而相殺者不赦也。⑤戎事自守而已，不征伐也。喪儉也，而速喪祭用。⑥不以時，秋冬也。媒氏會□□合之。賓旅隨位賜之，不饗燕。

# 逸周書卷第二

## 武稱解第六

大國不失其威，小國不失其卑，敵國不失其權[①]。岠嶮伐夷，并小奪亂，□强攻弱而襲不正，武之經也[②]。伐亂、伐疾、伐疫，武之順也[③]。賢者輔之，亂者取之，作者勸之，怠者沮之，恐者懼之，欲者趣之，武之用也[④]。美男破老，美女破舌，淫圖破□，淫巧破時，淫樂破正，淫言破義，武之毁也[⑤]。赦其衆，遂其咎，撫其□，助其囊，武之閒也。餌敵以分而照其儲，以伐輔德，追時之權，武之尚也[⑥]。春違其農，秋伐其穡，夏取其麥，冬寒其衣服，春秋欲舒，冬夏欲亟，武之時也[⑦]。長勝短，輕勝重，直勝曲，衆勝寡，强勝弱，飽勝飢，肅勝怒，先勝後，疾勝遲，武之勝也[⑧]。追戎無恪，窮寇不格[⑨]，力倦氣竭乃易克，武之追也[⑩]。既勝人，舉旗以號令，命吏禁掠，無取侵暴，爵位不謙，田宅不虧，各寧其親，民服如化，武之撫也[⑪]。百姓咸服，偃兵興德，夷厥險阻，以毁其服，四方畏服，奄有天下，武之定也[⑫]。

①此即所謂稱也。 ②經,常。 ③武道逆取順守,故曰順也。 ④武以為用事也。 ⑤凡行此事,所以毁敵國也。 ⑥以分,謂以分器土田。餌之此術。 ⑦寒衣,為敗其絲麻。冬夏寒暑盛,故欲疾之。 ⑧肅,敬也。 ⑨格,鬬也。 ⑩追敵之法。 ⑪謙,損也。寧,安也。 ⑫毁武,謂毁服之。

## 允文解第七

思静振勝,允文維記①。昭告周行,維旂所在②。收武釋賄,無遷厥里。官校屬職,因其百吏③。公貨少多,振賜窮士。救瘠補病,賦均田布④。命夫復服,用損憂恥。孤寡無告,獲厚咸喜⑤。咸問外戚,書其所在。遷同氏姓,位之宗子⑥。率用十五,綏用□安。教用顯允,若得父母⑦。寬以政之,孰云不聽。聽言靡悔,遵養時晦⑧。晦明遂語,于時允武。死思復生,生思復所⑨。人知不棄,愛守正户。上下和協,靡敵不下⑩。執彼玉珪,以居其宇。庶民咸畊,童壯無輔。無拂其取,通其疆土。民之望兵,若待父母⑪。是故天下一旦而定,有四海。

①以静規勝,康文紀武。 ②旂旗,治亂所在。 ③收其戎器不取賄,因其官吏無敢改。 ④主施赦,布政也。 ⑤損除憂恥,謂赦罪振窮,敷大惠也。 ⑥誅其君,為之主,□及羣臣宗主。 ⑦懷其德政也。 ⑧養時闇昧而誅之。 ⑨使昧者脩明,而遂告以信武也。 ⑩人守正户,言不逃亡。 ⑪彼謂亂邦之君。

## 大武解第八

武有六制:政、攻、侵、伐、搏、戰①。善政不攻,善攻不侵,善侵不伐,善伐不搏,善搏不戰②。政有四戚五和,攻有四攻五良，侵有四聚三斂，伐有四時三興，搏有三哀四赦，戰有六厲五衛，六庠五虞③。

①攻者，征伐之攻。 ②言廟勝也。 ③此皆有義，然後能致其攻。

四戚：一、内姓，二、外婚，三、友朋，四、同里①。五和：一、有天無惡，二、有人無郄，三、同好相固，四、同惡相助，五、遠宅不薄②。此九者，政之因也③。

①言所宜親也。 ②雖遠居，皆厚之。 ③言因此以成政也。

四攻者：一攻天時，二攻地宜，三攻人德，四攻行利①。五良：一、取仁，二、取智，三、取勇，四、取材，五、取藝②。此九者，攻之開也③。

①攻，謂奪其計，使不成也。 ②所務來而任之。良，當為來字之誤也。 ③言開此道以成攻也。

四聚：一、酌之以仁，二、懷之以樂，三、旁聚封人，四、設圍以信。三斂：一、男女比，二、工次，三、祗人死①。此七者，侵之酌也②。

①祗，敬。 ②言酌此法以成侵也。

四時：一、春違其農，二、夏食其穀，三、秋取其刈，四、冬凍其葆①。三興：一、政以和時，二、伐亂以治，三、伐飢以飽②。此七者，伐之機也③。

①此皆所用以□敵也。凍，謂發露其葆聚。 ②此所行當之也。 ③機，要也。以此要成其伐也。

三哀：一、要不羸，二、喪人，三、擯厥親①。四赦：一、勝人必羸，二、取威信復，三、人樂生身，四、赦民所惡②。此七者，搏之來也③。

①哀敵人之困窮如此。要，當為惡。擯，一作損。 ②羸謂益之，復謂有之，皆赦救也。 ③所以懷來之也。

六厲：一、仁厲以行，二、智厲以道，三、武厲以勇，四、師厲以士，五、校正厲御，六、射師厲伍①。五衛：一、明仁懷恕，二、明智輔謀，三、明武攝勇，四、明材攝士，五、明藝攝官②。五虞：一、鼓走疑，二、備從來，三、佐車舉旗，四、采虞人謀，五、後動撚之③。無競惟害，有功無敗④。

①厲，為治政也。□□。 ②皆所以成戰矣。 ③撚，從也。皆求安道令之道。 ④雖强常念害，則不敗也。

## 大明武解第九

畏嚴大武。曰維四方，畏威乃寧①。天作武，脩戎兵，以助義正違②。順天行五官，官候厥政，謂有所亡③。城廓溝渠，高厚是量④。既踐戎野，備慎其殃，敬其嚴君，乃戰赦⑤。

①大武之道，四方畏威，天下乃寧之也。 ②正順其義。 ③五官，舉大官之言。亡，無也。 ④謂敵人所處也。 ⑤言當明耳目，遠斥候。

十藝必明，加之以十，因靡敵不荒①。陣若雲布，侵若風行，輕車翼衛，在戎二方②。我師之窮，靡人不剛③。十藝：一、大援，二、明從，三、餘子，四、長興，五、伐人，六、刑餘，七、三疑，八、間書，九、用少，十、興怨④。十因：一、樹仁，二、勝欲，三、賓客，四、通旅，五、親戚，六、無告，七、同事，八、程巧，九、□能，十、利事⑤。藝因伐用，是謂强轉。

①荒，敗也。 ②奔敵之陣如此。 ③知敵之强，乃剛勇也。 ④刑餘，赦徒。用少者，省費。興怨，離構也。 ⑤凡成皆有因也。勝欲，以義勝欲。

應天順時，時有寒暑①。風雨飢疾，民乃不處。移散不敗，農乃商賈。委以淫樂，賂以美女②。主人若杖，□至城下。高堙臨内，日夜不解[3]。方陣竝功，云何能禦？雖易必敬，是謂明武[4]。城高難平，湮之以土，開之以走路，俄傳器櫓[5]。因風行火，障水水下。惠用元元，文誨其寡[6]。旁隧外權，隳城湮溪。老弱單處，其謀乃離[7]。既克和服，使衆咸宜。竟其金革，是謂大夷[8]。

①言時有難易也。　②謂扇動之，使沈惑也。　③杖，謂堅也。　④禦，當也。　⑤湮土，謂為土山以臨之也。　⑥言務□恤刑也。　⑦單處謂無保鄣。　⑧咸，皆。夷，平。

## 小明武解第十

凡攻之道，必得地勢，以順天時，觀之以今，稽之以古[1]。攻其逆政，毁其地阻。立之五教，以惠其下[2]。矜寡無告，寔為之主。五教允中，枝葉代興[3]。國為偽巧，後宫飾女，荒田逐獸，田獵之所，游觀崇臺，泉池在下，淫樂無既，百姓辛苦[4]。上有困令，乃有極□。上困下騰，戎遷其野。敦行王法，濟用金鼓[5]。降以列陣，無悛怒□。按道攻巷，無襲門户[6]。無受貨賂，攻用弓弩。上下禱祀，靡神不下。具行衝梯，振以長旗[7]。懷戚思終，左右憤勇。無食六畜，無聚子女。羣振若雷，造于城下。鼓行參呼，以正什伍[8]。上有軒冕，斧鉞在下，勝國若化，故曰明武[9]。

①兵，凶器；戰，危事。故以詳順之。稽，考也。　②五教，五常之教也。　③為之君。枝葉，謂衆善政也。　④言凡有此事皆可伐。　⑤濟，成也。言以金鼓濟其伐。　⑥言不赦有罪，怒伐無辜。襲，掩也。　⑦先祈禱而後攻戰也。　⑧言士卒之奮厲也。　⑨軒冕所以為賞也。

## 大匡解第十一

維周王宅程三年，遭天之大荒[1]。作《大匡》，以詔牧其方，三州之侯咸率②。王乃召冢卿、三老、三吏、大夫、百執事之人，朝于大庭③。問罷病之故，政事之失，刑罰之戾，哀樂之尤④，賓客之盛，用度之費，及關市之征，山林之匱，田宅之荒，溝渠之害⑤，怠惰之過，驕頑之虐，水旱之菑⑥。曰："不穀不德，政事不時，國家罷病，不能胥匡，二三子不尚助不穀。官考厥職，鄉問其人⑦，因其耆老，及其總害。慎問其故，無隱乃情⑧，及某日以告于廟。有不用命，有常不赦⑨。"

①程，地名，在岐州左右，後以為國。初，王季之子文王因焉，而遭饑饉，後乃徙豐焉。 ②文王初未得三分有二，故三州也。率，謂奉順也。 ③冢卿，孤卿。三吏，三卿也。大庭，公堂之庭。 ④戾，罪。尤，過。 ⑤匱、荒、害，皆謂官不修無征。 ⑥皆以為失之者。 ⑦不尚尚也。問人政得失。 ⑧總，衆人也。 ⑨明日王至廟，告。常者，常刑也。

王既發命，入食不舉，百官質方，□不食饔①。及期日，質明，王麻衣以朝，朝中無采衣②。官考其職，鄉問其利，因謀其菑。旁匡於衆，無敢有違③。詰退驕頑，方收不服，慎惟怠惰，什伍相保④。動勸游居，事節時茂。農夫任户，户盡夫出⑤。農廪分鄉，鄉命受糧。程課物徵，躬競比藏⑥。藏不粥糴，糴不加均。賦洒其幣，鄉正保貸⑦。成年不償，信誠匡助，以輔殖財⑧。財殖足食，克賦為征，數口以食，食均有賦⑨。外食不贍，開關通糧。糧窮不轉，孤寡不廢⑩。滯不轉留，戍城不留，□足以守。出旅分均，馳車送逝，旦夕運糧⑪。

①王不舉樂，百官徹膳，以思其職。方，道。 ②此凶服自居，為荒變。 ③衆，衆民也。百官率職，故無違。 ④方收，方方收其不服化者

也。　⑤茂，勉也。言無户不出夫以勸農。　⑥農人藏穀于廩，分在諸鄉。合課程比藏者，比方其收藏也。　⑦糧不加均，多從所有不限也。洒，散也。幣以糴，以資窮也。　⑧名曰貸而不償，所以生殖民財也。　⑨均民足食而征其賦，以入官也。　⑩窮征困内，不轉出外也。　⑪□不成者不令留。足以守之。衆皆共運之也。

於是告四方：遊旅旁生忻通，津濟道宿，所至如歸①。幣租輕，乃作母以行其子②。易資貴賤以均，遊旅使無滯③。無粥熟，無室市。權内外以立均，無蚤暮，閭次均行④。均行衆從，積而勿□，以罰助均，無使之窮。平均無乏，利民不淫⑤。無播蔬，無食種⑥。以數度多少省用⑦。祈而不賓祭，服漱不制⑧。車不雕飾，人不食肉，畜不食穀⑨。國不鄉射，樂不牆合，牆屋有補無作⑩，資農不敗務⑪。非公卿不賓，賓不過具⑫。哭不留日，登降一等⑬。庶人不獨葬，伍有植，送往迎來亦如之⑭。有不用命，有常不違。

①有告者窮者有所歸也。　②以貴重為母，謂錢幣之屬。　③非但租賦作母行子，遊旅易資亦然。　④均平民財，行之無早晚之常也。　⑤雖積賞進有，無不隄防之，使民有過者罰其穀幣，其穀幣通以助均。　⑥可食之菜曰蔬。　⑦國家常用。　⑧不賓，殺禮。不制，不造新也。　⑨畜，謂馬也。　⑩皆為荒降之也。　⑪農務不廢棄也。　⑫唯賓公卿，酒食而已。　⑬留，盡也。降一等，為荒廢之也。　⑭均恤興迎亦如植，其送迎亦相救也。

## 程典解第十二

維三月既生魄，文王合六州之侯，奉勤于商①。商王用宗讒，震怒無疆②。諸侯不娱，逆諸文王。文王弗忍，乃作《程典》，以命三忠③。

①三分天下有其二，以伏事殷也。　②宗，衆。疆，境也。　③娱，樂

也。不忍從諸侯即王位,所以為至德典常也。

曰:“助余體民,無小不敬。如毛在躬,拔之痛,無不省①。政失患作,作而無備,死亡不誠,誠在往事。備必慎備,思地思地,慎制思制,慎人思人。慎德德開,開乃無患②。慎德必躬恕,恕以明德,德當天而慎下③。下為上貸,力競以讓,讓德乃行④。慎下必翼上,上中立而下比,争省,和而順。携乃争,和乃比⑤。比事無政,無政無選。無選民乃頑,頑乃害上⑥。故選官以明訓,頑民乃順。慎守其教,小大有度,以備醟寇⑦。協其三族,固其四援,明其伍候,習其武誠,依其山川,通其舟車,利其守務⑧。士大夫不雜于工商⑨。士之子不知義,不可以長幼⑩。工不族居,不足以給官;族不鄉别,不可以入惠⑪。為上不明,為下不順,無醜⑫。輕其行,多其愚,不智⑬。慎地必為之圖,以舉其物,物其善惡⑭,度其高下,利其陂溝,愛其農時,脩其等列,務其土實⑮,差其施賦,設得其宜,宜協其務,務應其趣⑯。慎用必愛。工攻其材,商通其財,百物鳥獸魚鱉,無不順時⑰。生穡省用,不濫其度。津不行火,藪林不伐⑱。牛羊不盡齒不屠⑲。土勸不極美,美不害用。用乃思慎,□備不敬,不意多□。用寡立親,用勝懷遠,遠格而邇安⑳。於安思危,於始思終,於邇思備,於遠思近,於老思行,不備,無違嚴戒㉑。”

①毛以喻小也。無不省,故宜敬小也。 ②以往事誡將來。開,通。言德合也。 ③以慎道教天下。 ④以讓為化。 ⑤翼,敬也。中立,謂無比也。 ⑥無儁選之士在官,故頑民害上。 ⑦小大□吉凶也。 ⑧脩文教,誡武備,聖王之事。 ⑨使各專其業。商不厚,工不巧,農不力,不可成治。必善其事,治乃成也。 ⑩有士行之義方為士。 ⑪族,謂羣

也。不别其鄉，難以行其惠也。⑫言國無恥醜也。⑬不重其行，自多其愚，何智之有？⑭别其地所生物之善惡也。⑮務其勤樹藝也。⑯言其所施當也。⑰順時，所為愛之也。⑱濫，過也。非時不火不伐也。⑲老不任用食之。⑳多用，謂振施也。㉑必有忍，乃有濟也。終，謂終其義也。格，至也。

## 程寤解第十三

文王去商在程，正月既生魄，太姒夢見商之庭産棘，小子發取周庭之梓，樹于闕閒，化為松柏棫柞。寤驚，以告文王，文王乃召太子發占之于明堂。王及太子發竝拜吉夢，受商之大命于皇天上帝。

## 秦陰解第十四亡

## 九政解第十五亡

## 九開解第十六亡

## 劉法解第十七亡

## 文開解第十八亡

## 保開解第十九亡

## 八繁解第二十亡

# 逸周書卷第三

## 酆保解第二十一

維二十三祀庚子朔，九州之侯咸格于周。王在酆，昧爽，立于少庭。王告周公旦曰："嗚呼！諸侯咸格，來慶辛苦役商，吾何保守，何用行？"旦拜手稽首曰："商為無道，棄德刑範，欺侮羣臣，辛苦百姓，忍辱諸侯。莫大之綱，福其亡亡，人惟庸。王其祀德純禮，明允無二，卑位柔色金聲以合之。"

王乃命三公九卿及百姓之人曰："恭敬齊潔，咸格而祀于上帝。商饋始于王，因饗諸侯，重禮庶吏。出送于郊，樹昏于崇。內備五祥、六衛、七厲、十敗、四葛，外用四蠹、五落、六容、七惡。五祥：一、君選擇，二、官得度，三、務不舍，四、不行賂，五、察民困。六衛：一、明仁懷恕，二、明智設謀，三、明戒攝勇，四、明才攝士，五、明德攝官，六、明命攝政。七厲：一、翼勤厲務，二、動正厲民，三、靜兆厲武，四、翼藝厲物，五、翼言厲復，六、翼敬厲衆，七、翼知厲道。

十敗：一、佞人敗樸，二、諂言毁積，三、陰資自舉，四、女貨速禍，五、比黨不揀，六、佞説釁獄，七、神龜敗卜，八、賓祭推穀，九、忿言自辱，十、異姓亂族。四葛：一、葛其農，時不移；二、費其土，慮不化；三、正賞罰，獄無姦奇；四、葛其戎謀，族乃不罰。四蠹：一、美好怪奇以治之，二、淫言流説以服之，三、羣巧仍興以力之，四、神巫靈寵以惑之。五落：一、示吾貞，以移其名；二、微降霜雪，以取松柏；三、信蟜萌，莫能安宅；四、厚其禱巫，其謀乃獲；五、流德飄枉，以明其惡。六容：一、游言；二、行商工；三、軍旅之庸；四、外風之所揚；五、困失而亡，作事應時，時乃喪；六、厚使以往，來其所藏。七惡：一、以物角兵；二、令美其前，而厚其傷；三、閒於大國，安得吉凶；四、交其所親，静之以物，則以流其身；五、率諸侯以朝賢人，而已猶不往；六、令之有求，遂以生尤；七、見親所親，勿與深謀，命友人疑。

旦拜曰："嗚呼！王孫其尊天下，適無見過過適，無好自益，以明而迹。嗚呼，敬哉！視五祥、六衛、七厲、十敗、四葛不脩，國乃不固。務周四蠹、五落、六容、七惡，不時不允，不率不緩，反以自薄。嗚呼！深念之哉，重維之哉！不深乃權不重。從權乃慰，不從乃潰，潰不可復。戒後人其用汝謀。"王曰："允哉！"

## 大開解第二十二

維王二月既生魄，王在酆，立于少庭，兆墓九開，開厥後人八儆、五戒。八儆：一、□旦于開，二、躬脩九過，三、族脩九禁，四、無競維義，五、習用九教，六、□用守備，七、足用九利，八、寧用懷□。五戒：一、祇用謀宗，二、經内戒工，三、無遠親戚，四、雕無薄□，五、禱無憂玉，及為人盡不足。王拜："儆我後人，謀競不可以藏。戒後人其用汝謀，維宿不悉日不足。"

## 小開解第二十三

維三十有五祀，王念曰："多□，正月丙子拜望，食無時。汝開後嗣謀。曰：嗚呼，于來後之人！余聞在昔曰：明明非常，維德曰為明。食無時。汝夜何脩非躬，何慎非言，何擇非德？嗚呼，敬之哉！汝恭聞不命，賈粥不讎，謀念之哉！不索禍招，無曰不免。不庸、不茂、不次，人菑不謀，迷弃非人。朕聞用人不以謀説，説惡諂言。色不知適，適不知謀，謀泄，汝躬不允。嗚呼，敬之哉，後之人！朕聞曰：謀有其輔，如乃而舍。人之好佚而無窮，貴而不傲，富而不驕，兩而不争，聞而不遥，遠而不絶，窮而不匱者，鮮矣。汝謀斯何嚮非翼，維有其枳？枳亡重。大害小，不堪柯引。維德之用，用皆在國。謀大，鮮無害。嗚呼！汝何敬非時，何擇非德？德枳維大人，大人枳維公，公枳維卿，卿枳維大夫，大夫枳維士，登登皇皇。君枳維國，國枳維都，都枳維邑，邑枳維家，家枳維欲無疆。動有三極，用有九因，因有四戚五私。極明與與有畏勸。汝何異非義，何畏非世，何勸非樂？謀獲三極無疆，動獲九因無限。務用三德，順攻奸□，言彼翼，翼在意，仞時德。春育生，素草肅，疎數滿；夏育長，美柯華；務水潦，秋初藝；不節落，冬大劉。倍信何謀？本□時歲，至天視。嗚呼！汝何監非時，何務非德，何興非因，何用非極？維周于民人，謀競不可以後戒，後戒宿不悉，日不足。”

## 文儆解第二十四

維文王告夢，懼後祀之無保。庚辰，詔太子發曰：“汝敬之哉！民物多變，民何嚮非利？利維生痛，痛維生樂，樂維生禮，禮維生義，義維生仁。嗚呼，敬之哉！民之適敗，上察下遂。信何嚮非私？私維生抗，抗維生奪，奪維生亂，亂維生亡，亡維生死。嗚呼，敬之哉！汝慎守勿失，以詔有司，夙夜勿忘，若民之嚮引。汝何慎非遂？遂時不遠。非本非標，非微非煇。壞非壞不高，水非水不流。嗚呼，敬之哉！倍本者槁，汝何葆非監。不維一保監順時，維周于民之適敗，無有時蓋。後戒後戒，謀念勿擇。”

## 文傳解第二十五

文王受命之九年，時維暮春，在鄗，召太子發曰：“嗚呼，我身老矣！吾語汝我所保與我所守，傳之子孫。吾厚德而廣惠，忠信而志愛，人君之行①。不為驕侈，不為泰靡，不淫于美。括柱茅茨，為民愛費②。山林非時不升斤斧，以成草木之長；川澤非時不入網罟，以成魚鱉之長；不麛不卵，以成鳥獸之長。畋漁以時，童不夭胎，馬不馳騖，土不失宜③。

①四者君德。　②言務儉也。因就木枚曰括。　③言土地所宜悉長之。

“土可犯，材可蓄。潤溼不穀，樹之竹葦莞蒲；礫石不可穀,樹之葛木,以為絺綌,以為材用①。故凡土地之閒者,聖人裁之,竝為民利。是魚鱉歸其泉,鳥歸其林②。孤寡辛苦,咸賴其生③。山以遂其材,工匠以為其器,百物以平其利,商賈以通其貨④。工不失其務,農不失其時,是謂和德⑤。土多民少,非其土也;土少人多,非其人也。是故土多,發政以漕四方,四方流之⑥;土少,安帑而外其務,方輸⑦。

①所為土不失宜。 ②取之以時,不夭胎故。 ③得所生長材用。 ④無二德也。 ⑤和故不失。 ⑥漕,轉。流,歸。言移内入也。 ⑦外設業而四民方輸穀。

"《夏箴》曰:中不容利,民乃外次①。《開望》曰:土廣無守,可襲伐;土狹無食,可圍竭。二禍之來,不稱之災②。天有四殃:水、旱、饑、荒,其至無時。非務積聚,何以備之③?《夏箴》曰:小人無兼年之食,遇天饑,妻子非其有也;大夫無兼年之食,遇天饑,臣妾輿馬非其有也④。戒之哉!弗思弗行,至無日矣⑤!不明開塞禁舍者,其如天下何⑥?人各修其學而尊其名,聖人制之⑦。故諸横生盡以養從,從生盡以養一丈夫⑧。無殺夭胎,無伐不成材,無墮四時。如此者十年,有十年之積者王⑨,有五年之積者霸,無一年之積者亡⑩。生十殺一者,物十重;生一殺十者,物頓空。十重者王,頓空者亡⑪。

①夏禹之箴戒書也。利,福。業次舍於田。 ②《開望》,古書名也。政以人土相稱為善也。 ③積材用,聚穀蔬。 ④古者國家三年必有一年之儲。非其有,言流亡也。 ⑤言不遠也。 ⑥不明,謂失其機。 ⑦制而業用。 ⑧横生,萬物也。從生,人也。一丈夫,天子也。言兆民養天子也。 ⑨通三十年之計也。 ⑩通十五年之計,有五年之積也。亡,

為無國家。　⑪生多到重，生少到空。

“兵强勝人，人强勝天。能制其有者，則能制人之有①；不能制其有者，則人制之②。令行禁止，王始也。出一曰神明，出二曰分光③，出三曰無適異，出四曰無適與。無適與者亡④。”

①勝天，勝有天命。　②術自取之。　③政有二名，分君之明。光亦明也。　④君臣無適異，民無適與，不亡何待也。

## 柔武解第二十六

維王元祀一月既生魄，王召周公旦曰：“嗚呼！維在文考之緒功①，維周禁五戎。五戎不禁，厥民乃淫②。一曰土觀幸時，政匱不疑；二曰獄讎刑蔽，姦吏濟貸③；三曰聲樂□□，飾女滅德；四曰維勢是輔，維禱是怙；五曰盤游安居，枝葉維落④。五者不距，自生戎旅。故必以德為本，以義為術，以信為動，以成為心，以決為計，以節為勝⑤。務在審時，紀綱為序，和均□里，以匡辛苦⑥。見寇□戚，靡適無□。勝國若化，不動金鼓，善戰不鬬，故曰柔武。四方無拂，奄有天下⑦。”

①此文王卒之明年春也。　②此成周也，而謂之戎，言五者不禁，戎之道也。　③濟貸，成其貨也。　④輔，□。怙，恃。盤游安居，皆害之術。　⑤言以德為本，以節為勝，距戎之本也。　⑥匡，正也。辛苦，窮也。　⑦拂，違也。言感也。

## 大開武解第二十七

維王一祀二月，王在酆，密命①。訪於周公旦曰：“嗚呼！余夙夜維商，密不顯，誰和②？告歲之有秋，今余不獲，其落若何③?"周公曰:"兹在德敬。在周其維天命,王其敬命④!遠戚無十和,無再失,維明德無佚⑤,佚不可還。維文考恪勤戰戰,何敬、何好、何惡?時不敬,殆哉⑥!"

①密人及商紂謀周大命。 ②言欲以毁送之商密。 ③和捐萬物,而商密欲擯我周,不得其落,恐將亡。 ④言天命在周,當敬命而已。 ⑤所親近疏遠也。再失,為復失也。 ⑥言一佚不可還,故念文王所敬。

王拜曰:"允哉!余聞國有四戚、五和、七失、九因、十淫,非不敬,不知①。今而言維格。余非廢善以自塞,維明戒是祇②。"周公拜曰:"兹順天。天降寤于程,程降因于商,商今生葛,葛右有周③。維王其明用開和之言言,孰敢不格④?四戚:一、内同外,二、外婚姻,三、官同師,四、哀同勞。五和:一、有天維國,二、有地維義,三、同好維樂,四、同惡維哀,五、遠方不争⑤。七失:一、立在廢,二、廢在祇,三、比在門,四、諂在内,五、私在外,六、私在公,七、公不違⑥。九因:一、神有不饗,二、德有不守,三、才有不官,四、事有不均,五、兩有必争,六、富有别,七、貪有匱,八、好有遂,九、敵有勝⑦。十淫:一、淫政破國,動不時,民不保;二、淫好破義,言不協,民乃不和;三、淫樂破德,德不純,民乃失常;四、淫動破醜,醜不足,民乃不讓;五、淫中破禮,禮不同,民乃不協;六、淫采破服,服不度,民乃不順;七、淫文破典,典不式教,民乃不類;八、淫權破故,故不法官,民乃無法;九、淫貸破職,百官令不承;十、淫巧破用,用不足,百意不成。嗚呼!十淫不違,危哉!今商維兹⑧。其唯第兹命不承,殆哉⑨!若人之有政令,廢令無赦,乃廢天之命。訖文考之功緒,忍民之苦,不祥⑩。若農之服田，務耕而不耨，維草其宅之，既秋而不獲，維禽其饗之，人而獲飢，云誰哀之[11]？”

①言非不欲敬，而未知所聞，欲知之也。②而，汝。格，至也。是祇，敬之。③言天窟周以和商謀，商朝生葛，是祐助周也。④可否相濟曰和。欲其開臣以和，則忠告之言無不至也。⑤以文德來遠。⑥立所廢則功多，廢所敬則不見疑。□比諂近，公私干錯。公法不能違之所謂失。⑦此皆因其事而以誤彼國也。⑧言商紂所行，如此十者之所蔽。⑨不率天命則危殆也。⑩廢政令，罪不赦，而乃廢天命，□父之業，忍民患，是不祥也。⑪草居之，是農不脩也。獸食之，是飢也。己自取之，是時矜之，父業之遵。

王拜曰：“格乃言。嗚呼！夙夜戰戰，何畏非道，何惡非？是不敬，殆哉[1]！”

①王心以周公言為至，故拜也。

## 小開武解第二十八

維王二祀一月既生魄，王召周公旦曰：“嗚呼！余夙夜忌商，不知道極，敬聽以勤天命。”周公拜手稽首曰：“在我文考，順明三極，躬是四察，循用五行，戒視七順，順道九紀[1]。三極既明，五行乃常；四察既是，七順乃辨；明勢天道，九紀咸當；順德以謀，罔惟不行[2]。三極：一、維天九星；二、維地九州，三、維人四左[3]。四察：一、目察維極，二、耳察維聲，三、口察維言，四、心察維念[4]。五行：一、黑位水，二、赤位火，三、蒼位木，四、白位金，五、黃位土[5]。七順：一、順天得時，二、順地得助，三、順民得和，四、順利財足，五、順得助明，六、順仁無失，七、順道有功[6]。九紀：一、辰以紀日，二、宿以紀月，三、日以紀德，四、月以紀刑⑦，五、春以紀生，六、夏以紀長，七、秋以紀殺，八、冬以紀藏，九、歲以紀終⑧。時候天視，可監。時不失，以知吉凶⑨。王拜曰："允哉！余聞在昔，訓典中規！非時，罔有格言，日正余不足⑩。"

①皆文王所行之。②言化道大行也。③九星，四方及五星也。四左，疏附、禦侮、奔走、先後是也。④四者當所必察真偽。⑤言其所順而勤。⑥順天時，得天道。順道有功，得人功。⑦日月之會曰辰。甲乙十者，於四方以紀日。宿次十二，紀十二月次，日為禮，月為法也。⑧四時終則成歲。⑨天視，言視天時。⑩謙以受。

## 寶典解第二十九

維王三祀二月丙辰朔，王在鄗，召周公旦曰："嗚呼，敬哉！朕聞曰：何脩非躬，躬有四位、九德①；何擇非人，人有十姦②；何有非謀，謀有十散，不圉我哉③；何慎非言，言有三信。信以生寶，寶以貴物，物周為器④。美好寶物無常，維其所貴，信無不行⑤。行之以神，振之以寶，順之以事，明衆以備，改□以庸，庶格懷患⑥。四位：一曰定，二曰正，三曰靜，四曰敬。敬位丕哉，靜乃時非。正位不廢，定得安宅⑦。九德：一孝，子畏哉，乃不亂謀；二悌，悌乃知序，序乃倫，倫不騰上，上乃不崩⑧；三慈惠，知長幼，知長幼，樂養老；四忠恕，是謂四儀，風言大極，意定不移⑨；五中正，是謂權斷，補損知選；六恭遜，是謂容德，以法從權，安上無慝⑩；七寬弘，是謂寬宇，準德以義，樂獲純嘏⑪；八温直，是謂明德，喜怒不郄，主人乃服⑫；九兼武，是謂明刑，惠而能忍，尊天大經。九德廣備，次世有聲⑬。十姦：

一、窮□干静，二、酒行干理，三、辯惠干智，四、移潔干清，五、死勇干武⑭，六、展允干信，七、比譽干讓，八、阿衆干名，九、專愚干果，十、愎孤干貞⑮。十散：一、廢□□□，□行乃泄；□□□□□□□□□；三、淺薄閒瞞，其謀乃獲；四、説咷輕意，乃傷營立；五、行恕而不顧，弗憂其圖⑯；六、極言不度，其謀乃費；七、以親為疎，其謀乃虚；八、心私慮適，百事乃僻；九、愚而自信，不知所守；十、不釋太約，見利忘親⑰。三信：一、春生夏長無私，民乃不迷；二、秋落冬殺有常，政乃盛行；三、人治百物，物德其德，是謂信極⑱。而其余也，信既極矣。嗜欲□在。在不知義，欲在美好有義，是謂生寶⑲。”

①言脩身以四位九德也。　②凡人所不能免者。　③圉，禁也。　④周用之為器。　⑤貴在周用。　⑥言治實以器用。　⑦丕，大也。時非，待時不動。　⑧不騰，不越，不相超越。　⑨儀，言也。　⑩選，數。慝，惡。　⑪純，大也。嘏，大也。謂之大大之福。　⑫郄，閒也。　⑬長有令問。　⑭實少而名多曰移也。　⑮十者皆不誠之行，故曰姦。　⑯閒瞞，不察，謂所謀也。　⑰適，單也。言十者皆散汝成。　⑱言其信至。　⑲以義為寶。

周公拜手稽首興曰：“臣既能生寶，恐未有，子孫其敗①。既能生寶，未能生仁，恐無後親。王寶生之，恐失王會，道維其廢②。”王拜曰：“格而言！維時余勸之以安位，教之廣③。用寶而亂，亦非我咎。上設榮禄，不患莫仁④。仁以愛禄，允維典程。既得其禄，又增其名，上下咸勸，孰不競仁？維子孫之謀，寶以為常⑤。”

①有□其心恐有寶，而子孫不能有以致治也。　②會所當會之寶。　③安位，謂信有得。　④言以榮禄禄□仁也，則用是榮人也。　⑤言仁

人以愛禄為常法，則人皆競仁，欲愛子孫，謀此為常。

## 酆謀解第三十

維王三祀，王在酆，謀言告聞①。王召周公旦曰："嗚呼！商其咸辜，維日望謀建功，謀言多信，今如其何②？"周公曰："時至矣！乃興師循故③。初用三同：一、戚取同，二、任用能，三、矢無聲④。三讓：一、近市，二、賤粥，三、施資⑤。三虞：一、邊不侵内，二、道不毆牧，三、郊不留人⑥。"

①自文王受命，至此十年也。知敵情向人間人，日以紂謀告武王也。②言商君臣皆罪周，日望以周建功也。③言可伐紂之時至，謂循古法。④矢，誓。言誓衆以盡心也。⑤以財讓也。近來民市，旅資以思也。⑥虞，樂也。設此三禁，所以悦民。

王曰："嗚呼，允從！三三無咈，厥徵可因①。與周同愛，愛微無疾。疾取不取，疾至致備②。由禱不德，不德不成。害不在小，終維實大，悔後乃無③。帝命不謟，應時作謀。不敏，殆哉！"周公曰："言斯允格。誰從己出，出而不允，乃菑④。往而不往，乃弱。士卒咸若周一心⑤。"

①言三讓、三同、三虞無違，言善徵可用以立功也。②疾，惡。③曲為非義，神不德之。④帝，天也。謟，僭也。敏，疾也。⑤不往則是弱，一心則應時也。

## 寤儆解第三十一

維四月朔，王告儆。召周公旦曰："嗚呼，謀泄哉！今朕寤有商驚予①。欲與無□則，欲攻無庸，以王不足。戒乃不興，憂其深矣！②！"

①言夢為紂所伐，故驚。②戒不興，言所憂不從戒中來也。

周公曰："天下不虞周，驚以寤王，王其敬命！奉若稽古維王[1]，克明三德維則[2]，戚和遠人維庸[3]。攻王禱，赦有罪，懷庶有，兹封福[4]。監戒善敗，護守勿失。無虎傅翼，將飛入邑，擇人而食。不驕不悋，時乃無敵[5]。

①虞，度。若，順。　②三德，剛、柔、正直。　③和近人則遠人用。　④庶，衆。封，大。　⑤此是義也。

王拜曰："允哉！余聞曰：維乃予謀，謀時用臧。不泄不竭，維天而已[1]。余維與汝監舊之葆，咸祗曰：戒戒維宿[2]。"

①聞古言也。天道無常。　②言戒於心。宿，古文夙。

## 武順解第三十二

天道尚左，日月西移；地道尚右，水道東流；人道尚中，耳目役心[1]。心有四佐，不和曰廢[2]；地有五行，不通曰惡[3]；天有四時，不時曰凶。天道曰祥，地道曰義，人道曰禮。知祥則壽，知義則立，知禮則行[4]。禮義順祥曰吉，吉禮左還順天以利本[5]；武禮右還，順地以利兵[6]；改居中軍，順人以利陣。

①言耳目為心所役也。　②四佐，脾、腎、肺、肝也。　③金、木、水、火、土更相生。　④言其相通。　⑤本謂人也。　⑥地右還也。　⑦人尚中。

人有中曰參，無中曰兩；兩争曰弱，參和曰彊[1]。男生而成三，女生而成兩，五以成室。室成以生民，民生以度[2]。左右手各握五，左右足各履五，曰四枝。元首曰末[3]。五五二十五曰元卒[4]。一卒居前曰開，一卒居後曰敦[5]。左右一卒曰閭，四卒成衛曰伯[6]。三伯一長曰佐，三佐一長曰右⑦，三右一長曰正，三正一長曰卿，三卿一長曰辟⑧。

①有中必有兩，故曰參。 ②陽奇陰耦。五謂相配成室。 ③四枝，手足。元首，頭也。 ④伍，兵名。 ⑤開猶啟，敦猶服。 ⑥皆陣名。伯，卒名。 ⑦九伯，卒也。 ⑧伯卒則右，千卒則正，三千卒則卿，萬卒舉令之於君。辟，君也。此謂諸侯三軍數起於伍，故不正相當。

辟必明，卿必仁，正必智，右必和①，佐必肅，伯必勤，卒必力②。辟不明，無以慮官；卿不仁，無以集衆；伯不勤，無以行令；卒不力，無以承訓③。均卒力貌而無比，比則不順④；均伯勤勞而無携，携則不和⑤；均佐肅敬而無留，留則無成⑥；均右和恭而無羞，羞則不興。辟必文，聖如度⑦。元忠尚讓，親均惠下。集固介德⑧。危言不干德曰正⑨，正及神人曰極，世世能極曰帝⑩。

①言其德如此，乃堪其任也。 ②卒二十五人之帥，故以勇力為之也。 ③訓，謂先後辟也。承，謂奉行後令也。 ④比者，比同也。 ⑤携，離。 ⑥留，遲。 ⑦言聖君有所為如度，度功不有差也。 ⑧介，大也。言必所集，則常枉大道也。 ⑨不干，謂不犯也。 ⑩極謂其上。

## 武穆解第三十三

曰若稽古曰：昭天之道，熙帝之載，揆民之任，夷德之用①。摠之以咸殷，等之以□禁，成之以□和②。咸康于民，卿格維時，監于列辟③。敬惟三事，永有休哉！三事：一、倡德，二、和亂，三、終齊。德有七倫，亂有五遂，齊有五備。五備：一、同往路，以揆遠邇；二、明要醜友德，以衆爾庸；三、明辟章遠，以肅民教；四、明義倡爾衆，教之以服；五、要權文德，不畏强寵④。五遂：一、道其通以決其雍，二、絶□無赦不疑，三、挫鋭無赦不危，四、閑兵無用不害，五、復尊離羣不敵⑤。七倫:一、毁城寡守不路⑥,二、通道不戰,三、小國不凶不伐,四、正維昌静不疑,五、睦忍寧于百姓⑦,六、禁害求濟民,七、一德訓民,民乃章⑧。欽哉欽哉!余夙夜求之無射。

①夷,常。　②咸,皆。殷,盛也。皆以法揔之也。　③視古公列君以為師也。　④同往路,謂□遠之也。教之以服,先王法服也。　⑤羣離,故不敵也。　⑥路,通。　⑦中厚忍辱。　⑧明於教訓。

# 逸周書卷第四

## 和寤解第三十四

王乃出圖商,至于鮮原①。召邵公奭、畢公高。王曰:"嗚呼,敬之哉!無競惟人,人允忠,惟事惟敬,小人難保②。后降惠于民,民罔不格。惟風行賄,賄無成事③。緜緜不絶,蔓蔓若何,豪末不掇,將成斧柯④。"王乃厲翼于尹氏八士,唯固允讓⑤。德降為則,振于四方。行有令問,成和不逆。加用禱巫,神人允順⑥。

①近岐,周之地也。小山曰鮮。 ②言王以多賢人為強。保,安之也。 ③人之歸惠,如草應風。如用賄,則無成事。 ④此言防患在微也。 ⑤厲,獎厲也。尹氏八士,武王賢臣也。 ⑥言皆順成和志也。

## 武寤解第三十五

王赫奮烈,八方咸發。高城若地,商庶若化①。約期于牧,案用師旅,商不足滅,分禱上下②。王食無疆,王不食言,庶赦定宗③。尹氏八士,太師三公,咸作有績,神無不饗④。王克配天，合于四海，惟乃永寧⑤。

①言士卒應王之奮烈，視高城若平地。若化，恐怖也。　②於牧野，將戰，先禱天地也。　③言當赦其罪人，定其宗主，不食言也。　④言羣臣皆謀立功，而神明享其禱。　⑤德合四表。

## 克殷解第三十六

周車三百五十乘陳于牧野，帝辛從①。武王使尚父與伯夫致師②。王既誓，以虎賁戎車馳商師，商師大崩③。

①十三年正月。牧野，商郊。紂出朝歌二十里而迎戰也。　②挑戰也。　③戎車三百五十乘，則士卒三萬六千三百五十人，有虎賁三千五百人也。

商辛奔内，登于鹿臺之上，屏遮而自燔于火①。武王乃手太白以麾諸侯，諸侯畢拜，遂揖之②。商庶百姓，咸俟于郊③。羣賓僉進曰："上天降休。"再拜稽首④。武王答拜，先入，適王所，乃剋射之，三發而後下車，而擊之以輕吕，斬之以黄鉞⑤。折縣諸太白⑥。乃適二女之所，既縊⑦。王又射之三發，乃右擊之以輕吕，斬之以玄鉞，縣諸小白⑧。乃出場于厥軍⑨。

①屏遮，自障。　②太白，旗名。揖，召也。揖諸侯共追紂也。　③待武王於郭外也。　④諸侯賀武王也。　⑤輕吕，劍名。　⑥折絶其首。　⑦二女，妲己及嬖妾。縊，自縊也。　⑧鉞，黑斧。小白，旗名也。　⑨場，平。治社以及宫，徹宜去者，宜居者。居，遷也。

及期，百夫荷素質之旗于王前①。叔振奏拜假②，又陳常車。周公把大鉞召公把小鉞以夾王③。泰顛、閎夭皆執輕吕以奏王。王入，即位于社太卒之左④。羣臣畢從。毛叔鄭奉明水，衛叔傅禮⑤，召公奭贊采，師尚父牽牲⑥。尹逸筴曰："殷末孫受德，迷先成湯之明，侮滅神祇不祀⑦，昏暴商邑百姓，其章顯聞于昊天上帝⑧。"

①素質，白旗。前，為王道也。一作以前于王。 ②羣臣諸侯應拜假者，則曹叔振奏行也。 ③常車，威儀車也。三公夾衛王也。 ④執王輕呂當門奏，太卒屯兵以衛也。 ⑤羣臣盡從王，而康叔相禮。 ⑥贊，佐。采，事也。倅王也。 ⑦紂字受德也。神祇，天地也。舉天地則宗廟已下廢可知也。 ⑧言上天五帝皆知紂惡也。

武王再拜稽首，乃出①。立王子武庚，命管叔相②。乃命召公釋箕子之囚，命畢公、衛叔出百姓之囚③。乃命南宮忽振鹿臺之財、巨橋之粟④。乃命南宮百達、史佚遷九鼎三巫⑤。乃命閎夭封比干之墓⑥。乃命宗祝崇賓饗禱之于軍⑦。乃班⑧。

①受天大命以改殷。天明命王天□也。 ②為三監，監殷人。 ③紂所拘囚者也。 ④忽即括。振散之以施惠也。 ⑤鼎，王者所傳寶。三巫，地名。 ⑥益其塚也。 ⑦宗祝，主祀。賓，敬也。饗，祭前所禱之神。 ⑧還鄗京也。

## 大匡解第三十七

惟十有三祀，王在管。管叔自作殷之監。東隅之侯咸受賜于王，王乃旅之，以上東隅①。用大匡，順九則、八宅、六位②。寬儉恭敬，夙夜有嚴③。昭質非樸，樸有不明，明執於私，私回不中，中忠於欲，思慧醜詐④。昭信非展，展盡不伊。伊言於允，思復醜譖⑤。昭讓非背，背黨雍德。德讓於敬，思賢醜争⑥。昭位非忿，忿非□直。直立於衆，思直醜比⑦。昭政非閑，閑非遠節。節政於進，思止醜殘⑧。昭静非窮，窮居非意。意動於行，思静醜躁⑨。昭潔非為，為窮非涓。涓潔於利，思義醜貪⑩。昭因非疾，疾非不貞。貞固於事，思任醜誕⑪。昭明九則，九醜自齊。齊則曰知，悖則死勇⑫。勇如害上，則不登于明堂。明堂所以明道。明道惟法⑬。法人惟重老，重老惟寶。

①東隅，自殷以東。旅，謁。各使陳其政事者也。②古大臣有此法。③言當嚴敬思所順也。④忠於欲，謂忠於絶私欲也。⑤展似信而非伊。伊，推也。⑥讓以得之，非弃背也。⑦位所以行道，非以息忿。忿，怒也。⑧政以道民，非禁閑之也。故貴得節也。⑨仁者好静，窮非取樂。⑩涓潔於利，不以自污。⑪疾，□。⑫明此九法，則所醜義成。九法咸則苟死於勇不知節。⑬惟以法度化人。

嗚呼！在昔文考戰戰，惟時祇祇，汝其①夙夜濟濟，無競惟人，惟允惟讓。不遠羣正，不邇讒邪②。汝不時行，汝害于士。士惟都人，孝悌子孫③。不官則不長，官戒有敬。官□朝道，舍賓祭器，曰八宅④。綏比新、故、外、内、貴、賤，曰六位⑤。

①言所尊重者老人，乃政之寶也。文王唯敬是道，汝其用之。汝，諸侯也。②言當近正士，遠讒人。③不行是文王之道，其如此也。④官以長官，所戒惟敬，則入宅順矣。⑤安之比之，各以其道，則位順也。

大官備武，小官承長①。大臣封攝，外用和大②。中臣用均，勞故禮新③。小臣用惠，施舍静衆④。禁請無怨，順生分殺，不忘不憚⑤。俾若九則，生敬在國，國咸順。順維敬，敬維讓，讓維禮⑥。辟不及，寬有永假⑦。

①承，奉。②和平大國。③士大夫及賓客。④静，安也。⑤不計分部，不失其理。⑥言周大臣使順九則，生其所敬於國，國人皆順之以敬讓之禮也。⑦不及，言同假於王道。

## 文政解第三十八

惟十有三祀，王在管。管蔡開宗循①。王禁九慝，昭九行，濟九醜，尊九德，止九過，務九勝，傾九戒，固九守，順九典②。九慝：一、不類，二、不服，三、不則，四、□務有不功，五、外有內通，六、幼不觀國，七、閭不通徑，八、家不開刑，九、大禁不令路徑③。九行：一、仁，二、行，三、讓，四、信，五、固，六、治，七、義，八、意，九、勇④。九醜：思勇醜忘，思意醜變、思義醜□、思治醜亂、思固醜轉、思信醜奸、思讓醜殘、思行醜頑、思二醜疊⑤。九德：一、忠，二、慈，三、禄，四、賞，五、民之利，六、商工受資，七、祗民之死，八、無奪農，九、足民之財⑥。九過：一、視民傲，二、聽民暴，三、遠慎而近籟，四、法令□亂，五、仁善是誅，六、不察而好殺，七、不念□害行，八、□思前後，九、偷其身不路而助無漁。九勝：一、□□□□，二、□□□□，三、同惡潛謀，四、同好和因，五、師□征惡，六、迎旋便路，七、明賂施舍，八、幼子移成，九、迪名書新⑦。九戒：一、內有柔成，二、示有危傾，三、旅有罷寘，四、亂有立信，五、教用康經，六、合詳毀成，七、邑守維人，八、飢有兆積，九、勞休無期⑧。九守：一、仁守以均，二、智守以等，三、固守以典，四、信守維假，五、城溝守立，六、廉守以名，七、戒守以信，八、競守以備，九、國守以謀⑨。九典：一、祗道以明之，二、稱賢以賞之，三、典師以教之，四、四戚以勞之，五、位長以遵之，六、羣長以老之，七、羣醜以移之，八、什長以行之，九、戒卒以將之⑩。嗚呼！充虛為害。無由不通，無虛不敗⑪。

①管，管叔之邑。二叔開其宗族循鎬京之政，言從化也。 ②九人所茂政也。濟謂濟其醜以好也。順此戒也。 ③刑，法也。不令，不宣令也。 ④意於道也。 ⑤殘，謂殘禮義也。 ⑥敬死勸葬也。足民之財也。

⑦潛謀，潛密之謀也。移成，謂易子而教也。蹈名之子書而新用。　⑧柔成，善柔諂人也。罷實，言□困倉暗也。康，逸也。合詳，無德而信也。守邑無備，恃其人衆，皆危道。　⑨維假，言立信常至於義也。　⑩典師，謀各隨所能而教之也。遵行之，以戒之事也。將之，軍旅行陣也。　⑪陰陽姦謂之充，國無人謂之虚也。

## 大聚解第三十九

維武王勝殷，撫國綏民，乃觀于殷政，告周公旦曰："嗚呼！殷政總總，若風草，有所積，有所虚，和此如何①？"

①總總，亂也。有積有虚，言不平也。

周公曰："聞之文考，來遠賓，廉近者。道別其陰陽之利，相土地之宜、水土之便①，營邑制，命之曰大聚。先誘之以四郊，王親在之②。賓大夫免列以選，赦刑以寬，復亡解辱③，削赦□重皆有數，此謂行風④。

①禮遠賓，廉近者，道總土宜以愛民也。　②四郊，自近始也。在，察也。　③亡者復之，辱者解之。　④行風，化也。

"乃令縣鄙商旅曰：能來三室者，與之一室之禄①。闢開脩道，五里有郊，十里有井，二十里有舍②。遠旅來至，關人易資，舍有委③。市有五均，早暮如一。送行逆來，振乏救窮④。老弱疾病，孤子寡獨，惟政所先⑤。民有欲畜，發令。以國為邑，以邑為鄉，以鄉為閭，禍災相卹，資喪比服⑦。五户為伍，以首為長；十夫為什，以年為長⑧；合閭立教，以威為長；合旅同親，以敬為長⑨。飲食相約，興彈相庸。耦耕□耘，男女有婚，墳墓相連，民乃有親⑩。六畜有羣，室屋既完，民乃歸之⑪。鄉立巫醫，具百藥以備疾災，畜五味以備百草⑫。立勤人以職孤，立正長以順幼，立職喪以卹死，立大葬以正同[13]，立君子以脩禮樂，立小人以教用兵[14]，立鄉射以習容。春和獵耕耘以習遷行[15]。教芓與樹藝比長，立職與田疇皆通[16]。立祭祀，與歲穀登下厚薄，此謂德教[17]。

①以一丈夫之耕禄者。 ②待行旅也。 ③貿易供其資也。 ④均，平也。言早暮一價。 ⑤當先卹也。 ⑥命之畜牧。 ⑦邑閭比相救卹。比服，供喪服也。 ⑧首為伍家最服。 ⑨教由威行，旅由敬親。 ⑩言相通也。 ⑪六畜，牛馬猪羊犬雞。 ⑫草味同，言五味，非一也。 ⑬職，同。 ⑭禮樂干戚兵刃也。 ⑮羣行出入，坐起隨行。 ⑯根衍曰芓。比長之職。通，連比也。 ⑰登下，隨穀豐儉也。

"若其凶土陋民，賤食貴貨，是不知政[1]。山林藪澤，以因其□；工匠役工，以攻其材；商賈趣市，以合其用[2]。外商資貴而來，貴物益賤。資賤物，出貴物，以通其器[3]。夫然，則關夷市平，財無鬱廢，商不乏資，百工不失其時，無愚不教，則無窮乏，此謂和德[4]。

①不順政，故曰凶。 ②言政行也。 ③通其有無，使相□也。 ④言政治和之所致也。

"若有不言，乃政其凶。陂溝道路，藂苴丘墳，不可樹穀者，樹以材木[1]。春發枯槁，夏發葉榮，秋發實蔬，冬發薪烝，以匡窮困[2]。揖其民力，相更為師。因其土宜，以為民資[3]。則生無乏用，死無傳尸，此謂仁德[4]。

①除藂種木。 ②以此匡之也。 ③更相為師，匡資次用也。 ④傳於溝壑。

"旦聞禹之禁：春三月山林不登斧，以成草木之長；夏三月川澤不入網罟，以成魚鼈之長。且以并農力執，成男女之功[1]。夫然，則有生而不失其宜，萬物不失其性，人不失其事，天不失其時，以成萬財。萬財既成，放此為人，此謂正德②。

①男耕女桑，成此功也。　②放散供人用也。

“泉深而魚鼈歸之，草木茂而鳥獸歸之，稱賢使能官有材而士歸之，關市平商賈歸之，分地薄斂農民歸之。水性歸下，農民歸利①。王若欲求天下民，先設其利而民自至。譬之若冬日之陽，夏日之陰，不召而民自來，此謂歸德②。五德既明，民乃知常。”

①歷言自然之至。　②政善德之至也。

武王再拜曰：“嗚呼，允哉！天民側側，余知其極有宜①。”乃召昆吾冶而銘之金版，藏府而朔之②。

①側側喻多。長有國也。　②昆吾，古之利冶。朔，月旦朔省之也。

## 世俘解第四十

維四月乙未日，武王成辟，四方通殷命有國①。惟一月丙午旁生魄，若翼日丁未，王乃步自于周，征伐商王紂②。越若來二月既死魄，越五日甲子朝，至，接于商③。則咸劉商王紂，執矢惡臣百人④。太公望命禦方來。丁卯，望至，告以馘俘⑤。戊辰，王遂禦。循追祀文王。時日，王立政⑥。吕他命伐越、戲、方。壬申，荒新至，告以馘俘⑦。侯來命伐靡集于陳。辛巳，至，告以馘俘。甲申，百弇以虎賁誓，命伐衛，告以馘俘⑨。

①言成者，執殷俘，通之以為國也。此克紂還歸而作也。　②旁，廣大，月大時也。此本紀始伐紂，師度孟津也。　③越，於也。朔後為死魄。　④劉，尅也。矢惡臣，崇侯之黨。　⑤太公受命追禦紂黨方來。　⑥禦循追祀，以尅紂告祖考，壇帷而祭。是日立王政布天下。　⑦吕他，將也。

越、戲、方，紂三邑也。 ⑧侯來，亦將也。靡、陳，紂二邑也。 ⑨百弇，亦將。

辛亥，薦俘殷王鼎①。武王乃翼矢珪、矢憲，告天宗上帝②。王不革服，格于廟，秉語治庶國，籥人九終③。王烈祖自太王、太伯、王季、虞公、文王、邑考以列升，維告殷罪④。籥人造，王秉黄鉞正國伯⑤。王子，王服衮衣，矢琰，格廟。籥人造，王秉黄鉞正邦君⑥。癸丑，薦殷俘王士百人⑦。籥人造，王矢琰，秉黄鉞，執戈。王奏庸大享一終，王拜手稽首。王定，奏庸大享三終⑧。甲寅，謁戎殷于牧野。王佩赤白旂。籥人奏《武》。王入，進《萬》，獻《明明》三終⑨。乙卯，籥人奏《崇禹》《生開》三終，王定⑩。

①殷國之鼎。 ②矢，陳也。稷太牢别於天也。 ③不改祭天之服，以告祖考，急於語治也，廟無别人也。 ④虞公，虞仲。邑考，文王子也。皆升王於帝。 ⑤於籥人進，則王進正伯之位也。 ⑥正諸侯之位也。 ⑦王士，紂之士所囚俘者。 ⑧大享，獻爵。奏庸，擊鍾。 ⑨謁，告也。《明明》，詩篇名。《武》以干羽，為《萬》舞也。 ⑩《崇禹》《生開》，皆篇名。告非一，故連日有事也。

庚子，陳本命伐磨，百韋命伐宣方，新荒命伐蜀。乙巳，陳本命新荒蜀磨至，告禽霍侯、艾侯，俘佚侯小臣四十有六。禽禦八百有三百兩，告以馘俘①。百韋至，告以禽宣方，禽禦三十兩，告以馘俘。百韋命伐厲，告以馘俘②。

①此復説尅紂所命伐也。庚子，閏二月十一日。禦，大臣也。 ②言兩隅之言也。

武王狩，禽虎二十有二，猫二，麋五千二百三十五，犀十有二，氂七百二十有一，熊百五十有一，羆百一十有八，豕三百五十有二，貉十有八，麈十有六，麝五十，麋三十，鹿三千五百有八①。武王遂征四方,凡憝國九十有九國②,馘曆億有十萬七千七百七十有九,俘人三億萬有二百三十③。凡服國六百五十有二④。

①武王克紂,遂摠其圃,所獲禽獸。　②憝,惡也。　③武王以不殺為仁,無緣馘億也。俘馘之多,此大言之也。　④此屬紂也,□□。

時四月既旁生魄越六日庚戌,武王朝至燎于周。維予沖子綏文①。武王降自車,乃俾史佚繇書于天號②。武王乃廢于紂矢惡臣人百人,伐右厥甲小子鼎大師③。伐厥四十夫家君鼎,帥司徒司馬初厥于郊號④。武王乃夾于南門用俘,皆施佩衣衣,先馘入⑤。武王在祀,太師負商王紂縣首白旂,妻二首赤旂,乃以先馘入,燎于周廟⑥。若翼日辛亥,祀于位,用籥于天位⑦。越五日乙卯,武王乃以庶祀馘于國周廟,翼予沖子,斷牛六,斷羊二⑧。庶國乃竟。告于周廟曰:"古朕聞文考脩商人典,以斬紂身,告于天于稷⑨。"用小牲羊犬豕于百神水土,于誓社⑩。曰:"惟予沖子綏文考,至于沖子。"用牛于天于稷五百有四⑪。用小牲羊豕于百神水土社,二千七百有一⑫。

①此於甲乙十六日也。先廟後天者,言功業已成故也。　②使史佚用書,重薦俘于天也。　③廢其惡人,伐其小子,乃鼎之衆也。　④言初克紂于商郊,號令所伐也。　⑤言陳列俘馘于宗廟南門夾道以示衆也,取乃衣之施之以恥也。　⑥王在祀主,使樂師以紂首及妻首所馘入廟燎也。　⑦此詳説庚戌明日郊天祭俘所用籥衣事也。　⑧於辛亥五日以諸侯祭其有斷煞者。　⑨言諸侯竟殺牲告周廟天稷也。　⑩百神,天宗。水土,山川。誓,告也。　⑪及宗廟山川也。　⑫所用甚多,似皆益之。

商王紂于商郊①。時甲子夕,商王紂取天智玉琰五,環身厚以自焚②。凡厥有庶告焚玉四千③。五日,武王乃俾于千人求之，四千庶玉則銷，天智玉五在火中不銷。④凡天智玉，武王則寶與同⑤。凡武王俘商舊玉億有百萬。

①更說始伐紂時。 ②天智，玉之上美者也。縫環其身以自厚也。③衆人告武王焚玉四千也。 ④紂身不盡，玉亦不銷。 ⑤言王者所寶不銷也。

## 箕子解第四十一

## 耆德解第四十二亡

# 逸周書卷第五

## 商誓解第四十三

王若曰："告爾伊舊何父□□□□幾、耿、肅、執，乃殷之舊官人序文□□□□，及太史比、小史昔，及百官里居獻民，□□□來尹師之敬諸戒，疾聽朕言，用胥生蠲尹。"

王曰："嗟，爾衆！予言若敢顧天命，予來致上帝之威命明罰。今惟新誥命爾，敬諸！朕話言自一言至于十話言，其惟明命爾。"

王曰："在昔后稷，惟上帝之言，克播百穀，登禹之績。凡在天下之庶民，罔不維后稷之元穀用蒸享。在商先誓王，明祀上帝，□□□□亦維我后稷之元穀用告和、用胥飲食。肆商先誓王維厥故，斯用顯我西土。今在商紂，昏憂天下，弗顯上帝，昏虐百姓，奉天之命。上帝弗顯，乃命朕文考曰：殪商之多罪紂。肆予小子發，弗敢忘天命。朕考胥翕稷政，肆上帝曰必伐之。予惟甲子，尅致天之大罰。□帝之來，革紂之□，予亦無敢違大命。敬諸！昔在我西土，我其有言，胥告商之百無罪，其維一夫。予既殛紂承天命，予亦來休命。爾百姓里居君子，其周即命。□□□□□□□□□□□□□□□□□□□□□□□□□爾冢邦君，無敢其有不告見于我有周。其比冢邦君我無攸愛，上帝曰必伐之。今予惟明告爾，予其往追□紂，遂揕集之于上帝。天王其有命。爾百姓獻民，其有綴艿。夫自敬其有斯天命，不令爾百姓無告。西土疾勤，其斯有何重？天維用重勤，興起我，罪勤我，無克乃一心。爾多子其人自敬，助天永休于我西土。爾百姓其亦有安處在彼。宜在天命，□及惻興亂。予保奭其介有斯。勿用天命，若朕言在周，曰商百姓無罪，朕命在周。其乃先作，我肆罪疾。予惟以先王之道，御復正爾百姓，越則非朕，負亂惟爾。"

在我王曰："百姓，我聞古商先誓王成湯，克辟上帝，保生商民，克用三德，疑商民弗懷，用辟厥辟。今紂棄成湯之典，肆上帝命我小國曰：革商國。肆予明命汝百姓，其斯弗用朕命，其斯爾冢邦君商庶百姓，予則□劉滅之。"

王曰："靏予天命維既，咸汝克承天休于我有周，斯小國于有命不易。昔我盟津，帝休辨商，其有何國？命予小子，肆我殷戎。亦辨百度，□□美左右予，予肆劉殷之命。今予維篤祐爾，予史太史違。我寔視爾，靖疑胥敬請。其斯一話，敢逸僭，予則上帝之明命。予爾拜拜□百姓，越爾庶義、庶刑。予維及西土，我乃其來即刑。乃敬之哉！庶聽朕言，罔胥告。"

# 度邑解第四十四

維王尅殷國，君諸侯，乃厥獻民徵主九牧之師見王于殷郊。王乃升汾之阜，以望商邑。永歎曰："嗚呼！不淑兑天對，遂命一日，維顯畏弗忘。"王至于周，自鹿至于丘中，具明不寢。王小子御告叔旦，叔旦亟奔即王。曰："久憂勞。"問害不寢。曰："安，予告汝。"

王曰："嗚呼！旦，惟天不享于殷，發之未生，至于今六十年。夷羊在牧，飛鴻滿野。天不享于殷，乃今有成。維天建殷，厥徵天民名三百六十夫。弗顧，亦不賓威，用戾于今。嗚呼！于憂茲難，近飽于卹，辰是不室。我未定天保，何寢能欲？"

王曰："旦，予克致天之明命，定天保，依天室。志我共惡俾從殷王紂。日夜勞來定我于西土。我維顯服及德之方明。"叔旦泣涕于常，悲不能對。王□□傳于後。

王曰："旦，汝維朕達弟，予有使汝。汝播食不遑暇食，矧其有乃室？今維天使子。惟二神授朕靈期，予未致予休，予近懷子朕室。汝維幼子，大有知。昔皇祖底于今，勖厥遺得顯義，告期付于朕身。肆若農服田，饑以望穫。予有不顯，朕卑皇祖不得高位于上帝。汝幼子庚厥心，庶乃來班朕大環，茲于有虞意。乃懷厥妻子，德不可追于上，民亦不可答于朕。下不賓在高祖，維天不嘉，于降來省。汝其可瘳于茲？乃今我兄弟相後，我筮龜其何所即？今用建庶建。"叔旦恐，泣涕共手。

王曰："嗚呼，旦！我圖夷茲殷，其惟依天。其有憲命，求兹無遠。天有求繹,相我不難。自洛汭延于伊汭,居陽無固,其有夏之居。我南望過于三塗,我北望過于有嶽,鄙顧瞻過于河,宛瞻于伊洛,無遠天室。其曰兹曰度邑。”

## 武儆解第四十五

惟十有二祀四月,王告夢。丙辰,出金枝郊寶、開和細書,命詔周公旦立後嗣。屬小子誦文及寶典。王曰:“嗚呼,敬之哉!汝勤之無蓋。□周未知所周,不知商□無也。朕不敢望,敬守勿失,以詔宥小子曰:允哉!汝夙夜勤,心之無窮也。”

## 五權解第四十六

維王不豫,于五日,召周公旦曰:“嗚呼,敬之哉!昔天初降命于周,維在文考,克致天之命。汝維敬哉,先後小子!勤在維政之失,政有三機五權,汝敬格之哉!克中無苗,以保小子于位。三機:一、疑家,二、疑德,三、質士。疑家無授衆,疑德無舉士,質士無遠齊。吁,敬之哉!天命無常,敬在三機。五權:一曰地,地以權民;二曰物,物以權官;三曰鄙,鄙以權庶;四曰刑,刑以權常;五曰食,食以權爵。不遵承括,食不宣,不宣授臣。極賞則淈,淈得不食。極刑則仇,仇至乃别。鄙庶則奴,奴乃不滅。國大則驕,驕乃不給。官庶則荷,荷至乃辛。物庶則爵,乃不和。地庶則荒,荒則聶。人庶則匱,匱乃匿。嗚呼,敬之哉!汝慎和稱五權,維中是以,以長小子于位,實維永寧。”

# 成開解第四十七

成王元年，大開告用①。周公曰："嗚呼！余夙夜之勤，今商孽競時逋播以輔，余何循何循何慎？王其敬天命，無易天不虞②。在昔文考，躬脩五典，勉茲九功，敬人畏天，教以六則、四守、五示、三極，祗應八方，立忠協義，乃作③。三極：一、天有九列，别時陰陽；二、地有九州，别處五行；三、人有四佐，佐官維明。五示顯允明所望④。五示：一、明位示士，二、明惠示衆，三、明主示寧，四、安宅示孥，五、利用示産⑤。産足不窮，家懷思終，主為之宗，德以撫衆，衆和乃同⑥。四守：一、政盡人材，材盡致死；二、土守其城溝；三、障水以禦寇；四、大有沙炭之政⑦。六則：一、和衆，二、發鬱，三、明怨，四、轉怒，五、懼疑，六、因欲⑧。九功：一、賓好在笴，二、淫巧破制，三、好危破事，四、任利敗功，五、神巫動衆，六、盡哀民匱，七、荒樂無别，八、無制破教，九、任謀生詐⑨。和集集以禁實有離莫遂通其。五典：一、言父典祭，祭祀昭天，百姓若敬；二、顯父登德，德降為則，則信民寧⑩；三、正父登過，過慎於武，設備無盈⑪；四、機父登失，脩□□官，官無不敬；五、□□□□，制哀節用，政治民懷⑫。五典有常，政乃重開之守，内則順意，外則順敬，内外不爽，是曰明王⑬。"

①周公大開告道，成王用之也。　②言商餘紂子禄父，競求是逋播逃越之人以自輔。當敬天命，備不度者也。　③祗，敬。協，和。　④四佐，謂天子前疑、後丞、右輔、左弼也。當明謂五示示於民也。　⑤主明則民安之，安宅則妻子寧，利用則産業衆。　⑥言五示之義。同，謂和同也。

⑦任人盡其材，則死力效致。大沙熾炭，可以攻適人也。 ⑧鬱，謂穀帛滯積者也。怒則轉之，懼則疑之，欲則因之，此文王所以尅紂也。 ⑨在笥，謂實幣於笥，無節限也。盡哀，謂送終過制也。無别，亂同也。任謀，謂權變也。不犯此，則成功也。 ⑩言祭祀見享受福，民乃化，則法信民心也。 ⑪使正舉事過於前，無自滿。 ⑫使刺譏之士舉政之失，其官官無不敬矣。懷，猶歸之也。 ⑬重開，言無爽也。

王拜曰："允哉！維予聞曰：何鄉非懷，懷人惟思。思若不及，禍格無日①。式皇敬哉！余小子思繼厥常，以昭文祖，定武考之列②。嗚呼！余夙夜不寧。"

①格，至。 ②式，用。皇，大。

## 作雒解第四十八

武王克殷，乃立王子禄父，俾守商祀①。建管叔于東，建蔡叔、霍叔于殷，俾監殷臣②。武王既歸，乃歲十二月崩鎬，肂于岐周③。周公立，相天子，三叔及殷東徐奄及熊盈以略④。周公、召公内弭父兄，外撫諸侯。元年夏六月，葬武王於畢⑤。

①封以鄭，祭成湯。 ②東謂衛，殷邶鄘，霍叔相禄父也。 ③乃，謂乃後之歲也。肂，欑塗。 ④立，謂為宰攝政也。殷，禄父。徐，戎。奄，謂殷之諸侯。 ⑤弭，安。畢，地名。

二年，又作師旅，臨衛政殷，殷大震潰①。降辟三叔，王子禄父北奔，管叔經而卒，乃囚蔡叔于郭淩②。凡所征熊盈族十有七國，俘維九邑③。俘殷獻民，遷于九畢④。俾康叔宇于殷，俾中旄父宇于東⑤。周公敬念于後曰："予畏同室克追，俾中天下⑥。"

①下叛其上曰潰。 ②郭淩，地名。囚，拘也。 ③俘囚為奴。十七國之九邑。罪重，故囚之。 ④獻民，士大夫也。九畢，成周之地，近王化

也。　⑤康叔代霍叔，中旄代管叔。　⑥成王二年秋迎周公，三年春歸也。周公追畏，尊王也。

及將致政，乃作大邑成周于土中①。城方千七百二十丈，郛方七十里。南繫于洛水，北因于郟山，以為天下之大湊②。制郊甸方六百里，國西土為方千里③。分以百縣，縣有四郡，郡有四鄙。大縣城，方王城三之一；小縣立城，方王城九之一④。都鄙不過百室，以便野事⑤。農居鄙，得以庶士，士居國家，得以諸公、大夫⑥。凡工賈胥市臣僕，州里俾無交為⑦。

①王城也，於天下土為中。　②郛，郭也。繫因皆連接也。湊，會也。③西土，岐周通為圻内。　④三分九分居其一。　⑤耕桑之事。　⑥居，治也。治鄙以農，治國家以大夫。　⑦工商百胥人臣僕各異州里而居，不相雜交也。胥，相也。

乃設丘兆于南郊，以祀上帝，配以后稷①，日月星辰，先王皆與食②。封人社壝，諸侯受命於周，乃建大社于國中③。其壝東青土、南赤土、西白土、北驪土，中央疊以黄土。將建諸侯，鑿取其方一面之土，燾以黄土，苴以白茅，以為土封，故曰受列土於周室④。

①設，築壇城。内郊，南郭也。　②先王、后稷，謂郊時。　③受，封也。　④其方謂建東方諸侯以青土也。燾覆茅苴，裹土封之為社也。

乃位五宫：大廟、宗宫、考宫、路寢、明堂①。咸有四阿、反坫。重亢，重郎，常累，復格，藻棁，設移，旅楹，舂常，畫旅②。内階、玄階，堤唐，山廧③，應門、庫臺玄閫④。

①五宫，宫府寺也。大廟、后稷廟二宫、祖考廟、考廟也。路寢，王所居也。明堂，在國南者也。　②咸，皆也。宫廟四下曰阿。反坫，外向室也。重亢，累棟也。重郎，累屋也。常累，系也。復格，累芝栭也。藻棁，畫梁柱也。承屋曰移。旅，列也。舂常，謂藻井之飾也。言皆畫列柱為文

也。 ③以黑石為階。唐,中庭道。堤,謂高為之也。山廧謂廧畫山雲。 ④門者皆有臺,於庫門見之,從可知也。又以黑石為門限也。

## 皇門解第四十九

維正月庚午,周公格左閎門會羣門①,曰:"嗚呼!下邑小國克有耇老據屏位,建沈人,罔不用明刑②。維其開告于予嘉德之説③,命我辟王小至于大。我聞在昔有國誓王之不綏于卹④,乃維其有大門宗子勢臣,罔不茂揚肅德,訖亦有孚,以助厥辟,勤王國王家⑤。乃方求論擇元聖武夫,羞于王所⑥。其善臣以至于有分私子。苟克有常,罔不允通,咸獻言在于王所⑦。人斯是助王恭明祀,敷明刑⑧。

①格,至也。路寢左門曰皇門。閎,音皇也。 ②耇老,賢人也。又,建立沈伏之賢人,無不用明法。 ③言下邑所行而我法之,是開告我於善德之説。 ④小至於大者,小大邦君也。卹,憂。言思治也。 ⑤大門宗子,適長。勢臣,顯仕。茂,勉。肅,敬。訖,既也。孚,信也。 ⑥方,旁。羞,進。 ⑦私子,庶孽也。常,謂常德。言皆信通於義,以益王也。 ⑧言善人君子皆順是助法王也。

王用有監,明憲朕命,用克和有成,用能承天嘏命①。百姓兆民,用罔不茂在王庭②。先用有勸,永有□于上下③。人斯既助厥勤勞王家④。先人神祇報職用休,俾嗣在厥家⑤。王國用寧,小人用格,□能稼穡,咸祀天神,戎兵克慎,軍用克多⑥。王用奄有四鄰,遠土丕承,萬子孫用末被先王之靈光⑦。至于厥後嗣,弗見先王之明刑,維時及胥學于非夷⑧。以家相厥室,弗卹王國王家,維德是用⑨。

①監,視。明此事法故能承天命王天下也。 ②勉在王庭,獻言於王

所也。　③上謂天，下謂地也。　④助，君也，謂大門衆子也。　⑤先人及天地報之王用美紹家。　⑥神祐之故。　⑦奄，同。丕，大。末，終。　⑧時，有。胥，相為是相學於非常也。　⑨言勢人以大夫私家不憂王家之用德。

以昏求臣，作威不詳，不屑惠聽，無辜之亂辭是羞于王①，王阜良，乃惟不順之言于是。人斯乃非維直以應，維作誣以對，俾無依無助②。譬若畋，犬驕用逐禽，其猶不克有獲③。是人斯乃讒賊媢嫉，以不利于厥家國④。譬若匹夫之有婚妻，曰予獨服在寢，以自露厥家⑤。媚夫有邇無遠，乃食蓋善夫，俾莫通在于王所⑥。乃維有奉狂夫是陽是繩，是以為上，是授司事于正長⑦。命用迷亂，獄用無成。小民率穡⑧，保用無用。壽亡以嗣，天用弗保⑨。媚夫先受殄罰，國亦不寧。

①詳，善也。不察無罪以惡民。言順不進辭于王。　②阜，大。良，善也。王求善而是人作誣以對，故王無依助也。　③驕，謂不習也。言□人之無得，猶驕犬逐禽不能獲。　④言賊仁賢忌，媢嫉妒以不利其君。　⑤寢，室也。言自露於家。言謂美好，喻昏臣也。　⑥食為野□。媚夫見近利而無遠慮，利為掩蓋，善夫使莫通。　⑦言陽舉狂夫以為上人，□為官長，正主其事也。　⑧命者，教也。率，皆。痛愁困也。　⑨安民之用，無所宣施，是故民夫其性，天所不安用，非其人故也。

"嗚呼，敬哉！監于兹，朕維其及①。朕藎臣，夫明爾德以助予一人憂②，無維乃身之暴皆卹。爾假予德憲，資告予元③。譬若衆畋，常扶予險，乃而予于濟④。汝無作。"

①殄絶其世，罰及其人也。　②藎，進也。言我進用之臣，夫明明之德，助我憂天下者。　③假，借。資，用也。借我德法用告我，大德之所行也。　④如衆令畋獵相扶持也。濟，遂也。

# 大戒解第五十

維正月既生魄，王訪于周公曰："嗚呼！朕聞維時兆厥工，非不顯，朕實不明①。維士非不務，而不得助。大則驕，小則懾，懾謀不極②。予重位與輕服，非共得福厚用遺③。庸止生郄，庸行信貳。衆輯羣政，不輯自匿。嗚呼！予夙勤之，無或告余。非不念，念不知④。"

①兆，始。工，官。言政治維是始正其官。 ②言務求士而不得助，如此之難。極，中也。 ③重，所重在於重位，輕重所立非夫德而厚福用之，是求益之言也。 ④止容也常信，貳則難得中也。我雖勤之，無有告我者，徒知而不得明知也。

周公曰："於！敢稱乃武考之言曰：微言入心，夙喻動衆，大乃不驕。行惠於小，小乃不懾①。連官集乘，同憂若一，謀有不行。予惟重告爾②。庸厲□以餌士，權先申之，明約必遺之③。其位不尊，其謀不陽。我不畏敬，材在四方④。無擅于人，塞匿勿行，惠戚咸服，孝悌乃明⑤。明立威恥亂使衆之道，撫之以惠，内姓無感，外姓無謫⑥。人知其罪，上之明審。教幼乃勤，貧賤制□。設九備，乃無亂謀。⑦九備：一、忠正不荒美好，乃不作惡；⑧四、□説聲色，憂樂盈匿；五、碩信傷辯，曰費□□；六、出觀好怪，内乃淫巧⑨；七、□□謀躁，内乃荒異；八、□□好威，民衆日逃；九、富寵極足是大極，内心其離⑩。九備既明，我貴保之，應協以動，遠邇同功⑪。謀和適用，覆以觀之，上明仁義，援貢有備⑫。聚財多□，以援成功，克禁淫謀，衆匿乃雍⑬。順得以動人，以立行，輯佐之道，上必盡其志，然後得其謀⑭。無□其信，雖危不動，□□以昭，其乃得人⑮。上危而轉，下乃不親⑯。”王拜曰：“允哉允哉！敬行天道。”

①言汝之武考有是言。　②連官則同憂職，集衆事則同覺濟，謀有不行，言必行也。　③餌謂爵禄。權謂勢重。　④言當畏敬賢者尊其位，陽其謀也。在四方，言□。　⑤擅人，專己。塞匿，陰忌。惠，順。戚，近也。　⑥鄙恥其亂則思治矣。内長同姓，同宗。外姓，異姓。讁過。　⑦上明則不隱情，故曰知罪。　⑧順人心明察則民化而善。　⑨碩，大。怪，異。　⑩□，室也。　⑪應協以動，動必以和。　⑫上謂君也。　⑬言閉塞不行也。　⑭言和輯求助當先順人也。　⑮轉移貞信如此，得其用也。　⑯上危而下不親之，不足信故也。

# 逸周書卷第六

## 周月解第五十一

惟一月既南至，昏，昴、畢見，日短極，基踐長，微陽動于黄泉，陰降慘于萬物。是月斗柄建子，始昏北指，陽氣虧，草木萌蕩。日月俱起于牽牛之初，右回而行。月周天進一次而與日合宿。日行月一次而周天，歷舍于十有二辰，終則復始，是謂日月權輿。

周正歲首，數起于時一而成于十次，一為首，其義則然。凡四時成歲，有春夏秋冬，各有孟、仲、季，以名十有二月，中氣以著時應。春三月中氣：驚蟄、春分、清明；夏三月中氣：小滿、夏至、大暑；秋三月中氣：處暑、秋分、霜降；冬三月中氣：小雪、冬至、大寒。閏無中氣，斗指兩辰之間。萬物春生、夏長、秋收、冬藏，天地之正，四時之極，不易之道。

夏數得天，百王所同。其在商湯，用師于夏，除民之災，順天革命，改正朔，變服殊號，一文一質，示不相沿。以建丑之月為正，易民之視。若天時大變，亦一代之事。亦越我周王致伐于商，改正異械，以垂三統。至於敬授民時，巡狩祭享，猶自夏焉。是謂《周月》，以紀于政。

## 時訓解第五十二

立春之日，東風解凍；又五日，蟄蟲始振；又五日，魚上冰。風不解凍，號令不行；蟄蟲不振，陰姦陽；魚不上冰，甲冑私藏。

驚蟄之日，獺祭魚；又五日，鴻雁來；又五日，草木萌動。獺不祭魚，國多盜賊；鴻雁不來，遠人不服；草木不萌動，果蔬不熟。

雨水之日，桃始華；又五日，倉庚鳴；又五日，鷹化為鳩。桃不始華，是謂陽否；倉庚不鳴，臣不□主；鷹不化鳩，寇戎數起。

春分之日，玄鳥至；又五日，雷乃發聲；又五日，始電。玄鳥不至，婦人不娠；雷不發聲，諸侯失民；不始電，君無威震。

穀雨之日，桐始華；又五日，田鼠化為鴽；又五日，虹始見。桐不華，歲有大寒；田鼠不化鴽，國多貪殘；虹不見，婦人苞亂。

清明之日，萍始生；又五日，鳴鳩拂其羽；又五日，戴勝降于桑。萍不生，陰氣憤盈；鳴鳩不拂其羽，國不治兵；戴勝不降于桑，政教不中。

立夏之日，螻蟈鳴；又五日，蚯蚓出；又五日，王瓜生。螻蟈不鳴，水潦淫漫；蚯蚓不出，嬖奪后；王瓜不生，困於百姓。

小滿之日，苦菜秀；又五日，靡草死；又五日，小暑至。苦菜不秀，賢人潛伏；靡草不死，國縱盜賊；小暑不至，是謂陰慝。

芒種之日，螳螂生；又五日，鵙始鳴，又五日，反舌無聲。螳螂不生，是謂陰息；鵙不始鳴，令姦壅偪；反舌有聲，佞人在側。

夏至之日，鹿角解；又五日，蜩始鳴；又五日，半夏生。鹿角不解，兵革不息；蜩不鳴，貴臣放逸；半夏不生，民多厲疾。

小暑之日，温風至；又五日，蟋蟀居辟；又五日，鷹乃學習。温風不至，國無寬教；蟋蟀不居辟，急迫之暴；鷹不學習，不備戎盜。

大暑之日，腐草化為螢；又五日，土潤溽暑；又五日，大雨時行。腐草不化為螢，穀實鮮落；土潤不溽暑，物不應罰；大雨不時行，國無恩澤。

立秋之日，涼風至；又五日，白露降；又五日，寒蟬鳴。涼風不至，國無嚴政；白露不降，民多邪病；寒蟬不鳴，人皆力争。

處暑之日，鷹乃祭鳥；又五日，天地始肅；又五日，禾乃登。鷹不祭鳥，師旅無功；天地不肅，君臣乃□；農不登穀，暖氣為災。

白露之日，鴻鴈來；又五日，玄鳥歸；又五日，羣鳥養羞。鴻鴈不來，遠人背畔；玄鳥不歸，室家離散；羣鳥不養羞，下臣驕慢。

秋分之日，雷始收聲；又五日，蟄蟲培户；又五日，水始涸。雷不始收聲，諸侯淫佚；蟄蟲不培户，民靡有賴；水不始涸，甲蟲為害。

寒露之日，鴻鴈來賓；又五日，爵入大水，化為蛤；又五日，菊有黄華。鴻鴈不來，小民不服；爵不入大水，失時之極；菊無黄華，土不稼穡。

霜降之日，豺乃祭獸；又五日，草木黄落；又五日，蟄蟲咸俯。豺不祭獸，爪牙不良；草木不黄落，是為愆陽；蟄蟲不咸俯，民多流亡。

立冬之日，水始冰；又五日，地始凍；又五日，雉入大水為蜃。水不冰，是謂陰負；地不始凍，咎徵之咎；雉不入大水，國多淫婦。

小雪之日，虹藏不見；又五日，天氣上騰，地氣下降；又五日，閉塞而成冬。虹不藏，婦不專一；天氣不上騰，地氣不下降，君臣相嫉；不閉塞而成冬，母后淫佚。

大雪之日，鴠鳥不鳴；又五日，虎始交；又五日，荔挺生。鴠鳥猶鳴，國有訛言；虎不始交，將帥不和；荔挺不生，卿士專權。

冬至之日，蚯蚓結；又五日，麋角解；又五日，水泉動。蚯蚓不結，君政不行，麋角不解，兵甲不藏；水泉不動，陰不承陽。

小寒之日，鴈北向；又五日，鵲始巢；又五日，雉始鴝。鴈不北向，民不懷主；鵲不始巢，國不寧；雉不始鴝，國大水。

大寒之日，鷄始乳；又五日，鷙鳥厲疾；又五日，水澤腹堅。鷄不始乳，淫女亂男；鷙鳥不厲，國不除兵；水澤不腹堅，言乃不從。

## 月令解第五十三

孟春之月，日在營室，昏參中，旦尾中。其日甲乙，其帝太皞，其神句芒，其蟲鱗，其音角，律中太蔟，其數八，其味酸，其臭羶，其祀户，祭先脾。東風解凍，蟄蟲始振。魚上冰，獺祭魚。候鴈北。天子居青陽左个，乘鸞輅，駕蒼龍，載青旂，衣青衣，服青玉，食麥與羊。其器疏以達。是月也，以立春。先立春三日，太史謁之天子曰："某日立春，盛德在木。"天子乃齊。立春之日，天子親率三公九卿諸侯大夫，以迎春於東郊。還，乃賞公卿諸侯大夫於朝。命相布德和令，行慶施惠，下及兆民。慶賜遂行，無有不當。廼命太史，守典奉法，司天日月星辰之行，宿離不忒，無失經紀，以初為常。是月也，天子乃以元日祈穀于上帝。乃擇元辰，天子親載耒耜，措之參于保介之御閒，率三公九卿諸侯大夫躬耕帝籍田，天子三推，三公五推，卿諸侯大夫九推。反，執爵于太寢，三公九卿諸侯大夫皆御，命曰"勞酒"。是月也，天氣下降，地氣上騰。天地和同，草木繁動。王布農事，命田舍東郊，皆脩封疆，審端經術，善相丘陵阪險原隰，土地所宜，五穀所殖，以教道民，必躬親之。田事既飭，先定準直，農乃不惑。是月也，命樂正入學習舞。乃修祭典，命祀山林川澤，犧牲無用牝。禁止伐木，無覆巢，無殺孩蟲胎夭飛鳥，無麛無卵，無聚大衆，無置城郭，揜骼霾髊。是月也，不可以稱兵，稱兵必有天殃。兵戎不起，不可以從我始。無變天之道，無絶地之理，無亂人之紀。孟春行夏令，則風雨不時，草木早槁，國乃有恐。行秋令，則民大疫，疾風暴雨數至，藜莠蓬蒿竝興。行冬令，則水潦為敗，霜雪大摯，首種不入。

仲春之月，日在奎，昏弧中，旦建星中。其日甲乙，其帝太皞，其神句芒，其蟲鱗，其音角，律中夾鍾，其數八，其味酸，其臭羶，其祀户，祭先脾。始雨水，桃李華，蒼庚鳴，鷹化為鳩。天子居青陽太廟，乘鸞輅，駕蒼龍，載青旂，衣青衣，服青玉，食麥與羊。其器疏以達。是月也，安萌牙，養幼少，存諸孤。擇元日，命民社。命有司，省囹圄，去桎梏，無肆掠，止獄訟。是月也，玄鳥至。至之日，以太牢祀于高禖。天子親往，后妃率九嬪御，乃禮天子所御，帶以弓韣，授以弓矢于高禖之前。是月也，日夜分。雷乃發聲，始電。蟄蟲咸動，啟户始出。先雷三日，奮鐸以令于兆民曰："雷且發聲，有不戒其容止者，生子不備，必有凶災。"日夜分，則同度量，鈞衡石，角斗桶，正權槩。是月也，耕者少舍，乃脩闔扇，寢廟必備。無作大事，以妨農功。是月也，無竭川澤，無漉陂池，無焚山林。天子乃獻羔開冰，先薦寢廟。上丁，命樂正，入舞舍采，天子乃率三公九卿諸侯大夫，親往視之。中丁，又命樂正，入學習樂。是月也，祀不用犧牲，用圭璧，更皮幣。仲春行秋令，則其國大水，寒氣總至，寇戎來征。行冬令，則陽氣不勝，麥乃不熟，民多相掠。行夏令，則國乃大旱，煖氣早來，蟲螟為害。

季春之月，日在胃，昏七星中，旦牽牛中。其日甲乙，其帝太皞，其神句芒，其蟲鱗，其音角，律中姑洗，其數八，其味酸,其臭羶,其祀户,祭先脾。桐始華,田鼠化為鴽,虹始見,萍始生。天子居青陽右个,乘鸞輅,駕蒼龍,載青旂,衣青衣,服青玉,食麥與羊。其器疏以達。是月也,天子乃薦鞠衣于先帝。命舟牧覆舟,王覆五反,乃告舟備具于天子焉,天子焉始乘舟。薦鮪于寢廟,乃為麥祈實。是月也,生氣方盛,陽氣發泄,牙者畢出,萌者盡達,不可以内。天子布德行惠,命有司,發倉窌,賜貧窮,振乏絶,開府庫,出幣帛,周天下,勉諸侯,聘名士,禮賢者。是月也,命司空曰:"時雨將降,下水上騰;循行國邑,周視原野;脩利隄防,道達溝瀆;開通道路,無有障塞;田獵罼弋,罝罘羅網;餧獸之藥,無出九門。"是月也,命野虞,無伐桑柘。鳴鳩拂其羽,戴任降于桑。具挾曲蒙筐,后妃齊戒,親東鄉躬桑,禁婦女無觀。省婦使,勸蠶事,蠶事既登,分繭稱絲效功,以其郊廟之服,無有敢墮。是月也,命工師,令百工,審五庫之量,金鐵、皮革筋、角齒、羽箭幹、脂膠丹漆,無或不良。百工咸理,監工日號,無悖於時。無或作為淫巧,以蕩上心。是月之末,擇吉日,大合樂,天子乃率三公九卿諸侯大夫,親往視之。是月也,乃合纍牛騰馬游牝于牧,犧牲駒犢,舉書其數。命國儺,九門磔禳,以畢春氣。行之是令,而甘雨至三旬。季春行冬令,則寒氣時發,草木皆肅,國有大恐。行夏令,則民多疾疫,時雨不降,山陵不收,行秋令,則天多沈陰,淫雨早降,兵革竝起。

孟夏之月,在在畢,昏翼中,旦婺女中。其日丙丁,其帝炎帝,其神祝融,其蟲羽,其音徵,律中仲吕,其數七,其性禮,其事視,其味苦,其臭焦,其祀竈,祭先肺。螻蟈鳴,丘蚓出，王瓜生，苦菜秀。天子居明堂左个，乘朱輅，駕赤騮，載赤旂，衣赤衣，服赤玉，食菽與雞。其器高以觕。是月也，以立夏。先立夏三日，太史謁之天子曰："某日立夏，盛德在火。"天子乃齊。立夏之日，天子親率三公九卿大夫，以迎夏於南郊。還，乃行賞，封侯慶賜，無不欣說。乃命樂師習合禮樂。命司馬，贊傑儁，遂賢良，舉長大。行爵出禄，必當其位。是月也，繼長增高，無有壞墮。無起土功，無發大衆，無伐大樹。是月也，天子始絺。命野虞，出行田原，勞農勸民，無或失時。命司徒，循行縣鄙。命農勉作，無伏于都。是月也，驅獸無害五穀，無大田獵，農乃升麥。天子乃以彘嘗麥，先薦寢廟。是月也，聚蓄百藥，靡草死，麥秋至。繼薄刑，决小罪，出輕繫。蠶事既畢，后妃獻繭，乃收繭税。以桑為均，貴賤小長如一，以給郊廟之祭服。是月也，天子飲酎，用禮樂。行之是令，而甘雨至三旬。孟夏行秋令，則苦雨數來，五穀不滋，四鄙入保。行冬令，則草木早枯，後乃大水，敗其城郭。行春令，則蟲蝗為敗，暴風來格，秀草不實。

仲夏之月，日在東井，昏亢中，旦危中。其日丙丁，其帝炎帝，其神祝融，其蟲羽，其音徵，律中蕤賓，其數七，其味苦，其臭焦，其祀竈，祭先肺。小暑至，螳螂生，鶪始鳴，反舌無聲。天子居明堂太廟，乘朱輅，駕赤騮，載赤旂，衣赤衣，服赤玉，食菽與雞。其器高以觕。養壯狡。是月也，命樂師脩鞀鞞鼓，均琴瑟管簫，執干戚戈羽，調竽笙壎篪，飭鍾磬柷敔。命有司，為民祈祀山川百原，大雩帝，用盛樂。乃命百縣，雩祭祀百辟卿士有益於民者，以祈穀實。是月也，農乃登黍，天子以雛嘗黍，羞以含桃，先薦寢廟。令民無刈藍以染，無燒炭，無暴布。門閭無閉，關市無索。挺重囚，益其食。游牝别其羣，則縶騰駒，班馬正。是月也，日長至。陰陽争，死生分。君子齊戒，處必揜，身欲静無躁，止聲色，無或進，薄滋味，無致和，退嗜慾，定心志，百官静，事無刑，以定晏陰之所成。鹿角解，蟬始鳴。半夏生，木堇榮。是月也，無用火南方。可以居高明，可以遠眺望，可以登山陵，可以處臺榭。仲夏行冬令，則雹霰傷穀，道路不通，暴兵來至。行春令，則五穀晚熟，百螣時起，其國乃饑。行秋令，則草木零落，果實早成，民殃於疫。

季夏之月，日在柳，昏心中，旦奎中。其日丙丁，其帝炎帝，其神祝融，其蟲羽，其音徵，律中林鍾，其數七，其味苦，其臭焦，其祀竈，祭先肺。凉風始至，蟋蟀居宇，鷹乃學習，腐草化為螢蚈。天子居明堂右个，乘朱輅，駕赤駵，載赤旂，衣朱衣，服赤玉，食菽與雞。其器高以觕。是月也，命漁師伐蛟取鼉，升龜取黿。乃命虞人入材葦。是月也，命四監大夫合百縣之秩芻，以養犧牲。令民無不咸出其力，以供皇天上帝、名山大川、四方之神，以祀宗廟社稷之靈，為民祈福。是月也，命婦官染采，黼黻文章，必以法故，無或差忒。黑黄蒼赤，莫不質良，勿敢偽詐。以給郊廟祭祀之服，以為旗章，以别貴賤等級之度。是月也，樹木方盛。乃命虞人入山行木，無或斬伐。不可以興土功，不可以合諸侯，不可以起兵動衆。無舉大事，以摇蕩於氣。無發令而干時，以妨神農之事。水潦盛昌，命神農，將巡功。舉大事則有天殃。是月也，土潤溽暑，大雨時行，燒薙行水，利以殺草，如以熱湯，可以糞田疇，可以美土疆。行之是令，是月甘雨三至，三旬二日。季夏行春令，則穀實解落，國多風欬，民乃遷徙。行秋令，則丘隰水潦，禾稼不熟，乃多女災。行冬令，則寒氣不時，鷹隼早鷙，四鄙入保。

中央土，其日戊己。其帝黄帝，其神后土，其蟲倮，其音宫，律中黄鐘之宫，其數五，其味甘，其臭香，其祀中霤，祭先心。天子居太廟太室，乘大輅，駕黄駠，載黄旂，衣黄衣，服黄玉，食稷與牛。其氣圜以揜。

孟秋之月，日在翼，昏斗中，旦畢中。其日庚辛，其帝少皞，其神蓐收，其蟲毛，其音商，律中夷則，其數九，其味辛，其臭腥，其祀門，祭先肝。凉風至，白露降，寒蟬鳴，鷹乃祭鳥，始用行戮。天子居總章左个，乘戎路，駕白駱，載白旂，衣白衣，服白玉，食麻與犬。其器廉以深。是月也，以立秋。先立秋三日，太史謁之天子曰："某日立秋，盛德在金。"天子乃齊。立秋之日，天子親率三公九卿諸侯大夫，以迎秋於西郊。還，乃賞軍率武人於朝。天子乃命將帥，選士厲兵，簡練桀雋；專任有功，以征不義；詰誅暴慢，以明好惡；巡彼遠方。是月也，命有司脩法制，繕囹圄，具桎梏，禁止姦，慎罪邪，務搏執。命理，瞻傷察創，視折審斷。決獄訟，必正平。戮有罪，嚴斷刑。天地始肅，不可以贏。是月也，農乃升穀。天子嘗新，先薦寢廟。命百官，始收斂。完隄防，謹壅塞，以備水潦。脩宫室，坿牆垣，補城郭。是月也，無以封諸侯，立大官。無割土地，行重幣，出大使。行之是令，而凉風至三旬。孟秋行冬令，則陰氣大勝，介蟲敗穀，戎兵乃來。行春令，則其國乃旱，陽氣復還，五穀不實。行夏令，則國多火災，寒熱不節，民多瘧疾。

仲秋之月，日在角，昏牽牛中，旦觜觿中。其日康辛，其帝少皞，其神蓐收，其蟲毛，其音商，律中南吕，其數九，其味辛，其臭腥，其祀門，祭先肝。盲風至，候鴈來，玄鳥歸，羣鳥養羞。天子居總章太廟，乘戎路，駕白駱，載白旂，衣白衣，服白玉，食麻與犬。其器廉以深。是月也，養衰老，授几杖。行麋粥飲食。乃命司服具飭衣裳，文繡有恒，制有小大，度有短長。衣服有量，必循其故；冠帶有常，乃命有司；申嚴百刑，斬殺必當；無或枉橈，枉橈不當，反受其殃。是月也，乃命宰祝巡行犧牲。視全具，案芻豢，瞻肥瘠，察物色，必比類，量小大，視長短，皆中度，五者備當，上帝其享，天子乃儺，禦佐疾以通秋氣。以犬嘗麻，先祭寢廟。是月也，可以築城郭，建都邑，穿竇窌，脩囷倉。乃命有司趣民收斂，務蓄菜，多積聚，乃勸種麥。若或失時，行罪無疑。是月也，日夜分。雷乃始收聲，蟄蟲俯户。殺氣浸盛，陽氣日衰。水始涸。日夜分，則一度量，平權衡，正鈞石，齊斗甬。是月也，易關市，來商旅，入貨賄，以便民事。四方來雜，遠鄉皆至。則財物不匱，上無乏用，百事乃遂。凡舉事，無逆天數，必順基時，乃因其類。行之是令，白露降三旬。仲秋行春令，是秋雨不降，草木生榮，國乃有恐。行夏令，則其國乃旱，蟄蟲不藏，五穀復生。行冬令，則風災數起，收雷先行，草木早死。

季秋之月，日在房，昏虚中，旦柳中。其日庚辛。其帝少皞，其神蓐收，其蟲毛，其音商，律中無射，其數九，其味辛，其臭腥，其祀門，祭先肝。候鴈來賓，爵入大水為蛤，菊有黄華，豺則祭獸戮禽。天子居總章右个，乘戎路，駕白駱，載白旂，衣白衣，服白玉，食麻與犬。其器廉以深。是月也，申嚴號令，命百官貴賤無不務入，以會天地之藏，無有宣出。乃命冢宰農事備收，舉五種之要，藏帝籍之收於神倉，祗敬必飭。是月也，霜始降，則百工休。乃命有司曰："寒氣總至，民力不堪，其皆入室。"上丁，命樂正入學習吹。是月也，大饗帝，嘗犧牲，告備于天子，合諸侯，制百縣。為來歲受朔日，與諸侯所税於民。輕重之法，貢職之數，以遠近土地所宜為度，以給郊廟之事，無有所私。是月也，天子乃教於田獵，以習五戎獀馬。命僕及七騶咸駕載旍旐。輿受車以級整設于屏外。司徒搢扑，北嚮以誓之。天子乃厲服厲飾，執弓操矢以射。命主祠祭禽於四方。是月也，草木黄落，乃伐薪為炭。蟄蟲咸俯在穴，皆墐其户。乃趣獄刑，無留有罪，收禄秩之不當者、共養之不宜者。是月也，天子乃以犬嘗稻，先薦寢廟。季秋行夏令，則其國大水，冬藏殃敗，民多鼽窒。行冬令，則國多盗賊，邊境不寧，土地分裂。行春令，則暖風來至，民氣解墮，師旅必興。

孟冬之月，日在尾，昏危中，旦七星中。其日壬癸，其帝顓頊，其神玄冥，其蟲介，其音羽，律中應鍾，其數六，其味鹹，其臭朽，其祀行，祭先腎。水始冰，地始凍，雉入大水為蜃，虹藏不見。天子居玄堂左个，乘玄輅，駕鐵驪，載玄旂，衣黑衣，服玄玉，食黍與彘。其器宏以弇。是月也，以立冬。先立冬三日，太史謁之天子曰："某日立冬，盛德在水。"天子乃齊。立冬之日，天子親率三公九卿大夫，以迎冬於北郊。還，乃賞死事，恤孤寡。是月也，命太卜禱祠龜策,占兆審卦吉凶。於是察阿上亂法者則罪之,無有揜蔽。是月也,天子始裘。命有司曰:"天氣上騰,地氣下降。天地不通,閉塞而成冬。"命百官謹蓋藏,命司徒循行積聚,無有不斂,坿城郭。戒門閭,脩楗閉,慎關籥,固封壐,備邊境,完要塞,謹關梁,塞蹊徑。飭喪紀,辨衣裳,審棺槨之厚薄,營丘壟之小大,高卑薄厚之度,貴賤之等級。是月也,工師效功。陳祭器,案度程。無或作為淫巧,以蕩上心。必功致,為上物。勒工名,以考其誠。工有不當,必行其罪,以窮其情。是月也,大飲蒸。天子乃祈來年于天宗,大割祠于公社及門閭,饗先祖五祀,勞農夫,以休息之。天子乃命將率講武肄射御角力。是月也,乃命水虞漁師收水泉池澤之賦。無或敢侵削衆庶兆民,以為天子取怨于下,其有若此者,行罪無赦。孟冬行春令,則凍閉不密,地氣發泄,民多流亡。行夏令,則國多暴風,方冬不寒,蟄蟲復出。行秋令,則雪霜不時,小兵時起,土地侵削。

仲冬之月,日在斗,昏東壁中,旦軫中。其日壬癸,其帝顓頊,其神玄冥,其蟲介,其音羽,律中黄鐘,其數六,其味鹹,其臭朽,其祀行,祭先腎。冰益壯,地始坼,鶡鴠不鳴,虎始交。天子居玄堂太廟,乘玄輅,駕鐵驪,載玄旂,衣黑衣,服玄玉,食黍與彘。其器宏以弇。飭死事。命有司曰:"土事無作,無發蓋藏,無起大衆,以固而閉。發蓋藏,起大衆,地氣且泄,是謂發天地之房。諸蟄則死,民多疾疫。又隨以喪,命之日暢月。"是月也,命閹尹申宫令,審門閭,謹房室,必重閉。省婦事,無得淫。雖有貴戚近習,無有不察。乃命大酋秫稻必齊,麴蘖必時,湛饎必潔,水泉必香，陶氣必良，火齊必得，兼用六物。大酋監之，無有差忒。天子乃命有司祈祀四海、大川、名原、淵澤、井泉。是月也，農有不收藏積聚者，牛馬畜獸有放佚者，取之不詰。山林藪澤有能取疏食、田獵禽獸者，野虞教導之。其有相侵奪者，罪之不赦。是月也，日短至，陰陽争，諸生蕩。君子齊戒處必弇。身欲寧，去聲色，禁嗜慾，安形性，事欲静，以待陰陽之所定。芸始生，荔挺出，蚯蚓結，麋角解，水泉動。日短至，則伐林木，取竹箭。是月也，可以罷官之無事者，去器之無用者。塗闕庭、門閭，築囹圄。此所以助天地之閉藏也。仲冬行夏令，則其國乃旱，氛霧冥冥，雷乃發聲。行秋令，則天時雨汁，瓜瓠不成，國有大兵。行春令，則蟲螟為敗，水泉減竭，民多疾癘。

季冬之月，日在婺女，昏婁中，旦氐中。其日壬癸，其帝顓頊，其神玄冥，其蟲介，其音羽，律中大吕，其數六，其味鹹，其臭朽，其祀行，祭先腎。鴈北鄉，鵲始巢，雉雊雞乳。天子居玄堂右个，乘玄輅，駕鐵驪，載玄旂，衣黑衣，服玄玉，食黍與彘。其器宏以弇。命有司大儺旁磔，出土牛以送寒氣，征鳥厲疾，乃畢行山川之祀及帝之大臣、天地之神祇。是月也，命漁師始漁。天子親往，乃嘗魚，先薦寢廟。冰方盛，水澤腹堅。命取冰，冰已入。令告民出五種，命司農計耦耕事，脩耒耜，具田器。命樂師大合吹而罷。乃命四監收秩薪柴，以供寢廟，及百祀之薪燎。是月也，日窮于次，月窮于紀，星迴于天，數將幾終，歲將更始，專於農民，無有所使。天子乃與公卿大夫飭國典，論時令，以待來歲之宜。乃命太史次諸侯之列，賦之犧牲，以供皇天上帝社稷之享。乃命同姓之邦,供寢廟之芻豢。命宰歷卿大夫至于庶民土田之數,而賦之犧牲,以供山林名川之祀。凡在天下九州之民者,無不咸獻其力,以供皇天、上帝、社稷、寢廟、山林、名川之祀。行之是令,此謂一終,三旬二日。季冬行秋令,則白露蚤降,介蟲為妖,四鄰入保。行春天,則胎夭多傷,國多固疾,命之曰逆。行夏令,則水潦敗國,時雪不降,冰凍消釋。

## 謚法解第五十四

維周公旦、太公望開嗣王業,建功于牧之野,終將葬,乃制謚,遂叙謚法。謚者,行之迹也;號者,功之表也;車服者,位之章也①。是以大行受大名,細行受細名。行出於己,名生於人②。

①古者有大功,則賜之善號以為稱也。 ②名謂號謚。

民無能名曰神①。稱善賦簡曰聖②。敬賓厚禮曰聖③。德象天地曰帝④。静民則法曰皇⑤。仁義所在曰王⑥。賞慶刑威曰君⑦。從之成羣曰君⑧。立制及衆曰公⑨。執應八方曰侯⑩。

①不名壹善。 ②所稱得人,所善得實,所賦得簡。 ③聖於禮也。 ④同於天地。 ⑤静,安。 ⑥民往歸之。 ⑦能行四者。 ⑧民從之也。 ⑨志無私也。 ⑩所執行八方應之也。

壹德不解曰簡①。平易不疵曰簡②。經緯天地曰文③。道德博聞曰文④。學勤好問曰文⑤。慈惠愛民曰文⑥。愍民惠禮曰文⑦。錫民爵位曰文⑧。剛彊理直曰武⑨。威彊叡德曰武⑩。克定禍亂曰武⑪。刑民克服曰武⑫。夸志多窮曰武[13]。敬事供上曰恭[14]。尊賢貴義曰恭[15]。尊賢敬讓曰恭[16]。既過能改曰恭[17]。執事堅固曰恭[18]。愛民長弟曰恭[19]。執禮御賓曰恭[20]。芘親之闕曰恭[21]。尊賢讓善曰恭[22]。淵源流通曰恭[23]。照臨四方曰明[24]。譖訴不行曰明[25]。威儀悉備曰欽[26]。大慮静民曰定[27]。安民大慮曰定[28]。安民法古曰定[29]。純行不二曰定[30]。諫争不威曰德[31]。辟地有德曰襄[32]。甲胄有勞曰襄[33]。有伐而還曰釐[34]。質淵受諫曰釐[35]。博聞多能曰憲[36]。聰明叡哲曰獻[37]。温柔聖善曰懿[38]。五宗安之曰孝[39]。慈惠愛親曰孝[40]。協時肇享曰孝[41]。秉德不回曰孝[42]。大慮行節曰考[43]。執心克莊曰齊[44]。資輔供就曰齊[45]。豐年好樂曰康。[46]安樂撫民曰康[47]。令民安樂曰康[48]。安民立政曰成[49]。布德執義曰穆[50]。中情見貌曰穆[51]。敏以敬順曰頃[52]。昭德有勞曰昭[53]。容儀恭美曰昭[54]。聖聞周達曰昭[55]。保民耆艾曰胡[56]。彌年壽考曰胡[57]。彊毅果敢曰剛[58]。追補前過曰剛[59]。柔德考衆曰静[60]。恭己鮮言曰静[61]。寬樂令終曰静[62]。治而無眚曰平[63]。執事有制曰平[64]。布綱治紀曰平[65]。由義而濟曰景[66]。布義行剛曰景[67]。耆意大慮曰景[68]。清白守節曰貞[69]。大慮克就曰貞[70]。不隱無屈曰貞[71]。猛以剛果曰威[72]。猛以彊果曰威[73]。彊毅信正曰威[74]。辟土服遠曰桓[75]。克敬勤民曰桓[76]。辟土兼國曰桓[77]。道德純一曰思[78]。大省兆民曰思[79]。外内思索曰思[80]。追悔前過曰思[81]。柔質慈民曰惠[82]。愛民好與曰惠[83]。柔質受諫曰慧[84]。能思辯衆曰元[85]。行義説民曰元[86]。始建國都曰元[87]。主義行德曰元[88]。

①壹不委曲。　②疵，多病也。　③成其道也。　④無不知之。

⑤不恥下問。⑥惠以成政也。⑦惠而有禮。⑧舉可舉也。⑨剛,無欲。彊,不撓。理,忠恕。直,無曲也。⑩思有德者叡也。⑪以兵征,故能定。⑫法以正民,能使服。⑬大志,行兵多所窮極。⑭供,奉也。⑮尊事賢人,寵貴義士。⑯敬有德,讓有功。⑰言自知也。⑱守正不移。⑲順長接弟。⑳迎待賓也。㉑脩德以蓋之也。㉒不專己善,推於人也。㉓性無所忌也。㉔以明照之。㉕逆知之,故不行。㉖威則可畏,儀則可象。㉗思樹惠也。㉘以慮安民。㉙不失舊意也。㉚行壹不傷。㉛不以威拒諫也。㉜取之以義。㉝言亟征伐。㉞知難而退。㉟深,故能受。㊱雖多能不至大道。㊲有通知之聰也。㊳性純淑也。㊴五世之宗也。㊵言周愛親族也。㊶協,合。肇,始也。常如始。㊷順於德而不違。㊸言成其節。㊹能自嚴也。㊺有所輔而共成也。㊻好豐年勤民事。㊼無四方之虞。㊽富而教之。㊾政以安之。㊿穆,純也。(51)性公露也。(52)疾於所敬順也。(53)能勞謙也。(54)有儀可象,行恭可美。(55)聖聞,通洽也。(56)六十曰耆七十曰艾。(57)大其年也。(58)彊於仁義,致果曰毅。(59)勤善以補過也。(60)成衆使安也。(61)恭己正身,少言而中。(62)性寬樂義,以善自終。(63)無失闕之病也。(64)不任意也。(65)施之政事。(66)用義而成也。(67)以剛行義也。(68)耆,强也。(69)行清自執志固也。(70)能大慮非正而何。(71)坦然無私也。(72)猛則少寬,果敢行也。(73)彊甚於剛也。(74)信正,言無邪也。(75)以武正定。(76)敬以使之。(77)兼人故啟土也。(78)道大而德一也。(79)大親民而不殺。(80)言求善也。(81)思而能改也。(82)知其性也。(83)與謂施也。(84)以虚受人。(85)别之,使各有次也。(86)民説其義。(87)非善之長,何以始之? (88)以義為主,行德政也。

兵甲亟作曰莊①。叡圉克服曰莊②。勝敵志强曰莊③。死於原野曰莊④。屢征殺伐曰莊⑤。武而不遂曰莊⑥。克殺秉政曰夷⑦。安心好静曰夷⑧。執義揚善曰懷⑨。慈仁短折曰懷⑩。夙夜警戒曰敬⑪。夙夜恭事曰敬⑫。象方益平曰敬⑬。善合法典曰敬⑭。述義不克曰丁⑮。迷而不悌曰丁[16]。有功安民曰烈[17]。秉德遵業曰烈[18]。剛克為伐曰翼[19]。思慮深遠曰翼[20]。剛德克就曰肅[21]。執心決斷曰肅[22]。愛民好治曰戴[23]。典禮不寋曰戴[24]。死而志成曰靈[25]。亂而不損曰靈[26]。極知鬼神曰靈[27]。不勤成名曰靈[28]。死見神能曰靈[29]。好祭鬼神曰靈[30]。短折不成曰殤[31]。未家短折曰殤[32]。不顯尸國曰隱[33]。隱拂不成曰隱[34]。年中早夭曰悼[35]。肆行勞祀曰悼[36]。恐懼從處曰悼[37]。不思忘愛曰剌[38]。愎佷遂過曰剌[39]。外內從亂曰荒[40]。好樂怠政曰荒[41]。在國逢難曰愍[42]。使民折傷曰愍[43]。在國連憂曰愍[44]。禍亂方作曰愍[45]。蚤孤短折曰哀[46]。恭仁短折曰哀[47]。蚤孤鋪位曰幽[48]。壅遏不通曰幽[49]。動祭亂常曰幽[50]。克威捷行曰魏[51]。克威惠禮曰魏[52]。去禮遠衆曰煬[53]。好內遠禮曰煬[54]。好內怠政曰煬[55]。甄心動懼曰頃[56]。

①以數征為嚴。　②通邊圉，使能服也。　③不撓故勝。　④非嚴何以死難？　⑤以嚴釐之。　⑥武功不成。　⑦乘政不任賢也。　⑧不爽正也。　⑨稱人之善。　⑩短，未六十；折，未三十。　⑪敬身思戒。　⑫敬以莅事也。　⑬法之以常而加敬也。　⑭非敬何以善之？　⑮不能成義。　⑯不悌，不遜順也。　⑰以武立功。　⑱遵世業不墮改。　⑲伐功也。　⑳好遠思任能也。　㉑成共敬，使為終。　㉒言嚴果也。　㉓好民治也。　㉔無過。　㉕立志不委命也。　㉖不能以治損亂。　㉗其智能聽徹也。　㉘任本性，不見賢思齊。　㉙有鬼不為厲。　㉚瀆鬼神不敬遠也。　㉛有知而夭殤也。　㉜未家者，未室家也。　㉝以闇主國也。　㉞言共隱拂改其性也。　㉟年不稱志。　㊱放心勞於淫祀，言不脩德也。　㊲從處，言險圮也。　㊳忘其愛己者也。　㊴去諫曰愎，反是曰佷。　㊵官不治，家不理。　㊶淫於聲色，怠於政事。　㊷逢兵寇之事也。　㊸苛政賊害。　㊹仍多大喪。　㊺國無政，動長亂。　㊻早者，未知人事。　㊼體恭質仁，功未施也。　㊽鋪位，即位而卒也。　㊾弱損

不淩也。㊿易神之班。51有威而敏行。52雖威不逆禮也。53不率禮,不親長。54朋淫于家不奉禮。55好内多淫,外則荒政。56甄,積也。

威德剛武曰圉①。聖善周聞曰宣②。治民克盡曰使③。行見中外曰愨④。勝敵壯志曰勇⑤。昭功寧民曰商⑥。狀古述今曰譽⑦。心能制義曰度⑧。好和不爭曰安⑨。外内貞復曰白⑩。不生其國曰聲⑪。殺戮無辜曰厲⑫。官人應實曰知⑬。凶年無穀曰穅⑭。名實不爽曰質⑮。不悔前過曰戾⑯。温良好樂曰良⑰。怙威肆行曰醜⑱。威德正應和曰莫⑲。勤施無私曰類⑳。好變動民曰躁㉑。慈和偏服曰順㉒。滿志多窮曰感㉓。危身奉上曰忠㉔。思慮果遠曰趕㉕。息政外交曰攜㉖。疏遠繼位曰紹㉗。彰義掩過曰堅㉘。肇敏行成曰直㉙。内外賓服曰正㉚。華言無實曰夸㉛。教誨不倦曰長㉜。愛民在刑曰克㉝。嗇於賜與曰愛㉞。逆天虐民曰抗㉟。好廉自克曰節㊱。擇善而從曰比㊲。好更改舊曰易㊳。名與實爽曰繆㊴。思厚不爽曰愿㊵。貞心大度曰匡㊶。

①圉,禦也。能禦亂患也。②聞,謂所聞善事也。③克盡,無恩惠也。④言表裏如一也。⑤不撓折。⑥明有功者也。⑦立言之稱。⑧制事得宜。⑨失在少斷。⑩正而復,終始一也。⑪生於外家。⑫賊良善人。⑬能官人也。⑭不務稼穡。⑮不爽,言相應也。⑯知而不改。⑰言其行可好可樂也。⑱肆意行。⑲正其德,應其和。⑳無私,惟義所在。㉑數移徙也。㉒能使人皆服其慈和。㉓自足者必不足也。㉔險不辭難也。㉕自任多,近於專。㉖不自明而恃外也。㉗非其次第,偶得之也。㉘明義以蓋前過。㉙始疾行成,言不深也。㉚言以正服之。㉛恢誕。㉜以道教之也。㉝道之以政,齊之以刑。㉞言貪悋也。㉟所尊天而逆天。㊱自

勝其情欲也。　㊲比方善而從之。　㊳變故改常。　㊴言名美而實傷。　㊵不差所思而得也。　㊶心正而用察少。

隱，哀之方；景，武之方也。施為文也①，除為武也②。辟地為襄，服遠為桓。剛克為發。柔克為懿。履正為莊。有過為僖。施而不成為宣。惠無内德為平③。失志無轉，則以其明，餘皆象也④。和，會也。勤，勞也。遵，循也。爽，傷也。肇，始也。乂，治也。康，安也。怙，恃也。享，祀也。胡，大也。服，敗也。秉，順也。就，會也。蹇，過也。錫，與也。典，常也。肆，放也。穅，虚也。叡，聖也。惠，愛也。綏，安也。堅，長也。耆，彊也。考，成也。周，至也。懷，思也。式，法也。布，施也。敏，疾也。捷，克也。載，事也。彌，久也。

①施德。　②除惡。　③無内德，惠不成也。　④以其所為謚，象其事行也。

## 明堂解第五十五

大維商紂暴虐，脯鬼侯以享諸侯，天下患之。四海兆民欣戴文武，是以周公相武王以伐紂，夷定天下。既克紂六年而武王崩，成王嗣，幼弱，未能踐天子之位。周公攝政君天下，弭亂六年而天下大治。乃會方國諸侯於宗周，大朝諸侯朝堂之位。

天子之位，負斧扆南面立，率公卿士侍于左右。三公之位，中階之前，北面東上。諸侯之位，阼階之東，西面北上。諸伯之位，西王于北階，王陟階，在東序。乃命太史尚大正，即居于户西南向。九州□伯咸進，在中，西向。宰乃承王中，升自客階。作筴執筴從中，宰坐，尊中于大正之前。太祝以王命作筴，筴告太宗，王命□□祕，作筴許諾，乃北向繇書于兩楹之閒。

王若曰："宗掩、大正，昔天之初，□作二后，乃設建典。命赤帝分正二卿，命蚩尤于宇少昊，以臨四方，司□□上天末成之慶。蚩尤乃逐帝，争于涿鹿之河，九隅無遺。赤帝大懾，乃説于黄帝，執蚩尤，殺之于中冀。以甲兵釋怒，用大正順天思序，紀于大帝，用名之曰絶轡之野。乃命少昊清司馬鳥師，以正五帝之官，故名曰質。天用大成，至于今不亂。其在殷之五子，忘伯禹之命，假國無正，用胥興作亂，遂凶厥國。皇天哀禹，賜以彭壽，思正夏略。今予小子聞有古遺訓，予亦述，朕文考之言不易。予用皇威，不忘祗天之明典，令□我大治，用我九宗正州伯教告于我。相在大國有殷之□辟，自其作□于古，是階之西，東面北上。諸子之位，門内之東，北面東上。諸男之位，門内之西，北面東上。九夷之國，東門之外，西面北上。八蠻之國，南門之外，北面東上。六戎之國，西門之外，東面南上。五狄之國，北門之外，南面東上。四塞九采之國，世告至者，應門之外，北而東上。宗周明堂之位也。

明堂，明諸侯之尊卑也，故周公建焉。而朝諸侯於明堂之位，制禮作樂，頒度量，而天下大服，萬國各致其方賄。七年，致政於成王。

明堂方百一十二尺，高西尺，階廣六尺三寸。室居中方百尺，室中方六十尺，户高八尺廣四尺。東應門、南庫門、西皋門、北雉門，東方曰青陽，南方曰明堂，西方曰總章，北方曰玄堂，中央曰太廟，左為左介，右為右介。

## 嘗麥解第五十六

維四年孟夏，王初祈禱于宗廟，乃嘗麥于太祖。是月，王命大正正刑書。爽明，僕告既駕，少祝導王，亞祝迎王降階。即假于太宗、少宗、少祕于社，各牡羊一牡豕三。史導威厥邑，無類于冀州。嘉我小國，小國其命余克長國王。嗚呼，敬之哉！如木既顛厥巢，其猶有枝葉作休。爾弗敬恤，爾執以屏助予一人，集天之顯，亦爾子孫其能常憂恤乃事。勿畏多寵，無愛乃嚚，亦無或刑于鰥寡非罪。惠乃其常，無別于民。"衆臣咸興，受大正書，乃降。太史筴刑書九篇，以升，授大正，乃左還自兩柱之間。

□箴大正曰："欽之哉，諸正！敬功爾頌，審三節，無思民因順，爾臨獄無頗，正刑有掇。夫循乃德，式監不遠，以有此人。保寧爾國，克戒爾服，世世是其不殆。維公咸若。"太史乃降。大正坐，舉書，乃中降，再拜稽首。王命太史正升，拜于上，王則退。

是月，士師乃命太宗序于天時，祠大暑，乃命少宗祠風雨百享。士師用受其穢，以為之資。邑乃命百姓遂享于富，無思民疾，供百享，歸祭閭率里君，以為之資。野宰乃命家邑縣都祠于太祠，乃風雨也，宰用受其職穢，以為之資。采君乃命天御豐穡，享祠為施，大夫以為資。箴太史乃藏之于盟府，以為歲典。

## 本典解第五十七

維四月既生魄，王在東宫，告周公曰："嗚呼！朕聞武考不知乃問，不得乃學，俾資不肖，永無惑矣。今朕不知明德所則，政教所行，字民之道，禮樂所生，非不念而知，故問伯父。"

周公再拜稽首曰："臣聞之文考，能求士□者智也，與民利者仁也，能收民獄者義也，能督民過者德也，為民犯難者武也。智能親智，仁能親仁，義能親義，德能親德，武能親武，五者昌于國曰明。明能見物，高能致物，物備咸至曰帝。帝鄉在地曰本，本生萬物曰世，世可則□曰至。至德照天，百姓□驚。備有好醜，民無不戒。顯父登德，德降則信。信則民寧，為畏為極，民無淫慝。生民知常利之道則國彊，序明好醜□必固其務。均分以利之則民安，□用以資之則民樂，明德以師之則民讓。生之樂之，則母之禮也；政之教之，遂以成之，則父之禮也。父母之禮，以加于民，其慈□□。古之聖王，樂體其政。士有九等，皆得其宜曰材多；人有八政，皆得其則曰禮服。士樂其生而務其宜，是故奏鼓以章樂，奏舞以觀禮，奏歌以觀和。禮樂既和，其上乃不危。"

王拜曰："允哉！幼愚敬守，以為本典。"

# 逸周書卷第七

## 官人解第五十八

王曰:"嗚呼,大師! 朕維民務官,論用有徵:觀誠、考言、視聲、觀色、觀隱、揆德,可得聞乎?"

周公曰:"亦有六徵,嗚呼! 乃齊以揆之。一曰:富貴者,觀其有禮施;貧賤者,觀其有德守;嬖寵者,觀其不驕奢;隱約者,觀其不懾懼;其少者,觀其恭敬好學而能悌;其壯者,觀其廉潔務行而勝私;其老者,觀其思慎,彊其所不足而不踰。父子之閒,觀其孝慈;兄弟之閒,觀其和友;君臣之閒,觀其忠惠;鄉黨之閒,觀其信誠。省其居處,觀其義方;省其喪哀,觀其貞良;省其出入,觀其交友;省其交友,觀其任廉。設之以謀,以觀其智;示之以難,以觀其勇;煩之以事,以觀其治;臨之以利,以觀其不貪;濫之以樂,以觀其不荒;喜之,以觀其輕;怒之,以觀其重;醉之酒,以觀其恭;從之色,以觀其常;遠之,以觀其不二;昵之,以觀其不狎。復徵其言,以觀其精;曲省其行,以觀其備。此之謂觀誠。

“二曰:方與之言,以觀其志。志殷以淵,其氣寬以柔。其色儉而不諂,其禮先人,其言後人,見其所不足,曰日益者也。好臨人以色,高人以氣,賢人以言,防其所不足,發其所能,曰日損者也。其貌直而不止,其言正而不私,不飾其美,不隱其惡,不防其過,曰有質者也。其貌曲媚,其言工巧,飾其見物,務其小證,以故自説,曰無質者也。喜怒以物,而色不變,煩亂以事,而志不營,深導以利,而心不移,臨懾以威,而氣不卑,曰平心而固守者也。喜怒以物,而心變易,煩亂以事,而志不治,導之以利,而心遷移,臨懾以威,而氣慄懼,曰鄙心而假氣者也。設之以物而數決,敬之以卒而度應,不文而辯,曰有慮者也。難決以物,難説以守,一而不可變,困而不知止,曰愚依人也。營之以物而不誤,犯之以卒而不懼,置義而不可遷,臨之貨色而不過,曰果敢者也。移易以言,志不能固,已諾無決,曰弱志者也。順予之弗為喜,非奪之弗為怒,沈静而寡言,多稽而險貌,曰質静者也。屏言而弗顧,自順而弗讓,非是而彊之,曰妬誣者也。微而能發,察而能深,寬順而恭儉,温柔而能斷,果敢而能屈,曰志治者也。華廢而誣,巧言令色,皆以無為有者也。此之謂考言。

“三曰:誠在其中,必見諸外。以其聲,處其實。氣初生物,物生有聲,聲有剛柔清濁好惡,咸發于聲。心氣華誕者,其聲流散;心氣順信者,其聲順節;心氣鄙戾者,其聲醒醜;心氣寬柔者,其聲温和。信氣中易,義氣時舒,和氣簡備,勇氣壯力。聽其聲,處其氣,考其所為,觀其所由。以其前觀其後，以其隱觀其顯，以其小占其大，此之謂視聲。

“四曰：民有五氣，喜、怒、欲、懼、憂。喜氣内蓄，雖欲隱之，陽喜必見；怒氣内蓄，雖欲隱之，陽怒必見；欲氣、懼氣、憂悲之氣，皆隱之，陽氣必見。五氣誠于中，發形于外，民情不可隱也。喜色猶然以出，怒色薦然以侮，欲色嫗然以愉，懼色薄然以下，憂悲之色瞿然以静。誠智必有難盡之色，誠仁必有可尊之色，誠勇必有難懾之色，誠忠必有可新之色，誠潔必有難汙之色，誠静必有可信之色。質浩然固以安，僞蔓然亂以煩，雖欲改之，中色弗聽，此之謂觀色。

“五曰：民生則有陰有陽。人多隱其情，飾其僞，以攻其名。有隱於仁賢者，有隱於智理者，有隱於文藝者，有隱於廉勇者，有隱於忠孝者，有隱於交友者，如此不可不察也。小施而好德，小讓而争大，言願以為質，僞愛以為忠，尊其得以改其名，如此隱於仁賢者也。前總唱功，慮誠弗及，佯為不言，内誠不足，色示有餘，自順而不讓，措辭而不遂，此隱於智理者也。動人以言，竭而弗終，問則不對，佯為不窮，□貌而有餘，假道而自順，因之□初，窮則託深，如此者隱於文藝者也。□言以為廉，矯厲以為勇，内恐外誇，亟稱其説，以詐臨人，如此隱於廉勇者也。自事其親，而好以告人，飾其見物，不誠於内，發名以事親，自以名私其身，如此隱於忠孝者也。比周以相譽，知賢可徵，而左右不同而交，交必重己，心説而身弗近，身近而實不至，懼不盡見於衆而貌克，如此隱於交友者也。此之謂觀隱。

“六曰：言行不類，終始相悖，外内不合，雖有假節見行，曰非成質者也。言忠行夷，争靡及私，□弗求及，情忠而寬，貌莊而安，曰有仁者也。事變而能治，效窮而能達，措身立方而能遂，曰有知者也。少言以行，恭儉以讓，有知而言弗發，有施而□弗德，曰謙良者也。微忽之言，久而可復，幽閒之行，獨而弗克，其行亡如存，曰順信者也。貴富恭儉而能施，嚴威有禮而不驕，曰有德者也。隱約而不懾，安樂而不奢，勤勞而不變，喜怒而有度，曰有守者也。直方而不毁，廉潔而不戾，彊立而無私，曰有經者也。虚以待命，不召不至，不問不言，言不過行，行不過道，曰沈静者也。忠愛以事親，驩以盡力而不回，敬以盡力而不□，曰忠孝者也。合志而同方，共其憂而任其難，行忠信而不疑，□隱遠而不舍，曰交友者也。志色辭氣，其人甚偷，進退多巧，就人甚數，辭不至，少其所不足，謀而不已，曰偽詐者也。言行亟變，從容克易，好惡無常，行身不篤，曰無誠者也。少知而不大決，少能而不大成，規小物而不知大倫，曰華誕者也。規諫而不類，道行而不平，曰竊名者也。故曰：事阻者不夷，時□者不回，面譽者不忠，飾貌者不静，假節者不平，多私者不義，揚言者寡信，此之謂揆德。”

## 王會解第五十九

成周之會，墠上張赤帟陰羽①。天子南面立，絻無繁露，朝服八十物，搢珽②。唐叔、荀叔、周公在左，太公望在右，皆絻，亦無繁露，朝服七十物，搢笏，旁天子而立於堂上③。堂下之右，唐公、虞公南面立焉④。堂下之左，殷公、夏公立焉，皆南面。絻有繁露，朝服五十物，皆搢笏⑤。為諸侯之有疾病者，阼階之南，祝淮氏、榮氏次之，珪瓚次之，皆西面，彌宗旁之⑥。為諸侯有疾病者之醫藥所居⑦。相者太史魚、大行人，皆朝服，有繁露⑧。堂下之東面，郭叔掌為天子菉幣焉，絻有繁露。

①王城既成，大會諸侯及四夷也。除地曰墠。帟，帳也。陰，鶴也。以羽飾帳也。　②繁露，冕之所垂也，所尊敬則有焉。八十物，大小所服。搢，插也。珽，笏也。　③唐、荀，國名，皆周成王弟，故曰叔。旁，謂差在後也。近天子，故其冕亦無旒也。　④唐虞二公，堯舜後也。　⑤杞宋二公冕有繁露，搢笏則唐虞同也。　⑥淮、榮，二祝之氏也。彌宗，官名。次珪瓚南差在後。　⑦使儲左右，召則至也。　⑧魚，太史名。及大行人皆讚相賓客禮儀也。　⑨郭叔，虢叔，文王弟。菉，録諸侯之幣也。

内臺西面正北方，應侯、曹叔、伯舅、中舅①，比服次之，要服次之，荒服次之。西方東面正北方，伯父中子次之②。方千里之内為比服，方二千里之内為要服，方三千里之内為荒服。是皆朝於内者③。堂後東北為赤帟焉，浴盆在其中④。其西，天子車立馬乘，六青陰羽鳧旌⑤。中臺之外，其右泰士，臺右彌士⑥。受贄者八人，東面者四人⑦。陳幣當外臺，天玄毦宗馬十二⑧，土玄繚璧綦十二⑨，參方玄繚璧豹虎皮十二⑩，四方玄繚璧琰十二⑪。外臺之四隅張赤帟，為諸侯欲息者皆息焉，命之曰爻閭⑫。

①内臺，中臺也。應侯，成王弟。曹叔，武王弟。皆國名，為諸侯。二舅，成王之舅，姜兄弟也。　②此要服於比服轉遠，故殊其名，非夷狄之四荒也。伯父，姬姓之國。中子，於王子中行者也。　③此服名因於殷，非周制也。　④雖不用而設之，敬諸侯也。　⑤鶴鳧羽為旌旄也。　⑥外謂臺之東西也。外臺右泰士右彌士。言尊王，泰彌相儀之士也。　⑦受賓幣士也。四人東面，則西面四人也。　⑧陳束帛被馬於外臺。天玄，

黑鬣。宗，尊也。 ⑨此下三璧皆玉，玄繚，謂以黑組紐之。綦，玉名。有十二也。 ⑩參方，陳幣三所也，璧皮兼陳也。 ⑪琰，珪也。有鋒鋭，陳之四所，方列之也。 ⑫每角張帟，息者隨所近也。諸侯稱爻也。

周公旦主東方所之。青馬黑鬣，謂之母兒[①]。其守營牆者衣青，操弓執矛[②]。西面者正北方，稷慎大塵[③]。穢人前兒。前兒若獼猴，立行，聲似小兒[④]。良夷在子。在子□身人首，脂其腹炙之霍，則鳴曰"在子"[⑤]。揚州禺禺魚名解隃冠[⑥]。發人麃麃者，若鹿迅走[⑦]。俞人雖馬[⑧]。青丘狐九尾[⑨]。周頭煇羝，煇羝者羊也[⑩]。黑齒白鹿白馬[⑪]。白民乘黄，乘黄者似騏，背有兩角[⑫]。東越海蛤[⑬]。歐人蟬蛇，蟬蛇順，食之美[⑭]。於越納[⑮]，姑妹珍[⑯]。且甌文蜃[⑰]，共人玄貝[⑱]。海陽大蟹[⑲]。自深桂[⑳]。會稽以鼉。皆(面)〔西〕嚮[㉑]。

①周公主東方則太公主西方，東青馬則西白馬矣。馬名未聞。 ②戟也。方各異。 ③稷慎，肅慎也。貢塵似鹿。正北，内臺北也。 ④穢，韓穢，東夷别種。 ⑤良夷，樂浪之夷也。貢奇獸。 ⑥亦奇魚也。 ⑦發，亦東夷。迅，疾。 ⑧俞，東北夷。雖馬，巂，如馬，一角，不角者曰騏。 ⑨青丘，海東地名。 ⑩周頭，亦海東夷。 ⑪黑齒，西遠之夷也。貢白鹿白馬。 ⑫白民，亦東南夷。 ⑬東越，則海際。蛤，文蛤。 ⑭東越歐人也，比交州蛇特多，為上珍也。 ⑮於越，越也。 ⑯姑妹，國，後屬越。 ⑰且甌在越。文蜃，大蛤也。 ⑱共人，吴越之蠻。玄貝，班貽貝也。 ⑲海水之陽，一蟹盈車。 ⑳自深，亦南蠻也。 ㉑其皮可以冠鼓。自大塵已下至此向西面也。

正北方義渠以兹白，兹白者若白馬，鋸牙，食虎豹[①]。央林以酋耳。酋耳者，身若虎豹，尾長參其身，食虎豹[②]。北唐以閭，閭似隃冠[③]。渠叟以鼩犬。鼩犬者，露犬也，能飛，食虎豹[④]。樓煩以星施。星施者珥旄[⑤]。卜盧以紈牛。紈牛者，牛之小者也[⑥]。區陽以鼈封。鼈封者，若彘，前後有首[7]。規規以麟。麟者，仁獸也[8]。西申以鳳鳥。鳳鳥者，戴仁，抱義掖信[9]。氐羌以鸞鳥[10]。巴人以比翼鳥[11]。方煬以皇鳥[12]。蜀人以文翰。文翰者，若皋雞[13]。方人以孔鳥[14]。卜人以丹沙[15]。夷用闟木[16]。康民以桴苡。桴苡者，其實如李，食之宜子[17]。州靡費費。其形人身，反踵自笑，笑則上唇翕其目，食人，北方謂之吐嘍[18]。都郭生生。欺羽，生生若黃狗，人面，能言[19]。奇幹善芳。善芳者，頭若雄雞，佩之令人不昧。皆東嚮[20]。

①亦在臺北，與大麈相對。義渠，西戎國。茲白，一名駮。　②央林，戎之在西南者。　③北唐戎之在西北者，射禮以閭象為射器。　④渠叟，西戎之别名也。　⑤樓煩，北狄。地施所以為旄羽珥。⑥卜盧，盧人，西北戎也。今盧水是。　⑦區陽，亦戎之名。　⑧規規，亦戎也。麟，似鹿，牛尾，一角，馬蹄也。　⑨其形似雞，蛇首魚尾。戴仁，向仁國。抱義，懷有義。掖信，歸有信也。　⑩氐羌，地羌不同，故謂之氐羌，今謂之氐矣。鸞，大於鳳，亦歸於仁義者也。　⑪巴人，在南者。比翼鳥，不比不飛，其名曰鶼鶼。　⑫方煬，亦戎别名。皇鳥，配於鳳者也。　⑬鳥有文彩者。皋雞，似鳧，冀州謂之澤特也。　⑭方人，亦戎别名。孔，與鸞相配者。⑮卜人，西南之蠻，丹沙所出。　⑯夷，東北夷也。木生水中，色黑而光，其堅若鐵。　⑰康，亦西戎别名也。食桴苡即有身。　⑱州靡，北狄也。費費曰梟羊，好立行，如人，被髮，前足指長。　⑲都郭，北狄。生生，獸名。　⑳奇幹，亦北狄。善芳，鳥名。不昧，不忘也。此東向列次也。

北方臺正東，高夷嗛羊。嗛羊者，羊而四角[1]。獨鹿邛邛，距虛，善走也[2]。孤竹距虛[3]。不令支玄獏[4]。不屠何青熊[5]。東胡黃羆[6]。山戎戎菽[7]。其西般吾白虎[8]。屠州黑豹[9]。禺氏騊駼[10]。大夏茲白牛。茲白牛，野獸也，牛形而象齒[11]。犬戎文馬。文馬，赤鬣縞身，目若黃金，名古黃之乘[12]。數楚每牛。每牛者，牛之小者也[13]。匈奴狡犬。狡犬者，巨身，四足果。皆北嚮[14]。權扶玉目[15]。白州比閭。比閭者，其華若羽，伐其木以為車，終行不敗[16]。禽人菅[17]。路人大竹[18]。長沙鼈[19]。其西魚復鼓鐘鐘牛[20]。蠻揚之翟[21]。倉吾翡翠。翡翠者，所以取羽[22]。其餘皆可知自古之政[23]。南人至衆。皆北嚮[24]。

①高夷，東北夷高句驪。 ②獨鹿，西方之戎也。邛邛，獸似距虛，負蹷而走也。 ③孤竹，東北夷。距虛，野獸，驢騾之屬。 ④不令支，皆東北夷。獏，白狐。玄獏則黑狐。 ⑤不屠何，亦東北夷也。 ⑥東胡，東北夷。 ⑦山戎，亦東北夷。戎菽，巨豆也。 ⑧次西也。般吾，北狄，近西也。 ⑨屠州，狄之别也。 ⑩禺氏，西北戎夷。騊駼，馬屬。 ⑪大夏，西北戎。兹白牛，野獸，似白牛形。 ⑫犬戎，西戎之遠者。 ⑬數楚，亦北戎也。 ⑭匈奴，醎北戎也。 ⑮權扶，南蠻也。玉目，玉之有光明者，形小也。 ⑯白州，東南蠻，與白民接也。水中可居曰州，州中出此珍木。 ⑰亦東南蠻。菅草堅忍。 ⑱路人，東南蠻。貢大竹。 ⑲特大而美，故貢也。 ⑳次西列也。魚復，南蠻國。貢鼓及鐘而似牛形者，美遠致也。 ㉑揚州之蠻。貢翟鳥。 ㉒倉吾，亦蠻也。翠羽，其色青而有黄也。 ㉓餘謂衆諸侯貢物也。言政化之所致也。 ㉔南人，南越。

《伊尹朝獻·商書》[1]湯問伊尹曰："諸侯來獻，或無馬牛之所生而獻遠方之物，事實相反，不利[2]。今吾欲因其地勢所有獻之，必易得而不貴，其為四方獻令[3]。"伊尹受命，於是為四方令曰："臣請正東符婁、仇州、伊慮、漚深、九夷十蠻、越漚、鬋髮、文身[4]，請令以魚皮之鞞，口鰂之醬，鮫瞂、利劍為獻[5]。正南甌鄧、桂國、損子、產里、百濮、九菌[6]，請令以珠璣、瑇瑁、象齒、文犀、翠羽、菌鶴、短狗為獻[7]。正西昆侖、狗國、鬼親、枳已、闟耳、貫胸、雕題、離丘、漆齒[8]，請令以丹青、白旄、紕罽、江歷、龍角、神龜為獻[9]。正北空同、大夏、莎車、姑他、旦略、豹胡、代翟、匈奴、樓煩、月氏、孅犁、其龍、東胡⑩，請令以橐駝、白玉、野馬、騊駼、駃騠、良弓為獻。”湯曰：“善！”

①不《周書》，録中以事類來附。　②非其所有，而當遠求於民，故不利也。　③制其品服之令。　④九十者，東夷蠻越之别稱。鬋髮、文身，因其事以名也。　⑤鞞，刀削。鰂，魚名。瞂，盾也，以鮫皮作之。鮫，文魚也。　⑥六者，南蠻之别名。　⑦璣似珠而小。菌鶴可用為旌翳。短狗，狗之善者也。　⑧九者，西戎之别名也。闟耳、貫胸、雕題、漆齒，亦因其事以名之也。　⑨江歷，珠名。龍解角故得也。　⑩十三者，北狄之别名也。代翟在西北界，戎狄之閒，國名也。

# 逸周書卷第八

## 祭公解第六十

王若曰："祖祭公①，次予小子，虔虔在位②，昊天疾威，予多時溥愆③。我聞祖不豫有加，予維敬省，不弔，天降疾病，予畏天威，公其告予懿德④。"祭公拜手稽首曰："天子⑤，謀父疾維不瘳，朕身尚在兹，朕魂在于天⑥。昭王之所勖，宅天命⑦。"

①祭公，周公之後。昭穆於穆王在祖列。 ②虔，敬。 ③溥，大也。言昊天疾威於我，故多是過失。 ④弔，至也。言己道不至，故天下病，王畏守不美。懿，美也。 ⑤拜手，頭至手。稽首，頭俯地。 ⑥謀父，祭公名。我魂在於天，言必死也。 ⑦言雖魂在天，猶明王之所勉君天下之事也。

王曰："嗚呼！公，朕皇祖文王、烈祖武王，度下國，作陳周，維皇皇上帝，度其心，寘之明德①。付俾於四方，用應受天命，敷文在下②。我亦維有若文祖周公暨列祖召公，兹申予小子追學於文武之蔑③。用克龕紹成康之業，以將天命，用夷居之大商之衆④。我亦維有若祖祭公之執和周國，保乂王家[5]。"王曰："公稱丕顯之德，以予小子揚文武大勳，弘成康昭考之烈[6]。"王曰："公無困我哉！俾百僚乃心，率輔弼予一人[7]。"

①下國，謂諸侯也。天度其心所能，寘明德於其身也。　②付與四方，受命於天，而敷其文德在下土也。　③言己追學文武之微德，此由周召分治之化也。　④將，行。夷，平也。言大商，本其初也。　⑤執，謂執其政也。　⑥稱，謂。舉，行也。昭考，昭王，穆王之父也。　⑦言公當使百官相率和輔弼我，不然則困我。

祭公拜手稽首曰："允乃詔，畢桓于黎民般[1]。"公曰："天子，謀父疾維不瘳，敢告天子，皇天改大殷之命，維文王受之，維武王大剋之，咸茂厥功[2]。維天貞文王之董用威，亦尚寬壯厥心，康受乂之，式用休[3]。亦先王茂綏厥心，敬恭承之。維武王申大命，戡厥敵[4]。"公曰："天子，自三公上下，辟于文武，文武之子孫，大開方封于下土[5]。天之所錫武王時疆土，丕維周之基，丕維后稷之受命，是永宅之[6]。維我後嗣，旁建宗子，丕維周之始并[7]。嗚呼！天子，三公監于夏商之既敗，丕則無遺後難，至于萬億年，守序終之[8]。既畢，丕乃有利宗，丕維文王由之[9]。"

①般，樂也。言信如王告，盡治民樂政也。乃，汝。汝，王也。　②茂，美也。文王以受命為美，武王以剋殷為美，故曰咸也。　③貞，正也。董之用威，伐崇黎也。既剋之而安受治之，其治用美也。　④言武王申文王受命之意而勝殷也。　⑤辟，法也。言我上法文武，方大開國旁布於下土。　⑥錫，與。言天予武王是疆，所受是大維周之開基，大維后稷所受命，是長居此也。　⑦旁建宗子，立為諸侯，言皆始并天子之故也。　⑧言當以夏商為戒，大無後難之道，守其序而終也。　⑨既終之則有利于宗，皆由文武之德也。

公曰："嗚呼！天子，我不則寅哉寅哉[1]！汝無以戾反罪疾，喪時二王大功②。汝無以嬖御固莊后③，汝無以小謀敗大作④，汝無以嬖御士疾大夫卿士⑤，汝無以家相亂王室而莫恤其外⑥。尚皆以時中乂萬國⑦。嗚呼，三公，汝念哉！汝無泯泯芬芬，厚顏忍醜，時維大不弔哉⑧！昔在先王，我亦維丕以我辟險于難，不失于正，我亦以免没我世⑨。嗚呼，三公！予維不起朕疾，汝其皇敬哉！兹皆保之⑩。曰康子之攸保，勖教誨之，世祀無絶，不我周有常刑⑪。"王拜手稽首黨言⑫。

①寅，敬也。不則言則也。②戾反罪疾，謂己所行時是。二王，文、武。③嬖御，寵妾也。莊，正也。④小謀，謂不法先王也。大作，大事也。⑤言無親小人疾君子。⑥言陪臣執國命。恤，憂也。外，謂王室之外也。⑦言當盡用是中道治天下也。⑧戒三公使念我與王也。泯芬，亂也。忍行亂則厚顏忍醜也。如是則大不善之也。⑨先王，穆王父，祭公所事也。辟，君也。言我事先王，遇大難，正而不失，故能以善没世，言善終。⑩皇，大也。言當式敬我言，如此則天下皆安之。⑪康，安也。子之所宜安，以善道勉教之，則子孫有福，不然，則犯常刑也。⑫王拜受祭公之黨言也。王拜則三公拜可知也。

## 史記解第六十一

維正月，王在成周。昧爽，召三公左史戎夫①，曰："今夕朕寤，遂事驚予②。乃取遂事之要戒，俾戎夫主之，朔望以聞③。

①王，是穆王也。戎夫，左史名也。②遂，成也。行成事言驚夢宿，欲知之也。③集取要戒之言。月朔望日於王前讀之。

"信不行，義不立，則哲士凌君政①。禁而生亂，皮氏以亡②。諂諛日近，方正日遠，則邪人專國政③。禁而生亂，華氏以亡④。好貨財珍怪，則邪人進。邪人進，則賢良日蔽而遠⑤。賞罰無位，隨財而行，夏后氏以亡⑥。嚴兵而不□者，其臣慴；其臣慴，則不敢忠；不敢忠，則民不親其吏⑦。刑始於親，遠者寒心，殷商以亡⑧。樂專於君者，權專於臣；權專於臣，則刑專於民⑨。君娛於樂，臣爭於權，民盡於刑，有虞氏以亡⑩。奉孤以專命者，謀主必畏其威而疑其前事⑪。挾德而責數日疏，位均而爭，平林以亡⑫。

①言君不行信義，信義由智正，故哲士凌君之政也。　②禁義信則亂生。皮氏，古諸侯也。　③好順人意為諂諛。　④華氏，亦古諸侯也。　⑤賢良不行，貨故蔽遠。　⑥桀由好財亡也。　⑦不敢忠乃不仁，下效其上，故不親。　⑧紂以暴虐亡也。　⑨君荒於樂，則權臣專斷，用刑濫矣。　⑩專則致爭而刑殺之，盡被刑也。有虞，商均之後。　⑪謀主，謂孤長大也。前事，謂專命。　⑫挾其見奉之德而責其前專命事，此與周公反矣。位均，勢敵。

"大臣有錮職譁誅者危。昔者，質沙三卿，朝而無禮，君怒而久拘之，譁而弗加①。譁卿謀變，質沙以亡②。外內相閒，下撓其民，民無所附，三苗以亡。弱小在彊大之閒，存亡將由之，則無天命矣。不知命者死③。有夏之方興也，扈氏弱而不恭，身死國亡④。嬖子兩重者亡。昔者義渠氏有兩子，異母，皆重⑤。君疾，大臣分黨而爭，義渠以亡⑥。功大不賞者危。昔平州之臣功大而不賞，諂臣日貴，功臣日怒而生變，平州之君以走出⑦。召遠不親者危。昔有林氏，召離戎之君而朝之⑧，至而不禮，留而弗親，離戎逃而去之，林氏誅之，天下叛林氏⑨。昔者曲集之君，伐智而專事，彊力而不信其臣，忠良皆伏⑩。愉州氏伐之，君孤而無使，曲集以亡⑪。昔者有巢氏有亂臣而貴，任之以國，假之以權，擅國而主斷⑫。君已而奪之，臣怒而生變，有巢以亡⑬。斧小不勝柯者亡。昔有鄶君嗇儉,减爵損禄,羣臣卑讓,上下不臨⑭。後□小弱,禁罰不行,重氏伐之,鄶君以亡⑮。久空重位者危。昔有共工自賢,自以無臣,久空大官⑯。下官交亂,民無所附,唐氏伐之,共工以亡⑰。犯難争權疑者死。昔有林氏、上衡氏争權⑱,林氏再戰而勝,上衡氏僞義弗克,俱身死國亡⑲。

①錮職,謂事專權也。 ②有三卿,諸侯可知也。 ③無天命,命在彊大者也。知命則存,不知命則足以亡矣。 ④有夏,啟也。戰於甘,滅扈也。 ⑤王不别長庶,寵秩同也。 ⑥各有所事而争立也。 ⑦有功不賞而貴諂臣,有德不官而任姦佞,宜其出走也。 ⑧林氏,諸侯。 ⑨天下見其遇戎不以禮,遂叛林氏,林氏孤危也。 ⑩伐智,自足也。伏,謂不為之用。 ⑪曲集、愉州,皆古諸侯。 ⑫委之政也。 ⑬秉政則專生殺則多恐,雖君奪其政,懼禍見及,故作亂也。 ⑭柯所以秉,喻君;斧所以用,喻臣。臣無爵禄,君所任。不臨,言不相承奉也。 ⑮兩弱不能行令。 ⑯言無任己臣者,故空官也。 ⑰無大臣故小臣亂也。君凶於上,臣亂於下,民無所依,堯遂流之。 ⑱争為犯難,不果為疑。 ⑲林氏恃勝,上衡氏怠義,所以俱亡。

“知能均而不親,竝重事君者危。昔有南氏有二臣,貴寵,力鈞勢敵,競進争權,下争朋黨,君弗能禁,南氏以分①。昔有果氏,好以新易故,故者疾怨,新故不和②,内争朋黨,陰事外權,有果氏以亡③。爵重禄輕比□不成者亡。昔有畢程氏,損禄增爵,羣臣貌匱,比而戾民,畢程氏以亡④。好變故易常者亡。昔陽氏之君,自伐而好變,事無故業,官無定位,民運於下,陽氏以亡⑤。業形而愎者危。昔穀平之君,愎類無親,破國弗剋,業形用國⑥,外内相援,穀平以亡。武不止者亡。昔阪泉氏,用兵無已,誅戰不休,并兼無親,文無所立,智士寒心⑦。徙居至于獨鹿,諸侯畔之，阪泉以亡⑧。佷而無親者亡。昔者縣宗之君，佷而無聽⑨，執事不從，宗職者疑，發大事，羣臣解體⑩，國無立功，縣宗以亡。昔者玄都賢鬼道，廢人事天⑪，謀臣不用，龜策是從，神巫用國，哲士在外，玄都以亡⑫。文武不行者亡。昔者，西夏性仁非兵⑬，城郭不脩，武士無位，惠而好賞，屈而無以賞⑭。唐氏伐之，城郭不守，武士不用，西夏以亡⑮。

①二臣勢鈞而不親，權重養徒黨，所以分國也。　②有果，亦國名也。　③外權，謂外大國。　④有位無禄，取名自成，民不堪求，比而罪之。　⑤運，亂移也。　⑥愎，佷。類，戾也。國不勝破，以刑為業也。　⑦無親，謂并兼之也。無文德，故智士寒心也。　⑧獨鹿，西戎地名。徙都失處，故亡也。　⑨不納忠言。　⑩皆有違心。　⑪求禱神也。　⑫弃賢任巫，所以亡也。　⑬性仁而無文德，非兵而無武備。　⑭無功盡賞，無財可用。　⑮唐氏，堯帝。

“美女破國。昔者，績陽彊力四征，重丘遺之美女①，績陽之君悦之，熒惑不治，大臣争權，遠近不相聽，國分為二②。宫室破國。昔者，有洛氏宫室無常，池囿廣大，工功日進，以後更前，民不得休，農失其時③，饑饉無食，成商伐之，有洛以亡④。”

①重丘之君畏其并己，惑之以女。　②君昏於上，權分於下，所為二也。　③工功進則民困矣。以工取官，賢材退矣。　④湯號曰成，故曰成商。

## 職方解第六十二

職方氏掌天下之圖，辯其邦國、都鄙、四夷、八蠻、七閩、九貉、五戎、六狄之人民，①與其財用九穀六畜之數。

周知其利害，乃辯九州之國，使同貫利。②

①此在《周官·大司馬》下篇，穆王使有司抄出之，欲時省焉。國曰都，邑曰鄙，東方曰夷，南方曰蠻，西方曰戎，北方曰狄。閩，蠻之別。貉，狄之別。八、七、九、五、六，見非一之言也。　②貫，事。

東南曰揚州，其山鎮曰會稽，其澤藪曰具區，其川三江，其浸五湖，其利金錫竹箭，其民二男五女，其畜宜雞狗鳥獸，其穀宜稻①。正南曰荊州，其山鎮曰衡山，其澤藪曰雲夢，其川江漢，其浸潁湛，其利丹銀齒革，其民一男二女，其畜宜鳥獸，其穀宜稻。河南曰豫州，其山鎮曰華山，其澤藪曰圃田，其川熒雒，其浸陂溠②，其利林漆絲枲，其民二男三女，其畜宜六擾，其穀宜五種③。正東曰青州，其山鎮曰沂山，其澤藪曰望諸，其川淮泗，其浸沂沭，其利蒲魚，其民二男三女，其畜宜雞犬，其穀宜稻麥。河東曰兗州，其山鎮曰岱山，其澤藪曰大野，其川河泲，其浸盧維，其利蒲魚，其民二男三女，其畜宜六擾，其穀宜四種④。正西曰雍州，其山鎮曰嶽山，其澤藪曰彊蒲，其川涇汭，其浸渭洛，其利玉石，其民三男二女，其畜宜牛馬，其穀宜黍稷⑤。東北曰幽州，其山鎮曰醫無閭，其澤藪曰貕養，其川河泲，其浸菑時，其利魚鹽，其民一男三女，其畜宜四擾，其穀宜三種⑥。河内曰冀州，其山鎮曰霍山，其澤藪曰揚紆，其川漳，其浸汾露，其利松柏，其民五男三女，其畜宜牛羊，其穀宜黍稷⑦。正北曰并州，其山鎮曰恒山，其澤藪曰昭餘祁，其川虖池嘔夷，其浸淶易，其利布帛，其民二男三女，其畜宜五擾，其穀宜五種⑧。

①竹箭，篠也。九州土氣，生民男女各不同。鳥獸，山澤所育之屬也。

②華山，西岳。　③家所畜曰擾。五種，謂黍、稷、菽、麥、稻也。　④四種，黍、稷、稻、麥。　⑤嶽，吳嶽也。　⑥四擾，牛、馬、羊、豕。三種，黍、稷、稻也。　⑦所謂河內者。　⑧五擾，牛、馬、羊、豕、犬。五種，黍、稷、菽、麥、麻。

乃辯九服之國，方千里曰王圻①。其外方五百里為侯服②，又其外方五百里為甸服③，又其外方五百里為男服④，又其外方五百里為采服，又其外方五百里為衛服⑤，又其外方五百里為蠻服⑥，又其外方五百里為夷服，又其外方五百里為鎮服⑦，又其外方五百里為藩服⑧。凡國，公侯伯子男，以周知天下。凡邦國，大小相維，王設其牧⑨。制其職，各以其所能⑩；制其貢，各以其所有⑪。

①圻，界也。　②為王者斥候也。服，言服王事也。　③甸，田也。治田入穀也。　④男，任也，任王事。　⑤為王扞衛也。　⑥用事差簡慢。　⑦□□□□□□□。　⑧藩服，屏四境也。　⑨周，徧。維，持也。牧，謂牧御天下之政教。　⑩連率牧監各任能也。　⑪土地所有乃貢之。

王將巡狩，則戒于四方曰："各脩平乃守，考乃職事，無敢不敬戒，國有大刑①。"及王者之所行，道率其屬而巡戒命，王殷國亦如之。②

①考，成也。不敬則犯大刑也。職方所□。　②王丨二歲　巡狩，職方白所戒之命，其不巡狩之年，六服盡朝，謂之殷國也。巡戒命亦如巡狩也。

# 逸周書卷第九

## 芮良夫解第六十三

芮伯若曰："予小臣良夫，稽道謀告①。天子惟民父母。致厥道，無遠不服；無道，左右臣妾乃違②。民歸于德。德則民戴，否則民讎。兹言允效于前不遠③。商紂不道，夏桀之虐，肆我有家④。

①伯，爵。若，順也。順其事而告之也。 ②無道，無德政。違，畔也。 ③言驗于前世。不遠，言近。 ④舉桀紂惡滅亡為戒也。

"嗚呼！惟爾天子，嗣文武業。惟爾執政小子，同先王之臣，昏行□顧，道王不若①。專利作威，佐亂進禍，民將弗堪②。治亂信乎其行，惟王暨爾執政小子攸聞③。古人求多聞以監戒，不聞是惟弗知④。后除民害，不惟民害，害民乃非后，惟其讎⑤。后作類。后弗類，民不知后，惟其怨⑥。民至億兆，后一而已，寡不敵衆，后其危哉⑦！

①同為昏闇言教王為不順。 ②專利侵民，佐亂進於禍也。 ③行善則治，行惡則亂，皆所聞知。 ④言古人患不聞，故有所不知也。 ⑤

害民是與民為怨讎。　⑥言民不從上命,從其所行。類,善也。不知君則怨深矣。　⑦言上下無義,對共相怨,則寡者危也。

"嗚呼!□□□如之①。今爾執政小子,惟以貪諛為事,不勤德以備難②。下民胥怨,財力單竭,手足靡措,弗堪戴上,不其亂而③。以予小臣良夫,觀天下有土之君④,厥德不遠,罔有代德⑤。時為王之患,其惟國人⑥。

①□□人養食之則擾服,雖家畜,不養則畏人,治民亦然也。　②專利為貪,曲從為諛。　③言民相與怨上,上加之罪,民不堪命而作亂。　④有土,謂之諸侯也。　⑤言無遠德,罔有天下也。　⑥是國人為患也。

"嗚呼!惟爾執政朋友小子,其惟洗爾心,改爾行,克憂往愆,以保爾居①。爾乃聵禍翫烖,遂弗悛,余未知王之所定,矧乃□□②。禍發於人之攸忽,於人之攸輕。□不存焉,變之攸伏③。爾執政小子不圖善,偷生苟安,爵以賄成④。賢智箝口,小人鼓舌,逃害要利,竝得厥求,唯曰哀哉⑤!

①洗心改行憂往過,則安爾之居位。　②聵,陽不聞。翫,心不惕。悛,改。矧,况也。尚不知王定,况貪諛之臣能得其所也。　③言人所輕忽則禍之所起,謂下民也。　④苟且無遠慮,賄賂不任德。　⑤賢者靖默以逃害,小人佞諂以要利,各得其求,君子為之哀者也。

"我聞曰:以言取人,人飾其言;以行取人,人竭其行。飾言無庸,竭行有成①。惟爾小子,飾言事王,寔蕃有徒。王貌受之,終弗獲用。面相誣蒙,及爾顛覆②。爾自謂有餘,予謂爾弗足。敬思以德,備乃禍難③。難至而悔,悔將安及?無曰予為,惟爾之禍④。"

①君子不以言舉人,無功故也,欲行有成故也。　②蕃,多。徒衆,言非一也。貌,謂外相悦而無實也。君臣之相誣蒙,必相及其顛覆之也。　③言其不足於道義也。以,用也。乃,汝也。　④為,不言也。

## 太子晉解第六十四

晉平公使叔譽于周，見太子晉而與之言①。五稱而三窮，逡巡而退，其不遂②。歸告公曰："太子晉行年十五，而臣弗能與言③。君請歸聲就、復與田，若不反，及有天下，將以為誅④。"平公將歸之，師曠不可，曰："請使瞑臣往與之言，若能幪予，反而復之⑤。"

①叔譽者，大夫叔向也。周靈王太子名晉也。 ②五稱，說五事。遂，終也。 ③告平公，稱其賢才也。 ④聲就、復與，周之二邑名。周衰，晉取之也。 ⑤師曠，晉大夫，無目，故稱瞑。幪，覆也。度謀還與否也。

師曠見太子，稱曰："吾聞王子之語高於泰山，夜寢不寐，晝居不安，不遠長道，而求一言①。"王子應之曰："吾聞太師將來，甚喜而又懼。吾年甚少，見子而懾，盡忘吾其度②。"師曠曰："吾聞王子，古之君子，甚成不驕，自晉始如周，行不知勞③。"王子應之曰："古之君子，其行至慎，委積施關，道路無限，百姓悦之，相將而遠，遠人來驩，視道如咫④。"

①言高於泰山，言無上也。不安至飢渴也。 ②懾而忘度，所以為謙。 ③有成德不以驕易也。 ④言己不及古君子。咫，喻近。

師曠告善。又稱曰："古之君子，其行可則，由舜而下，其孰有廣德①？"王子應之曰："如舜者天。舜居其所，以利天下，奉翼遠人，皆得己仁。此之謂天②。如禹者聖。勞而不居，以利天下，好取不好與，必度其正，是謂之聖③。如文王者，其大道仁，其小道惠。三分天下而有其二，敬人無方，服事於商。既有其衆，而返失其身，此之謂仁④。如武王者，義殺一人，而以利天下，異姓同姓，各得其所，是之謂儀⑤。”

①問舜已下可法則之君子也。　②言其仁合天道。　③盡力溝洫，勞也。貪財利，篤其功，合聖道也。　④以其仁德，人惠懷之，行無常，唯賢所在。勞謙恭儉，日夜不息，返失之也。　⑤一人，紂也。儀，善。

師曠告善。又稱曰：“宣辨名命，異姓惡方，王侯君公，何以為尊，何以為上①？”王子應之曰：“人生而重丈夫，謂之胄子。胄子成人，能治上官謂之士。士率衆時作謂之曰伯，伯能移善於衆；與百姓同謂之公②，公能樹名生物；與天道俱謂之侯，侯能成羣謂之君③。君有廣德，分任諸侯而敦信，曰予一人④。善至于四海曰天子，達于四荒曰天王⑤。四荒至，莫有怨訾，乃登為帝⑥。”師曠罄然，又稱曰：“温恭敦敏，方德不改，聞物□□，下學以起，尚登帝臣，乃參天子，自古誰⑦？”王子應之曰：“穆穆虞舜，明明赫赫，立義治律，萬物皆作。分均天財，萬物熙熙，非舜而誰能⑧？”

①問其事儀。　②作謂農功，同謂好義。　③立名生物謂化施於民也。成謂成物，羣謂之為長也。　④敦，厚也。　⑤四海，四夷。四荒，四表。　⑥訾，歎恨也。合五等之尊卑而論事義，以為之名者也。　⑦罄然，自嚴整也。方，道。初，本也。起其物義也，問最賢之人也。　⑧律，法也。謂致其物也。熙熙，和盛。言舜臣堯功德如此也。

師曠東躅其足曰：“善哉，善哉①！”王子曰：“太師何舉足驟？”師曠曰：“天寒足跔，是以數也②。”王子曰：“請入坐。”遂敷席，注瑟。師曠歌《無射》曰：“國誠寧矣，遠人來觀，脩義經矣，好樂無荒③。”乃注瑟於王子。王子歌《嶠》曰：“何自南極，至于北極，絶境越國，弗愁道遠④？”師曠蹶然起曰：“瞑臣請歸⑤。”

①東躅,踏也。 ②驟,亦數也。王子戲問故,曠戲答。 ③交言於堂,故更入燕室坐,歌此辭而音合於《無射》之律。 ④《嶠》,曲名也。師曠作新曲美王子也。王子述舊曲諫也。 ⑤蹶然,疾貌。

王子賜之乘車四馬曰:"太師亦善御之①。"師曠對曰:"御,吾未之學也。"王子曰:"汝不為夫《詩》?《詩》云:'馬之剛矣,轡之柔矣。馬亦不剛,轡亦不柔。志氣麃麃,取予不疑。'以是御之②。"師曠對曰:"瞑臣無見,為人辯也。唯耳之恃,而耳又寡聞而易窮。王子,汝將為天下宗乎③!"王子曰:"太師,何汝戲我乎?自太皞以下,至于堯舜禹,未有一姓而再有天下者。夫大當時而不伐,天何可得④?且吾聞汝知人年之長短,告吾。"師曠對曰:"汝聲清汗,汝色赤白。火色不壽⑤。"王子曰:"然吾後三年將上賓于帝所,汝慎無言,殃將及汝⑥。"

①《禮》:為人子,三賜不及車馬。此賜則白王然後行可知也。 ②馬不剛,轡不柔,言和擾也。麃麃,亦和擾也。不疑,和之心也。 ③辯,别也。為人有所别,唯恃耳也。宗,尊也。天下所尊則有明王者也。 ④言自庖犧至禹,其子孫未有期運當時,斯不立矣。言周衰未盡,己必不立也。 ⑤清,角也。言音汗沈木,木生火,色赤。知聲者則色亦然。 ⑥言死必為賓于天帝之所,鬼神之□□,則王子之事不欲令人知之也。

師曠歸。未及三年,告死者至①。

①未及三年,并歸之年為三年,則王子年十七而卒也。

## 王佩解第六十五

王者所佩在德,德在利民,民在順上①。合為在因時,應事則易成②。謀成在周長,有功在力多③。昌大在自克,不過在數懲④。不困在豫慎,見禍在未形⑤。除害在能斷,安民在知過，用兵在知時⑥。勝大患在合人心⑦，殃毒在信疑。孽子在聽内，化行在知和⑧。施舍在平心，不幸在不聞其過⑨。福在受諫，基在愛民，固在親賢⑩。禍福在所密，利害在所近，存亡在所用⑪。離合在出命，尊在慎威，安在恭己，危亡在不知時⑫。

①言以利民為德也。天子事天，所以威下使事上。　②得時所為合，應為其機。　③周，忠信也。力多則功多也。　④以義勝欲得昌大，數有懲艾則無過也。　⑤事未成而豫慎，則不困也。　⑥能斷所不思也。知過輒改，民將安生。時謂可伐時也。　⑦舉合民心，何患之有哉？　⑧内聽於孽孽而吐於中言，宜其生災也。可否相濟曰和。　⑨施謂施惠，舍謂赦罪。聖人以聞己過為幸，貴速改也。　⑩受諫則無非，故福。以愛民為基，親賢人則固，明君之義也。　⑪所與密、所親近、所任用皆忠良，則福利生，反是則禍害至。　⑫教命善則事合，否則離矣。威得其宜則尊，恭己不妄則安。時謂天時，得其時也。

見善而怠，時至而疑，亡正處邪，是弗能居，此得失之方也，不可不察①。

①怠，懈墮不能行也。疑，由豫不果也，邪，姦術也。處姦術是不居大之道也，乃是得失之道也。

## 殷祝解第六十六

湯將放桀于中野①。士民聞湯在野，皆委貨扶老攜幼奔，國中虛②。桀請湯曰："國所以為國者以有家，家所以為家者以有人也。今國無家無人矣。君有人，請致國，君之有也③。"湯曰："否。昔大帝作道，明教士民，今君王滅道殘政，士民惑矣。吾為王明之④。"

①此事不然矣，或者欲解之。　②言桀國中空無人，又不然矣。　③此國為天下也。　④大帝謂禹，明禹之事於士民也。

士民復，致於桀曰："以薄之居，濟民之賤，何必君更[1]。"桀與其屬五百人南徙千里，止於不齊，民往奔湯於中野[2]。桀復請湯，言君之有也。湯曰："否。我為君王明之。士民復，重請之。"桀與其屬五百人徙於魯，魯士民復奔湯[3]。桀又曰："國，君之有也。吾則外人，有言，彼以吾道是邪，我將為之[4]。"湯曰："此君王之士也，君王之民也，委之何？"湯不能止桀[5]。湯曰："欲從者從君。"桀與其屬五百人去，居南巢[6]。

①此士民辭也。薄，湯所居也。言與君更與桀徙避湯。 ②不齊，地名。 ③魯，亦地名。 ④言桀以此辭勸勉湯者也。 ⑤必欲去也。 ⑥南巢，地名。

湯放桀而復薄，三千諸侯大會[1]。湯退再拜，從諸侯之位。湯曰："此天子位，有道者可以處之[2]。天下非一家之有也，有道者之有也，故天下者唯有道者理之，唯有道者紀之，唯有道者宜久處之[3]。"湯以此讓，三千諸侯莫敢即位，然後湯即天子之位[4]。與諸侯誓曰："陰勝陽即謂之變，而天弗施[5]，雌勝雄即謂之亂，而人弗行[6]。故諸侯之治政，在諸侯之大夫治與從[7]。"

①大會於薄。 ②讓諸侯之有道者。 ③久處，久居天子之位。 ④三千諸侯勸之也。 ⑤逆天道，故不施。 ⑥雌勝雄、女陵男之異，逆人道故不行焉。 ⑦言下必順上，所以教治也。

## 周祝解第六十七

曰維哉，其時告汝，□□道，恐為身災[1]。謹哉民乎，朕則生汝，朕則刑汝[2]，朕則經汝，朕則亡汝，朕則壽汝，朕則名汝[3]。故曰文之美而以身剥，自謂智也者故不足[4]。

角之美殺其牛，榮華之言後有茅⑤。凡彼濟者必不怠，觀彼聖人必趣時⑥。石有玉而傷其山，萬民之患在□言⑦。時之行也勤以徙，不知道者福為禍⑧。時之從也勤以行，不知道者以福亡⑨。故曰肥豕必烹，甘泉必竭，直木必伐⑩。地出物而聖人是時，雞鳴而人為時，觀彼萬物，且何為求⑪。

①言所以告汝不聞道，為身災也。　②告以善道是生之，是以教之以法也。　③經紀汝，昌阜汝，殺亡汝，為汝請命，名汝善惡也。　④狐貉俱以文受害，人自賢則愚惡反見也。　⑤言牛以角死，虛言致穢也。　⑥以不怠故濟，以趣時故聖。　⑦山以有玉故傷，人以有言受患。　⑧不徙以及時，人故失其福也。　⑨行謂與時偕行。　⑩以其供人用，自然理。　⑪萬物自然不為人來，聖人則之，如因雞鳴以識時也。

故天有時，人以為正，地出利而民是爭①。人出謀，聖人是經，陳五刑，民乃敬②。教之以禮，民不爭，被之以刑，民始聽，因其能，民乃靜③。故狐有牙而不敢以噬，貑有蚤而不敢以撅④。勢居小者不能為大⑤。特欲正中，不貪其害，凡勢道者不可以不大⑥。故木之伐也而木為斧，賊難之起自近者⑦。二人同術，誰。昭誰暝，二虎同穴，誰死誰生⑧。故虎之猛也而陷於獲，人之智也而陷於詐⑨。葉之美也解其柯，柯之美也離其枝，枝之美也拔其本，儼矢將至，不可以無盾⑩。故澤有獸而焚其草木，大威將至，不可為巧，焚其草木則無種，大威將至，不可以為勇⑪。

①正謂敬授民時也。爭，謂爭共斂之也。　②經，經度之也。敬，敬上命也。　③有禮則讓，故不爭。聽，順。靜，服。謂不為亂也。　④喻人以小能不敢望大官，亦求自盡而已也。　⑤雖有其材，勢不便故。　⑥不貪害也中正不立。不大其度，至道不行也。　⑦因木以伐木，因近以成

賊。 ⑧成者能昭,猛者能生。 ⑨虎以食陷穽,人以欲陷詐。詐,罔也。 ⑩此言飾末業,覆本質也。盾,喻為人當有所備護。 ⑪言亦貨以危身,禍至不可救也。

故天之生也固有度,國家之患,離之以故①。地之生也固有植,國家之患,離之以謀②。故時之還也無私貌,日之出也無私照③。時之行也,順至無逆,為天下者用大略④。火之燀也固定上,為天下者用牧⑤。水之流也固走下,不善故有桴⑥。故福之起也惡别之,禍之起也惡别之⑦。故平國若之何,須國、覆國、事國、孤國屠皆若之何⑧。故日之中也仄,月之望也食,威之失也陰食陽,善為國者使之有行⑨。是彼萬物必有常,國君而無道,以微亡⑩。

①以言患因事而起。故,事也。 ②植,立也。有生則立也。 ③還謂至也。貌謂無實。時至竝應,日出普照也。 ④言當以大略順時也。 ⑤燀,然也。火曰炎上,牧謂法也。 ⑥桴,所擊鼓也。言惡政由於發者也。 ⑦惡,於何也,言其微也。 ⑧覆,滅也。事謂事無役也。孤謂無人屠謂為人分裂也。 ⑨仄,跌也。食謂毁明而生魄也。以日蔽於陰,喻君行失道。 ⑩微以積小以致滅亡者也。

故天為蓋,地為軫,善用道者終無盡。地為軫,天為蓋,善用道者終無害①。天地之間有滄熱,善用道者終不竭②。陳彼五行必有勝,天之所覆盡可稱③。故萬物之所生也性於從,萬物之所反也性於同④。故惡姑幽,惡姑明,惡姑陰陽,惡姑短長,惡姑剛柔⑤。故海之大也,而魚何為可得;山之深也,虎豹貔貅何為可服⑥。人智之邃也奚為可測,跂動噧息而奚為可牧⑦。玉石之堅也奚可刻⑧。陰陽之號也孰使之,牝牡之合也孰交之,君子不察福不來⑨。故忌而不得是生事，故欲而不得是生詐[10]。欲伐而不得，生斧柯。欲鳥而不得，生網羅。欲彼天下是生為[11]。維彼幽心是生包，維彼大心是生雄，維彼忌心是生勝[12]。

①言因道，動静法天地。　②滄，寒。竭，盡。　③言五行相勝以生成萬物，盡可稱名之也。　④從謂立也。始異終，同故曰反也。　⑤姑者，且也。言幽明之相代，陰陽之變易，短長之相形，剛柔之相生，始終之道也。　⑥言皆以貪餌自中鉤檻也。　⑦誠於事故可測，牽於事故可牧。　⑧言服飾之窮物也。　⑨言陰陽之稱號、牝牡之交合，皆自然也。君子察自然之理，則福來也。　⑩生事，謂變也。生詐，謂詐為求之。　⑪所以生成所欲也，謂云為之事也。　⑫包謂包藏陰謀。雄謂雄桀於人也。勝謂勝所忌。皆惡忌事也。

故天為高，地為下，察汝躬，奚為喜怒。天為古，地為久，察彼萬物名於始[1]。左名左，右名右，視彼萬物數為紀，紀之行也利而無方，行而無止，以觀人情[2]。利有等，維彼大道，成而弗改，用彼大道，知其極，加諸事，則萬物服[3]。用其則，必有羣，加諸物，則為之君[4]。舉其脩，則有理，加諸物，則為天子[5]。

①言法天地則喜怒無錯，推古久則萬始可知也。　②名以左右，則物以數為紀，紀則生利，利以利情也。　③等，差也。大道，天道也。極，中也。事，業也。　④羣，類。　⑤脩，長也。謂綱例也。

# 逸周書卷第十

## 武紀解第六十八

幣帛之間有巧言令色,事不成。車甲之間有巧言令色,事不捷。克□事而有武色,必失其德。臨權而疑,必離其災。□□不捷,智不可□。□於不足,并於不幾,則始而施。幾而弗免,無功。國有三守:卑辭重幣以服之,弱國之守也;脩備以待戰,敵國之守也,循山川之險而固之,僻國之守也。伐服不祥,伐戰危,伐險難,故善伐者不伐三守。

伐國有六時、五動、四順。閒其疏,薄其疑,推其危,扶其弱,乘其衰,暴其約,此謂六時。扶之而不讓,振之而不動,數之而不服,暴之而不革,威之而不恐,未可伐也,此謂五動。立之害,毀之利,克之易,并之能,以時伐之,此謂四順。立之不害,毀之不利,唯克之易,并之不能,可伐也;立之害,毀之未利,克之難,并之不能,可動也。静以待衆,力不與争,權弗果據,德不肆國,若是,而可毀也。地荒而不振，德衰而失與，無苦而危矣。求之以其道，□□無不得；為之以其事，而時無不成。有利備，無患事。時至而不迎，大祿乃遷；延之不道，行事乃困。不作小□，動大殃。

謀有不足者三：仁廢則文謀不足，勇廢則武謀不足，備廢則事謀不足。國有本，有幹，有權，有倫質，有樞體。土地，本也；人民，幹也；敵國侔交，權也；政教順成，倫質也；君臣和□，樞體也。土地未削，人民未散，國權未傾，倫質未移，雖有昏亂之君，國未亡也。國有幾失，居之不可阻體之小也。不果鄰家，難復飾也；封疆侵凌，難復振也；服國從失，難復扶也。大國之無養，小國之畏事。不可以本權失□家之交，不可以枉繩失鄰家之交。不據直以約，不虧體以陰。不可虞而奪也，不可策而服也，不可親而侵也，不可摩而測也，不可求而循也。施度於體，不慮費；事利於國，不計勞。失德喪服於鄰家，則不顧難矣；交體侵凌，則不顧權矣。封疆不時得其所，無為養民矣；合同不得其位，無畏患矣；百姓屈急，無藏畜矣；擠社稷，失宗廟，離墳墓，困鬼神，殘宗族，無為愛死矣。卑辭而不聽，□財而無枝，計戰而□足，近告而無顧，告過而不悔，請服而不得，然後絶好于閉門，循險近，說外援，以天命無為，是定亡矣。

凡有事，君民守社稷宗廟，而先衰亡者，皆失禮也。大事不法弗可作，法而不時弗可行，時而失禮弗可長，得禮而無備弗可成。舉物不備，而欲□大功於天下者，未之有也。勢不求周流，舉而不幾其成，亡。薄其事而求厚其功，亡。内無文道,外無武迹,往不復來者,有悔而求合者,亡。不難不費而致大功,古今未有。據名而不辱,應行而不困,唯禮。得之而無逆,失之而無咎,唯敬。成事而不難,序功而不費,唯時。勞而有成,費而不亡,唯當。施而不拂,成而有權,久之而能,□,唯義。不知所取之量,不知所施之度,不知動静之時,不知吉凶之事,不知困達之謀,疑此五者,未可以動大事。恃名不久,恃功不立,虚願不至,妄為不祥。太上敬而服,其次欲而得,其次奪而得,其次争而克,其下動而上資其力。凡建國君民,内事文而和,外事武而義。其形慎而殺,其政直而公。本之以禮,動之以時,正之以度,師之以法,成之以仁,此之道也。

## 銓法解第六十九

有三不遠,有三不近,有三不畜。敬謀,祇德,親同,三不遠也。聽讒自亂,聽諛自欺,近憝自惡,三不近也。有如忠言,竭親以為信;有如同好,以謀易寇;有如同惡,合計掬慮,慮泄事敗,是謂好害,三不畜也。

## 器服解第七十

明器,因外有三疲二用。器服數:櫝四,梏、禁、豐一,觴、天韋獨。食器:甒迤膏侯、屑侯。樂:鉍璂參,冠一,竿皆素獨。二丸弇,焚菜膾五昔。纁裏桃枝素獨,蒲簟席皆素斧獨巾。玄繢綏,縞冠素紕,玄冠組武,卷組纓。象□□瑱,絺紳帶象。玦朱極韋素獨。簟籥捍。次車羔冒□純。載枉綫。喪勤焚纓一給，器因名有三，幾玄菌，纁裏桃枝獨蒲席皆素布獨巾，玄象玄純。

## 周書序

昔在文王，商紂竝立，困于虐政，將弘道以弼無道，作將興師以承之，作《酆謀》。武王將起師伐商，寤有商儆，作《寤儆》。周將伐商，順天革命，申喻武義以訓乎民，作《武順》、《武穆》二篇。武王將行大事乎商郊，乃明德□衆，作《和寤》、《武寤》二篇。武王率六州之兵車三百五十乘以滅殷，作《尅殷》。武王既尅商，建三監以救其民，為之訓範，□□□□□□□□□□作《大聚》。□□□□□□□□□□□□□武王既釋箕子囚，俾民辟寧之以王，作《箕子》。武王秉天下，論德施□，而□位以官，作《考德》。武王命商王之諸侯綏定厥邦，申義告之，作《商誓》。武王平商，維定保天室，規擬伊洛，作《度邑》。武王有疾，□□□□□□□□□□□命周公輔小子，告以正要，作《五權》。武王既没，成王元年，周公忌商之孽，訓敬命，作《成開》。周公既誅三監，乃述武王之志，建都伊洛，作《作洛》。周公會羣臣于閎門，以輔主之格言，作《皇門》。周公陳武王之言，以贊己言，戒乎成王，作《大戒》。周公正三統之義，作《周月》。辯二十四氣之應以明天時，作《時訓》。周公制十二月賦政之法，作《月令》。周公肇制文王之謚義以垂于後，作《謚法》。周公將致政成王，朝諸侯於明堂，作《明堂》。成王既即政，因嘗麥以語羣臣而求助，作《嘗麥》。周公為太《度訓》。殷人作教，民不知極，將明道極以移其俗，作《命訓》。紂作淫亂，民散無性習常，文王惠和化服之，作《常訓》。上失其道，民散無紀，西伯脩仁明恥示教，作《文酌》。上失其道，民失其業，□□凶年，作《糴匡》。文王立，西距昆夷，北備獫狁，謀武以昭威懷，作《武稱》。武以禁暴，文以綏德，大聖允兼，作《允文》。武有七德，□王作《大武》、《大明武》、《小明武》三篇。穆王遭大荒，謀救患分災，作《大匡》。□□□□□□□□□□□□□□□□□□□□□□□□□，作《九開》。文王唯庶邦之多難，論典以匡謬，作《劉法》。文王卿士諗發教禁戒，作《文開》。維美公命于文王脩身觀天，以謀商難，作《保開》。文王訓乎武王以繁害之戒，作《八繁》。文王在酆，命周公謀商難，作《酆保》。文啟謀乎後嗣，以脩身敬戒，作《大開》、《小開》二篇。文王有疾，告武王以民之多變，作《文儆》。文王告武王以序德之行，作《文傳》。文王既沒，武王嗣位，告周公禁五戎，作《柔武》。武王忌商，周公勤天下，作大、小《開武》二篇。武王評周公維道以為寶，作《寶典》。商謀啟平周，周人師，告成王以五則，作《本典》。成王訪周公以民事，周公陳六徵以觀察之，作《官人》。周室既寧，八方會同，各以其職來獻，欲垂法厥後，作《王會》。周公云殁，王制將衰，穆王因祭祖不豫，詢某守位，作《祭公》。穆王思保位惟難，恐貽世羞，欲自警悟，作《史記》。王化雖弛，天命方永，四夷八蠻，攸尊王政，作《職方》。芮伯稽古作訓，納王于善，暨執政小臣，咸省厥躬，作《芮良夫》。晉侯尚力，侵我王略，叔向聞儲幼而果賢，□復王位，作《太（王）〔子〕晉》。王者德以飾躬，用為所佩，作《王佩》。

夏多罪，湯將放之，徵前事以戒後王也，作《殷祝》。民非后罔乂，后非民罔與為邦，慎政在微，作《周祝》。武以靖亂，非直不尅，作《武紀》。積習生常，不可不慎，作《銓法》。車服制度，明不苟踰，作《器服》。周道於是乎大備。

# 附　　録

## 昭德晁公武讀書志

《汲冢周書》十卷，晉太康中汲郡與《穆天子傳》同得，晉孔晁注，蓋孔子刪採之餘，凡七十篇。古者，天子諸侯皆有史官，惟書法信實者行於世。秦漢罷黜封建，獨天子之史存。然史官或怯而阿世，貪而曲筆，虛美隱惡，不足考信，則儒學處士必私有記述，以伸其志，將來賴之以證史官之失，其弘益大矣。以司馬遷之博聞，猶採數家之言以成其書，況其下者乎？亦有聞見單淺，記録失實，胸臆偏私，褒貶弗公，以誤後世者，在觀者慎擇之而已矣。

## 陳振孫直齋書録解題

《汲冢周書》十卷，晉五經博士孔鼂注。太康中，汲郡發魏安釐王冢所得竹簡書，此其一也。凡七十篇，序一篇，在其末。今京口刊本以序散在諸篇，蓋以倣孔安國《尚書》。相傳以為孔子刪書所餘者，未必然也。文體與古書不類，似戰國後人依倣為之者。

## 李巽巖逸周書考

晉孔晁注《周書》十卷。案隋唐《經籍志》《藝文志》皆稱此書得於晉太康中汲郡魏安釐王冢。孔晁注解或稱十卷，或八卷，大抵不殊。若此，則晉以前初未有此也。然劉向及班固所録，竝著《周書》七十一篇，且謂孔子删削之餘。而司馬遷記武王克殷事，蓋與此合。豈西漢世已得入中祕，其後稍隱，學者不道，及盗發冢，乃幸復出邪？篇目比漢但闕一耳，必班、劉、司馬所見者也。繫之汲冢，失其本矣。書多駁辭，宜孔子所不取。抑戰國處士私相綴緝，託周為名，孔子亦未必見。章句或脱爛難讀，更須考求，别加是正云。巽巖李燾。

## 丁黼逸周書跋

夫子定書為百篇矣，孟子於《武成》，取其二三策，謂"血流漂杵"等語，近於誇也。今所謂《汲冢周書》者，類多誇詡之辭，且雜以詭譎之説，此豈文、武、周公之事，而孔孟之所取哉？然其閒畏天敬民、尊賢尚德、古先聖王之格言遺行，尚多有之。至於《時訓》《明堂》，記禮者之所采録；《克殷》《度邑》，司馬遷之所援據，是蓋有不可盡廢者。晉狼瞫曰："《周志》有之：'勇則害上，不登於明堂。'"其語今見之篇中。此吾夫子未定之書也。漢蕭何云："《周書》曰：'天予不取，返受其咎。'"此則夫子既定之後，而書無此語意者，其在逸篇乎？其後班固志《藝文》，《書》凡九家,有《周書》七十一篇。劉向云:"周時誥誓號令,蓋孔子所論百篇之餘也。"以兩漢諸人之所纂記推之,則非始出於汲冢也明矣。惜乎後世不復貴重,文字日就舛訛。予始得本於李巽巖家,脱誤為甚。繼得陳正卿本,用相參校,脩補頗多,其閒數篇尚有不可句讀,脱文衍字亦有不容强解者。姑且刻之,俟求善本,更加增削,庶使流傳,以為近古之書云。嘉定十五年夏四月十一日,東徐丁黼謹識。

# 校點後記

《逸周書》十卷，晉孔晁注，加書後《周書序》共七十一篇，其中《程寤解》等十一篇已佚。其記事上自周文王，下訖周景王，而以文、武、成與周公事為多。此書舊本題《汲冢周書》。《漢書·藝文志》稱《周書》，《隋書·經籍志》因之。《經籍志》又稱此書為晉太康二年發魏安釐王冢所得竹書之一種，故自晁公武《讀書志》始目為《汲冢周書》。而《逸周書》之名始於許慎《說文解字》。楊慎《逸周書序》引《晉書·武帝紀》與《荀勖傳》、《束皙傳》以及杜預《春秋集解後序》，辨明此《周書》非汲冢所出，故清刊本多恢復《逸周書》舊稱。

此書古無善本，以清乾隆間餘姚盧文弨抱經堂本為最善，其所據舊本有元劉廷幹本、明章檗本、程榮本、吴琯本、卜世昌本、何允中本、胡文煥本、鍾惺本，可謂《逸周書》之集大成者。故此次校點即以此本為底本，以《四部叢刊》所收章本以及程榮《漢魏叢書》本為參校本。所佚十一篇中，盧本據《藝文類聚》《太平御覽》補《程寤》七十五字，據《吕氏春秋》補《月令》全文，此次整理一并收入，以保持底本原貌。底本中異體、俗體以及減筆避諱字等一律改為正字,餘者一仍其舊。

《逸周書》流傳久遠,多有顛倒脱訛之處,且文辭古奥晦澀,如《器服》等篇,頗難句讀。校點者囿於學識,難免錯漏百出,還望專家不吝指教。

校點者

1998 年 6 月 28 日

# 古本竹書紀年

佚　名　撰

張　潔
戴和冰　點校

# 目　録

# 五 帝 紀

昌意降居若水，産帝乾荒。《山海經·海内經》注。

黄帝仙去，其臣有左徹者，削木作黄帝之像，帥諸侯奉之。《意林》卷四(《抱朴子》)。黄帝既仙去，其臣有左徹者，削木為黄帝之像，帥諸侯朝奉之。《太平御覽》卷七九皇王部。黄帝仙去，其臣左徹者削木為黄帝像，帥諸侯奉之。《太平御覽》卷三九六人事部。

顓頊産伯鮌，是維若陽，居天穆之陽。《山海經·大荒西經》注。

堯元年(景)〔丙〕子。《隋書·律曆志》。

昔堯德衰，為舜所囚也。《史記·五帝本紀》正義。舜囚堯于平陽，取之帝位。《廣弘明集》卷一一法琳《對傅奕廢佛僧事》。舜放堯於平陽。《史通·疑古》。

舜囚堯，復偃塞丹朱，使不與父相見也。《史記·五帝本紀》正義。

后稷放帝子丹朱于丹水。《史記·高祖本紀》正義。后稷放帝朱于丹水。《山海經·海内南經》注。后稷放帝子丹朱。《史記·

五帝本紀》正義。

命咎陶作刑。《北堂書鈔》卷一七帝王部。

三苗將亡，天雨血，夏有冰，地坼及泉，青龍生於廟，日夜出，晝日不出。《通鑑外紀》卷一注。

# 夏　紀

禹都陽城。《續漢書·郡國志》二注、《禮記·緇衣》正義。

禹立四十五年。《太平御覽》卷八二皇王部。

益干啟位，啟殺之。《晉書·束皙傳》。益為啟所誅。《史通·疑古》。后啟殺益。《史通·雜説上》。夏后開舞九招也。《山海經·大荒西經》注。

啟征西河。《北堂書鈔》卷一三帝王部。

即位三十九年亡，年七十八。《真誥》卷一五注。

太康居斟尋。《水經·巨洋水注》、《史記·夏本紀》正義、《史記·周本紀》正義。太康居斟尋。羿亦居之。《漢書·地理志》注。

帝相即位，處商丘。《太平御覽》卷八二皇王部。

元年，征淮夷。《太平御覽》卷八二皇王部。

二年，征風夷及黄夷。《太平御覽》卷八二皇王部。后相即位，二年，征黄夷。《後漢書·東夷傳》注。二年，征黄夷。《通鑑外紀》卷二。

七年，于夷來賓。《後漢書·東夷傳》注。

相居斟灌。《水經·巨洋水注》。

後少康即位，方夷來賓。《後漢書·東夷傳》注。

帝(宁)〔杼〕居原，自遷于老丘。《太平御覽》卷八二皇王部。

柏杼子征于東海及王壽，得一狐九尾。《山海經·海外東經》注。伯杼子往于東海，至于三壽，得一狐九尾。《稽瑞》。夏伯杼子東征，獲狐九尾。《太平御覽》卷九〇九獸部。

后芬即位，三年，九夷來御，曰畎夷、于夷、方夷、黄夷、白夷、赤夷、玄夷、風夷、陽夷。《太平御覽》卷七八〇四夷部。后芬發即位，三年，九夷來御。《後漢書·東夷傳》注。

洛伯用與河伯馮夷鬥。《水經·洛水注》。

后芬立四十四年。《太平御覽》卷八二皇王部。

后荒即位，元年，以玄珪賓于河，命九東狩于海，獲大鳥。《北堂書鈔》卷八九禮儀部。后荒即位，元年，以玄璧賓于河，狩于海，獲大魚。《初學記》卷一三禮部上。后芒即位，元年，以玄珪賓于河，東狩于海，獲大魚。后芒陟位，五十八年。《太平御覽》卷八二皇王部。

殷王子亥賓于有易而淫焉，有易之君綿臣殺而放之，是故殷主甲微假師于河伯以伐有易，滅之，遂殺其君綿臣也。《山海經·大荒東經》注。

后泄二十一年，命畎夷、白夷、赤夷、玄夷、風夷、陽夷。《後漢書·東夷傳》注。帝泄二十一年，加畎夷等爵命。《通鑑外紀》卷二。

不降即位，六年，伐九苑。立十九年。其弟立，是為帝扃。《太平御覽》卷八二皇王部。

胤甲居於河西，天有妖孽，十日並出。《太平御覽》卷四天部。胤甲即位，居西河，有妖孽，十日並出。《山海經·海外東經》注。胤甲居西河，天有孽，日並出。《開元占經》卷六。帝廑一名胤甲，即位居西河，天有祅孽，十日並出。《太平御覽》卷八二皇王部。胤甲即位，居西河，十日竝出，其年胤甲陟。《通鑑外紀》卷二。

后昊立三年。《太平御覽》卷八二皇王部。

后發一名后敬，或曰發惠。《太平御覽》卷八二皇王部。

后發即位，元年，諸夷賓于王門，再保庸會于上池，諸夷入舞。《北堂書鈔》卷八二禮儀部。后發即位，元年，諸夷賓于王門，諸夷入舞。《後漢書·東夷傳》注、《太平御覽》卷七八〇四夷部。

太康居斟尋，羿亦居之，桀又居之。《水經·巨洋水注》、《漢書·地理志》注、《史記·夏本紀》正義、《史記·周本紀》正義。

不窋之㠭孫。《爾雅·釋親》注。

后桀伐岷山，岷山女于桀二人，曰琬、曰琰。桀受二女，無子，刻其名于苕華之玉，苕是琬，華是琰。而棄其元妃于洛，曰末喜氏。末喜氏以與伊尹交，遂以間夏。《太平御覽》卷一三五皇親部。桀伐岷山，得女二人，曰琬，曰琰。桀愛二女，斵其名于苕華之玉，苕是琬，華是琰也。《史記·司馬相如傳》集解。斵苕華。《北堂書鈔》卷二一帝王部。桀伐珉山，珉山莊王女于桀二女，曰琬，曰琰。桀受二女，無子，斷其名于苕華之玉，苕是琬，華是琰。《藝文類聚》卷八三寶玉部。后桀命扁伐山民，山民女于桀二人，曰琬，曰琰。桀愛二人，女無子焉，斵其名于苕華之玉，苕是琬，華是琰，而棄其元妃于洛，曰妹喜。《太平御覽》卷八二皇王部。桀伐珉山，獻女于桀，二女曰琬，曰琰。桀受女，刻其名于苕華之玉，苕是琬，華是琰。《太平御覽》卷三八一人事部。桀伐岷山，岷山女于桀二女，曰琬，曰琰。桀愛二女，無子，刻其名于苕華之玉，苕是琬，華是琰。《太平御覽》卷八〇五珍寶部、《事類賦》注卷九玉。

夏桀作傾宫、瑶臺，殫百姓之財。《文選·東京賦》注。桀築傾宫，飾瑶臺。《文選·吴都賦》注。桀作傾宫，飾瑶臺。《文選·七命》注。桀傾宫，飾瑶臺，作瓊室，立玉門。《太平御覽》卷八二皇王部。

夏桀末年，社坼裂，其年為湯所放。《太平御覽》卷八八〇咎徵部。

湯遂滅夏，桀逃南巢氏。《太平御覽》卷八二皇王部。

自禹至桀十七世，有王與無王，用歲四百七十一年。《太平御覽》卷八二皇王部。有王與無王，用歲四百七十一年矣。《史記·夏本紀》集解。有王與無王，用歲四百七十一年。《史記·夏本紀》索隱。凡夏自禹以至於桀，十七王。《文選·六代論》注。四百七十一年。《通鑑外紀》卷二。

# 殷　紀

湯有七名而九征。《太平御覽》卷八三皇王部。

外丙勝居亳。《太平御覽》卷八三皇王部。

殷仲壬即位，居亳，其卿士伊尹。《春秋經傳集解後序》、《尚書·咸有一德》正義、《通鑑外紀》卷二。

仲壬崩，伊尹放大甲于桐，乃自立也。伊尹即位，放大甲七年，大甲潛出自桐，殺伊尹，乃立其子伊陟、伊奮，命復其父之田宅而中分之。《春秋經傳集解後序》。太甲殺伊尹。《晉書·束晳傳》。仲壬崩，伊尹放太甲於桐而自立也。伊尹即位於太甲七年，太甲潛出自桐，殺伊尹，乃立其子伊陟、伊奮，命復其父之田宅而中分之。《尚書·咸有一德》正義。太甲潛出自桐，殺伊尹。《文選·豪士賦》注。太甲殺伊尹。《史通·疑古》、《史通·雜説上》。伊尹自篡立後，太甲潛出，親殺伊尹而用其子。《廣弘明集》卷一一法琳《對傅奕廢佛僧事》。伊尹放太甲于桐，尹乃自立，暨及位于太甲七年，太甲潛出自桐，殺伊尹，乃立其子伊陟，伊奮，命復其父之田宅而中分之。柳開《河東集》卷三《太甲誅伊尹論》。仲壬崩，伊尹放太甲于桐，乃自立也。伊尹即位於太甲七年，太甲潛出自桐，殺伊尹，乃立其子伊陟、伊奮，命復其父之田宅而中分之。《通鑑外紀》卷二。

太甲唯得十二年。《史記·魯世家》索隱。

沃丁絢即位，居亳。《太平御覽》卷八三皇王部。

小庚辯即位，居亳。《太平御覽》卷八三皇王部。

小甲高即位，居亳。《太平御覽》卷八三皇王部。

雍己伷即位，居亳。《太平御覽》卷八三皇王部。

仲丁即位，元年，自亳遷于囂。《太平御覽》卷八三皇王部。仲丁即位，征于藍夷。《後漢書·東夷傳》注。

外壬居囂。《太平御覽》卷八三皇王部。

河亶甲整即位，自囂遷于相。征藍夷，再征班方。《太平御覽》卷八三皇王部。

祖乙勝即位，是為中宗。《太平御覽》卷八三皇王部。

帝開甲踰即位，居庇。《太平御覽》卷八三皇王部。

祖丁即位，居庇。《太平御覽》卷八三皇王部。

南庚更自庇遷于奄。《太平御覽》卷八三皇王部。

陽甲即位，居奄。《太平御覽》卷八三皇王部。和甲西征，得一丹山。《山海經·大荒北經》注。

盤庚旬自奄遷于北蒙，曰殷。《太平御覽》卷八三皇王部。盤庚即位，自奄遷于北蒙，曰殷。《水經·洹水注》。盤庚遷于(此汲冢)〔北蒙〕，曰殷虛。南去鄴三十里。《史記·項羽本紀》集解。盤庚自奄遷于殷。殷在鄴南三十里。《尚書·盤庚》正義。盤庚自奄遷於殷。《尚書·祖乙書序》正義。盤庚自奄遷于北蒙，曰殷虛。南去鄴州三十里。《史記·項羽本紀》索隱。盤庚自奄遷于北蒙，曰殷墟。南去鄴四十里。《史記·殷本紀》正義。盤庚自奄遷于殷。殷在鄴南三十里。《通鑑外紀》卷二。

自盤庚徙殷，至紂之滅，(七)〔二〕百七十三年，更不徙都。紂時稍大其邑，南距朝歌，北據邯鄲及沙丘，皆為離宮别館。《史記·殷本紀》正義。

殷時已有應國。《水經·滍水注》、《史記·梁孝王世家》正義。〔應〕，殷時已自有國。《漢書·地理志》注。商時已有應國。《輿地廣記》卷九汝州葉縣。

小辛頌即位，居殷。《太平御覽》卷八三皇王部。

小乙斂居殷。《太平御覽》卷八三皇王部。

祖庚躍居殷。《太平御覽》卷八三皇王部。

帝甲載居殷。《太平御覽》卷八三皇王部。

馮辛先居殷。《太平御覽》卷八三皇王部。

庚丁居殷。《太平御覽》卷八三皇王部。

武乙即位，居殷。三十四年，周王季歷來朝，武乙賜地三十里，玉十瑴，馬八疋。《太平御覽》卷八三皇王部。

武乙三十五年，周王季伐西落鬼戎，俘二十翟王。《後漢書·西羌傳》注。武乙三十五年，周俘狄王。《通鑑外紀》卷二。

太丁二年，周人伐燕京之戎，周師大敗。《後漢書·西羌傳》注。

太丁三年，洹水一日三絶。《太平御覽》卷八三皇王部。

太丁四年，周人伐余無之戎，克之。周王季命為殷牧師。《後漢書·西羌傳》注。武乙即位，周王季命為殷牧師。《文選·典引》注。

太丁七年，周人伐始呼之戎，克之。《後漢書·西羌傳》注。

十一年,周人伐翳徒之戎,捷其三大夫。《後漢書·西羌傳》注。太丁十一年,周伐翳徒戎。《通鑑外紀》卷二。

文丁殺季歷。《晉書·束晳傳》、《史通·疑古》、《史通·雜説上》。文丁殺周王。《北堂書鈔》卷四一政術部。

帝乙處殷。二年,周人伐商。《太平御覽》卷八三皇王部。

帝辛受居殷。《太平御覽》卷八三皇王部。

畢西於豐三十里。《漢書·劉向傳》注。

殷紂作瓊室,立玉門。《文選·東京賦》注。紂作瓊室,立玉門。《文選·吴都賦》注。

帝辛受時,天大曀。《開元占經》卷一〇一。

湯滅夏以至于受,二十九王,用歲四百九十六年。《史記·殷本紀》集解。殷自成湯滅夏以至于受,二十九王。《文選·六代論》注。二十九王,四百九十六年。《通鑑外紀》卷二。

# 周　紀

十一年庚寅，周始伐商。《新唐書·曆志》。

周武王率西夷諸侯伐殷，敗之于坶野。《水經·清水注》。

武王親禽帝受于南單之臺，遂分天之明。《水經·淇水注》。周武王親禽受於南單之臺。《初學記》卷二四居處部。武王擒紂于南單之臺。《太平御覽》卷一七八居處部、《太平寰宇記》卷五六衛州衛縣。

年四十五。《真誥》卷一五注。

康王六年，齊太公望卒。《太公吕望表》，《金石萃編》卷二五。

晉侯築宫而美，康王使讓之。《北堂書鈔》卷一八帝王部。

成、康之際，天下安寧，刑措四十年不用。《文選·賢良詔》注。成、康之際，天下安寧，刑措四十餘年不用。《文選·永明九年策秀才文》注、《太平御覽》卷八五皇王部。

周昭王十六年，伐楚荆，涉漢，遇大兕。《初學記》卷七地部下。

周昭王十九年，天大曀，雉兔皆震，喪六師於漢。《初學記》卷七地部下。周昭王十九年，天大曀，雉兔皆震。《開元占經》

卷一〇一、《太平御覽》卷九〇七獸部。

周昭王末年，夜有五色光貫紫微。其年，王南巡不返。《太平御覽》卷八七四咎徵部。

穆王元年，築祇宫于南鄭。《穆天子傳》注。

穆王所居鄭宫、春宫。《太平御覽》卷一七三居處部。

北唐之君來見，以一驪馬，是生緑耳。《穆天子傳》注、《史記·秦本紀》集解。北唐之君來見，驪馬是生緑耳。《爾雅·釋畜》正義。

穆王北征，行流沙千里，積羽千里。《山海經·大荒北經》注。穆王北征，行積羽千里。《穆天子傳》注。穆王北征，行流沙千里，積羽行千里。《文選·江賦》注。

〔西征犬戎〕取其五王以東。《穆天子傳》注。

穆王十三年，西征，至于青鳥之所憩。《藝文類聚》卷九一鳥部。穆王十三年，西征，至于青鳥之所解。《太平御覽》卷九二七羽族部。穆王西征，至于青鳥所解。《山海經·西山經》注。

穆王十七年，西征昆侖丘，見西王母。其年來見，賓於昭宫。《穆天子傳》注。穆王見西王母，西王母止之曰："有鳥䳓人。"《穆天子傳》注。穆王(五)十七年，西王母來見，賓于昭宫。《山海經·西山經》注。穆王十七年西征，見西王母，賓于昭宫。《列子·周穆王》釋文。穆王十七年，西征於崑崙丘，見西王母。《史記·秦本紀》集解。周穆王十七年，西征，至崑崙丘，見西王母，王母止之。《藝文類聚》卷七山部。穆王十七年，西征，至于崑崙丘，見西王母，乃宴。《白氏六帖事類集》卷二崑崙山。周穆王十七年，西征，至崑崙丘，見西王母。《太平御覽》卷三八地部。

穆王十七年，起師至九江，以黿為梁。《廣韻·元》卷一注。

周穆王三十七年，伐楚，大起九師，至於九江，比黿鼉為梁。《藝文類聚》卷九水部。周穆王七年，大起師，東至于九江，架黿鼉以為梁。《太平御覽》卷七三地部。周穆王四十七年，伐紆，大起九師，東至于九江，比黿以為梁。《太平御覽》卷三〇五征伐部。北龜為梁。《北堂書鈔》卷一六帝王部。周穆王伐大越，起九師，東至九江，駕黿鼉以為梁也。《北堂書鈔》卷一一四武功部。周穆王三十七年，東至于九江，比黿鼉以為梁。《初學記》卷七地部下。周穆王三十七年，征伐，大起九師，東至于九江，叱黿鼉以為梁。《文選·江賦》注。周穆王三十七年，伐(紂)〔紆〕，大起九師，東至于九江，叱黿鼉以為梁。《文選·恨賦》注。周穆王三十七年，伐荆，東至九江，比黿鼉為梁而渡。《白氏六帖事類集》卷三橋。周穆王東至于九江，叱黿鼉以為梁。《事類賦》注卷六江。穆王三十七年，起師，至九江，以黿為梁也。《太平御覽》卷九三二鱗介部。

穆王南征，君子為鶴，小人為飛鴞。唐寫本《修文殿御覽》殘卷。

穆王西征，還里天下，億有九萬里。《穆天子傳》注。穆王東征天下二億二千五百里，西征億有九萬里，南征億有七百三里，北征二億七里。《開元占經》卷四。

懿王元年，天再旦于鄭。《太平御覽》卷二天部、《事類賦》注卷一天。懿王元年，天再啟。《開元占經》卷三。

夷王二年，蜀人、吕人來獻瓊玉，賓于河，用介珪。《太平御覽》卷八五皇王部。夷王二年，蜀人、吕人來獻瓊玉。《北堂書鈔》卷三一。

三年，致諸侯，烹齊哀公于鼎。《史記·周本紀》正義。三年,王致諸侯,烹齊哀公于鼎。《太平御覽》卷八五皇王部。

夷王獵于杜林,得一犀牛。《太平御覽》卷八九〇獸部。

夷王衰弱,荒服不朝,乃命虢公率六師,伐太原之戎,至于俞泉,獲馬千匹。《後漢書·西羌傳》注。

夷王七年,冬,雨雹,大如礪。《北堂書鈔》卷一五二天部、《太平御覽》卷一四天部、《初學記》卷二天部下。夷王七年,雹如礪。《白氏六帖事類集》卷一雹。

厲王無道,戎狄寇掠,乃入犬丘,殺秦仲之族。王命伐戎,不克。《後漢書·西羌傳》注。

秦無曆數,周世陪臣。自秦仲以前,本無年世之紀。《廣弘明集》卷一一《對傅奕廢佛僧事》。

(幽)〔厲〕王既亡,有共伯和者攝行天子事。《晉書·束皙傳》。共伯和干王位。《史記·周本紀》索隱。共伯和即干王位。《莊子·讓王》釋文。共伯名和。《史通·雜説上》、《國語補音》卷一。共國之伯名和,行天子政。《通鑑外紀》卷三。

及宣王立,四年,使秦仲伐戎,為戎所殺。王乃召秦仲子莊公,與兵七千人,伐戎破之,由是少却。《後漢書·西羌傳》注。

宣王三十年,有兔舞鎬。《太平御覽》卷九〇七獸部。宣王三□年,有兔舞鎬。《初學記》卷二九獸部。宣王四十年,有兔舞鎬。《白氏六帖事類集》卷二九。

後二十七年,王遣兵伐太原戎,不克。《後漢書·西羌傳》注。

周(靈)〔宣〕王三十三年,有馬化為狐。《開元占經》卷一一八。周宣王時,馬化為狐。《廣韻·禡》卷四注、《太平御覽》卷八八七咎徵部。宣王時,(烏)〔馬〕化為狐。《太平御覽》卷九〇九獸部。

後五年，王伐條戎、奔戎，王師敗績。《後漢書・西羌傳》注。

後二年，晉人敗北戎于汾隰，戎人滅姜侯之邑。《後漢書・西羌傳》注。

明年，王征申戎，破之。《後漢書・西羌傳》注。

後十年，幽王命伯士伐六濟之戎，軍敗，伯士死焉。《後漢書・西羌傳》注。

幽王八年，立褒姒之子曰伯服，為太子。《太平御覽》卷一四七皇親部。幽王立褒姒之子伯盤，以為太子。《太平御覽》卷八五皇王部。平王奔西申，而立伯盤以為太子。《左傳・昭公二十六年》正義。

幽王十年九月，桃杏實。《太平御覽》卷九六八果部。

盟於太室。《北堂書鈔》卷二一帝王部。

〔伯盤〕與幽王俱死於戲。先是，申侯、魯侯及許文公立平王於申，以本大子，故稱天王。幽王既死，而虢公翰又立王子余臣於攜。周二王並立。《左傳・昭公二十六年》正義。幽王死，申侯、魯侯、許文公立平王於申，虢公翰立王子余，二王並立。《通鑑外紀》卷三。

自武王滅殷，以至〔于〕幽王，凡二百五十七年。《史記・周本紀》集解。西周二百五十七年。《通鑑外紀》卷三。自武王至幽王二百五十七年。《通鑑外紀》卷三。

# 晉　紀

鄭桓公(厲)〔宣〕王之子。《史通·雜説上》。

晉文侯二年，周宣王子多父伐鄶，克之。乃居鄭父之丘，名之曰鄭，是曰桓公。《水經·洧水注》。

二十一年，攜王為晉文公所殺。以本非適，故稱“攜王”。《左傳·昭公二十六年》正義。余為晉文侯所殺，是為攜王。《通鑑外紀》卷三。

莊伯以曲沃叛，伐翼，公子萬救翼，荀叔軫追之，至于家谷。《水經·澮水注》。

莊伯十二年，翼侯焚曲沃之禾而還。作為文公。《水經·澮水注》。

魯隱公及邾莊公盟於姑蔑。《春秋經傳集解後序》。

鄭莊公殺公子圣。《春秋啖趙集傳纂例》卷一。

紀子伯、莒子盟於密。《春秋啖趙集傳纂例》卷一。

晉武公元年，尚一軍。芮人乘京，荀人董伯皆叛。《水經·河水注》。

翼侯伐曲沃，大捷，武公請成于翼，至桐乃返。《水經·

涑水注》。

晉武公七年，芮伯萬之母芮姜逐萬，萬出奔魏。《水經·河水注》。

八年，周師、虢師圍魏，取芮伯萬而東之。《水經·河水注》。

九年，戎人逆芮伯萬于郟。《水經·河水注》。

魯桓公、紀侯、莒子盟於區蛇。《春秋啖趙集傳纂例》卷一。

鄭殺其君某。《春秋啖趙集傳纂例》卷一。

齊襄公滅紀、郱、鄑、郚。《史記·秦始皇本紀》正義。

齊人殲于遂。《春秋啖趙集傳纂例》卷一、《新唐書·劉貺傳》。

晉武公滅荀，以賜大夫原氏黯，是為荀叔。《漢書·地理志》注。晉武公滅荀，以賜大夫原氏。《水經·汾水注》。晉武公滅郇，以賜大夫原(點)〔黯〕，是為郇叔。《文選·北征賦》注。

晉獻公二年春，周惠王居于鄭。鄭人入王府，多取玉，玉化為蜮射人。《開元占經》卷一二〇。晉獻公二年春，周惠王居于鄭。鄭人入王府多取玉焉，玉化為蜮射人。《太平御覽》卷九五〇蟲豸部。晉獻公二年春，周惠王居于鄭。鄭人入王府取玉焉，玉化為蜮以射人也。《太平廣記》卷四七三昆蟲部引《感應經》所引。

衛懿公及赤翟戰于洞澤。《春秋經傳集解後序》。

鄭棄其師。《春秋啖趙集傳纂例》卷一、《新唐書·劉貺傳》。

晉獻公十有九年，獻公會虞師伐虢，滅下陽。虢公醜奔衛。獻公命瑕父、吕甥邑于虢都。《水經·河水注》。晉獻公會虞師伐虢，滅下陽。《春秋經傳集解後序》。

重耳出奔。《史通·惑經》。

晉獻公二十五年正月，翟人伐晉，周陽有白兔舞於市。《水經·涑水注》。

穆公十一年，取靈邱。董逌《廣川書跋》卷四、《古文苑》卷一注引王順伯《詛楚文跋》。

隕石于宋五。《史通·惑經》。

惠公見獲。《史通·惑經》。

晉惠公十五年，秦穆公率師送公子重耳，涉自河曲。《水經·河水注》。晉惠公十有五年，秦穆公率師送公子重耳，圍令狐、桑泉、臼衰，皆降于秦師。狐毛與先軫禦秦，至於廬柳，乃謂秦穆公使公子縶來與師言，退舍，次於郇，盟於軍。《水經·涑水注》。

周襄王會諸侯於河陽。《春秋經傳集解後序》。

文公城荀。《漢書·地理志》注。文公城郇。《文選·北征賦》注。

齊師逐鄭太子齒奔城張陽南鄭。《水經·洧水注》。

晉襄公六年，洛絶於泂。《水經·洛水注》。

齊國佐來獻玉磬、紀公之甗。《春秋經傳集解後序》。

楚共王會宋平公於湖陽。《水經·泚水注》。

晉昭公元年，河赤於龍門三里。《水經·河水注》。

昭公六年十二月，桃杏花。《太平御覽》卷九六八果部。

晉定六年，漢不見于天。《太平御覽》卷八七五咎徵部。

楚囊瓦奔鄭。《春秋啖趙集傳纂例》卷一。

晉定公十八年，青虹見。《太平御覽》卷一四天部。

晉定公二十年，洛絶於周。《水經·洛水注》。

晉定公二十五年，西山女子化為丈夫，與之妻，能生子。其年，鄭一女而生四十人，二十死。《開元占經》卷一一三。

晉定公二十八年，淇絶於舊衛。《水經·淇水注》。

晉定公三十一年，城頓丘。《水經·淇水注》。

宋殺其大夫皇瑗於丹水之上。又曰：宋大水，丹水壅不流。《水經·獲水注》。

晉出公五年，澮絶於梁。《水經·澮水注》。

晉出公五年，丹水三日絶不流。《水經·沁水注》。

晉出公六年，齊、鄭伐衛。荀瑶城宅陽。《水經·濟水注》。

晉出公十年十一月，於粤子句踐卒，是為菼執。《史記·越世家》索隱。

〔衛悼公〕四年卒於越。《史記·衛世家》索隱。

於粤子句踐卒，次鹿郢立，六年卒。《史記·越世家》索隱。

荀瑶伐中山，取窮魚之丘。《水經·巨馬水注》。晉荀瑶伐中山窮魚之丘。《初學記》卷八州郡部。晉荀瑶伐中山，取窮魚之丘。《太平御覽》卷六四地部、《太平寰宇記》卷六七易州易縣。

晉出公十九年，晉韓龐取盧氏城。《水經·洛水注》。

晉出公(三)〔二〕十年，智伯瑶城高梁。《水經·汾水注》。

成侯名載。《史記·燕世家》索隱。

晉出公二十二年，河絶於扈。《水經·河水注》。

出公二十三年奔楚，乃立昭公之孫，是為敬公。《史記·晉世家》索隱。

不壽立十年見殺，是為盲姑，次朱句立。《史記·越世家》索隱。

晉幽公七年，大旱，地長生鹽。《北堂書鈔》卷一四六酒食部。

幽公九年，丹水出，相反擊。《水經·沁水注》。

幽公十三年，魯季孫會晉幽公於楚丘，取葭密，遂城之。《水經·濟水注》。幽公十三年，魯季孫會晉侯于楚，取葭密，遂城之。《太平寰宇記》卷一三曹州乘氏縣。

夫人秦嬴賊公於高寢之上。《史記·晉世家》索隱。

晉烈公元年，趙獻子城泫氏。《水經·沁水注》、《太平寰宇記》卷四四澤州高平縣。

晉烈公元年，韓武子都平陽。《水經·汾水注》。

於粵子朱句三十四年滅滕。《史記·越世家》索隱。

〔燕〕文公二十四年卒，簡公立。《史記·燕世家》索隱。

晉烈公(四)〔二〕年，越子朱句滅郯，以郯子鴣歸。《水經·沂水注》。於粵子朱句……三十五年滅郯。《史記·越世家》索隱。

晉烈公三年，楚人伐我南鄙，至于上洛。《水經·丹水注》、《太平寰宇記》卷一四一商州上洛縣、《輿地廣記》卷一四商州上洛縣。

晉烈公四年，趙城平邑。《水經·河水注》、《初學記》卷八州郡部、《太平寰宇記》卷五四魏州南樂縣。

三十七年朱句卒。《史記·越世家》索隱。

〔晉烈公〕五年，田公子居思伐趙鄙，圍平邑。《水經·河水注》。

齊宣公〔四〕十五年，田莊子卒。明年，立田悼子。《史記·田敬仲完世家》索隱。

〔秦〕簡公九年卒，次敬公立。《史記·秦本紀》索隱。

晉烈公十一年，田悼子卒。田布殺其大夫公孫孫，公孫會以廩丘叛於趙。田布圍廩丘，翟角、趙孔屑、韓師救廩丘，及田布戰於龍澤，田布敗逋。《水經·瓠子水注》。宣公五十一年，公孫會以廩丘叛於趙。十二月，宣公薨。《史記·田敬仲完世家》索隱。悼子卒，乃次立田和。《史記·田敬仲完世家》索隱。

烈公十二年，王命韓景子、趙烈子、翟員伐齊，入長城。《水經·汶水注》。

# 魏　紀

〔燕〕簡公立，十三年，而三晉命邑為諸侯。《史記·燕世家》索隱。

齊康公五年，田侯午生。《史記·田敬仲完世家》索隱。

〔魏文侯〕五十年卒。《史記·魏世家》索隱。

〔魏〕武侯元年，封公子緩。《史記·魏世家》索隱。

魏武侯元年，當趙烈侯之十四年。《史記·魏世家》索隱。

〔秦〕敬公立，十二年卒，乃立惠公。《史記·秦本紀》索隱。〔秦〕敬公立十三年，乃至惠公。《史記·秦始皇本紀》索隱。

〔魏武侯〕十一年，城洛陽及安邑、王垣。《史記·魏世家》索隱。

〔齊康公〕二十二年，田侯剡立。《史記·田敬仲完世家》索隱。

翳三十三年，遷於吴。《史記·越世家》索隱。

〔於粤子翳〕三十六年七月，太子諸咎弑其君翳；十月，粤殺諸咎粤滑，吴人立孚錯枝為君。《史記·越世家》索隱。

明年，大夫寺區定粤亂，立初無余之。《史記·越世家》索隱。

魏武侯二十一年，韓滅鄭，哀侯入于鄭。《史記·韓世家》索隱。

晉桓公邑哀侯于鄭。韓山堅賊其君哀侯，而立韓若山。《史記·韓世家》索隱。〔魏武侯〕二十二年，晉桓公邑哀侯于鄭。《史記·韓世家》索隱。韓哀侯、趙敬侯並以〔晉〕桓公十五年卒。《史記·晉世家》索隱。

後十年，齊田午弑其君及孺子喜而為公。《史記·田敬仲完世家》索隱。

桓侯壁兵。《史記·宋世家》索隱。

魏武侯以桓公十九年卒。《史記·晉世家》索隱。武侯二十六年卒。《史記·魏世家》索隱。

〔燕〕簡公四十五年卒。《史記·燕世家》索隱。

梁惠成王元年，韓共侯、趙成侯遷晉桓公於屯留。《水經·濁漳水注》。桓公二十年，趙成侯、韓共侯遷桓公於屯留。(已後更無晉事。)《史記·晉世家》索隱。

惠成王元年，晝晦。《開元占經》卷一〇一。

七(年)〔月〕，公子緩如邯鄲以作難。《史記·魏世家》索隱。

梁惠成王元年，趙成侯偃、韓懿侯若伐我葵。《水經·沁水注》。趙侯種、韓懿侯伐我，取蔡，而惠成王伐趙，圍濁澤。《史記·魏世家》索隱。

梁惠成王元年，鄴師敗邯鄲師於平陽。《水經·濁漳水注》。梁惠成王敗邯鄲之師于平陽。《太平寰宇記》卷五五相州臨漳縣。

梁惠成王二年，齊田壽率師伐趙，圍觀，觀降。《水經·

河水注》。

惠王二年,魏大夫王錯出奔韓也。《史記·魏世家》集解。

梁惠成王三年,鄭城邢丘。《水經·濟水注》。

梁惠成王三年,秦子向命為藍君。《水經·渭水注》。惠王命秦子向為藍田君。《太平寰宇記》卷二六雍州藍田縣。梁惠成王命太子向為藍田君。《長安志》卷一六藍田縣。

梁惠成王四年,河水赤于龍門三日。《水經·河水注》。

梁惠成王五年,公子景賈率師伐鄭,韓明戰于陽,我師敗逋澤北。《水經·濟水注》。

梁惠成王六年四月甲寅,徙邦于大梁。《水經·渠水注》。梁惠王九年四月甲寅,徙都大梁也。《史記·魏世家》集解。惠王之六年,自安邑遷於大梁。《漢書·高帝紀》注。梁惠成王九年四月甲寅,徙都大梁。《孟子·梁惠王上》正義。

梁惠王發逢忌之藪以賜民。《漢書·地理志》注、《輿地廣記》卷五東京開封縣。梁惠王廢逢忌之藪以賜民。《左傳·哀公十四年》正義、《太平御覽》卷一五八州郡部。

齊桓公十一年弑其君母。《史記·田敬仲完世家》索隱。

十二年,寺區弟思弑其君莽安,次無顓立。《史記·越世家》索隱。

惠成王七年,雨碧于郢。《太平御覽》卷八〇九珍寶部、《廣韻·昔》卷五注。

梁惠成王七年,地忽長十丈有餘,高尺半。《太平御覽》卷八八〇咎徵部。

梁惠成王八年,惠成王伐邯鄲,取列人。《水經·濁漳水注》。

梁惠王八年,伐邯鄲,取肥。《水經·濁漳水注》。

惠成王八年，雨黍。《太平御覽》卷八四二百穀部。

梁惠成王九年，與邯鄲、榆次、陽邑。《水經·洞渦水注》。

梁惠王九年，晉取泫氏。《太平御覽》卷一六三州郡部。梁惠王九年，晉取泫氏縣。《太平寰宇記》卷四四澤州高平縣。

梁惠成王九年，王會鄭釐侯于巫沙。《水經·濟水注》。

梁惠成王十年，入河水于甫田，又為大溝而引甫水。《水經·渠水注》。

梁惠成王十年，瑕陽人自秦道岷山青衣水來歸。《水經·青衣水注》。

東周惠公傑薨。《史記·六國年表》集解。

秦師伐鄭，次于懷，城殷。《水經·沁水注》。秦師伐鄭，至于懷、殷。《太平寰宇記》卷五四三懷州。

梁惠成王十二年，龍賈率師築長城於西邊。《水經·濟水注》。

梁惠成王十二年，楚師出河水以水長垣之外。《水經·河水注》。

梁惠成王十二年，鄭取屯留、尚子、涅。《水經·濁漳水注》。梁惠王十二年，鄭取屯留、尚子。即長子之地也。《太平御覽》卷一六三州郡部。梁惠成王十二年，鄭取屯留、長子。《太平寰宇記》卷四五潞州長子縣。

梁惠成王十三年，鄭釐侯使許息來致地：平丘、户牖、首垣諸邑及鄭馳地。我取枳道，與鄭鹿。《水經·河水注》。

惠成王十三年，王及鄭釐侯盟于巫沙，以釋宅陽之圍，歸釐于鄭。《水經·濟水注》。

齊(幽)〔桓〕公之十八年而威王立。《史記·魏世家》索隱。梁惠王十三年，當齊桓公十八年，後威王始見。《史記·田敬仲完世家》索隱。

魯恭侯、宋桓侯、衛成侯、鄭釐侯來朝，皆在十四年。《史記·魏世家》索隱。

無顓八年薨，是為菼蠋卯。《史記·越世家》索隱。

魯共侯來朝。邯鄲成侯會燕成侯于安邑。《史記·六國年表》集解。

惠王十五年，遣將龍賈築陽池以備秦。《元和郡縣圖志》卷八鄭州原武縣。梁惠王十五年，遣將龍賈築陽池以備秦。《太平寰宇記》卷一〇鄭州原武縣。

梁惠成王十六年，秦公孫壯率師伐鄭，圍焦城，不克。《水經·渠水注》。

梁惠成王十六年，秦公孫壯率師城上枳、安陵、山氏。《水經·渠水注》。

梁惠成王十六年，邯鄲伐衛，取漆、富丘，城之。《水經·濟水注》。

梁惠成王十六年，齊師及燕戰于泃水，齊師遁。《水經·鮑丘水注》。

惠成王十六年，邯鄲四暄，室壞多死。《開元占經》卷一〇一。

梁惠成王十七年，宋景敾、衛公孫倉會齊師，圍我襄陵。《水經·淮水注》。

梁惠成王十七年，齊田期伐我東鄙，戰于桂陽，我師敗逋。《水經·濟水注》。

梁惠王十七年，齊田忌敗梁于桂陵。《史記·孫子吳起列傳》索隱。

梁惠成王十七年，東周與鄭高都、利。《水經·伊水注》。

宋剔城肝廢其君璧而自立也。《史記·宋世家》索隱。

梁惠成王十七年，鄭釐侯來朝中陽。《水經·渠水注》。

惠成王十七年，有一鶴三翔於郢市。唐寫本《修文殿御覽》殘卷。

十八年，惠成王以韓師敗諸侯師于襄陵。齊侯使楚景舍來求成。公會齊、宋之圍。《水經·淮水注》。

梁惠成王十九年，晉取玄武、濩澤。《水經·沁水注》。

梁惠成王二十年，齊築防以為長城。《水經·汶水注》。梁惠王二十年，齊閔王築防以為長城。《史記·蘇秦列傳》正義。

衛將軍文子為子南彌牟，其後有子南固、子南勁。勁朝于魏，後惠成王如衛，命子南為侯。《漢書·武帝紀》注。衛將軍文子為子南彌牟，其後有子南勁。勁朝于魏，後惠成王如衛，命子南為侯。《水經·汝水注》、《史記·周本紀》集解。

魏殷臣、趙公孫裒伐燕，還，取夏屋，城曲逆。《水經·滱水注》。

壬寅，孫何侵楚，入三户郛。《水經·丹水注》。

粵子無顓薨，後十年，楚伐徐州。《史記·越世家》索隱。

魏章率師及鄭師伐楚，取上蔡。《水經·汝水注》。

孫何取瀃。陽。《水經·潁水注》。

梁惠成王二十五年，絳中地坼，西絶於汾。《水經·汾水注》。

二十八年，與齊田肦戰于馬陵。《史記·魏世家》索隱。威王十四年，田肦伐梁，戰馬陵。《史記·田敬仲完世家》索隱。二十七年十二月，齊田肦敗梁於馬陵。《史記·孫子吴起列傳》索隱。當梁惠王二十八年。《史記·孟嘗君列傳》索隱。

梁惠成王二十八年，穰疵率師及鄭孔夜戰於梁赫，鄭師敗逋。《水經·渠水注》。

二十九年五月，齊田肦伐我東鄙；九月，秦衛鞅伐我西鄙；十月，邯鄲伐我北鄙。王攻衛鞅，我師敗績。《史記·魏世家》索隱。梁惠成王二十九年，齊田肦及宋人伐我東鄙，圍平陽。《水經·泗水注》。梁惠王二十九年，秦衛鞅伐梁西鄙。《史記·商君列傳》索隱。

梁惠成王三十年，城濟陽。《水經·濟水注》。

梁惠成王三十年，秦封衛鞅于鄔，改名曰商。《水經·濁漳水注》。衛鞅封于鄔。《後漢書·光武紀》注。秦封商鞅在惠文王三十年。《史記·商君列傳》索隱。

梁惠成王三十一年三月，為大溝於北郛，以行圃田之水。《水經·渠水注》。惠王為大溝於北郛，以行圃田之水。《輿地廣記》卷五東京祥符縣。

梁惠成王三十一年，邳遷于薛，改名徐州。《水經·泗水注》。梁惠王三十一年，下邳遷于薛，(故)〔改〕名曰徐州。《史記·魯世家》索隱。梁惠王三十〔一〕年，下邳遷于薛，改名徐州。《史記·孟嘗君列傳》正義。

與魏戰岸門。《史記·秦本紀》索隱。

秦蘇胡率師伐鄭，韓襄敗秦蘇胡於酸水。《水經·濟水注》。

惠王三十六年改元，從一年始，至十六年而稱惠成王卒。《春秋經傳集解後序》。魏惠王亦有後元。《史記·孝文本紀》索隱。惠成王立三十六年，改元稱一年，改元後十七年卒。《史記·魏世家》集解。惠成王三十六年，改元稱一年，未卒也。《史記·魏世家》索隱。惠成王三十六年，又稱後元一，十七年卒。

《史記·魏世家》索隱。此時梁惠王改元稱一年，未卒也。《史記·田敬仲完世家》索隱。梁惠王二十八年，至三十六年改為後元也。《史記·孟嘗君列傳》索隱。魏惠成王三十六年，改元稱一年。《通鑑外紀》卷二。

鄭昭侯武薨，次威侯立。《史記·韓世家》索隱。

齊師伐趙東鄙，圍中牟。《水經·渠水注》、《史記·趙世家》集解、《左傳·定公九年》正義。

威侯七年，與邯鄲圍襄陵。五月，梁惠王會威侯于巫沙。十月，鄭宣王朝梁。《史記·韓世家》索隱。

十年，齊田肸及邯鄲、韓舉戰于平邑，邯鄲之師敗逋，獲韓舉，取平邑、新城。《水經·河水注》。韓舉，趙將。……其敗當韓威王八年。《史記·韓世家》索隱。

後元十三年，會齊威王于鄄。《史記·孟嘗君列傳》索隱。

十四年，薛子嬰來朝。《史記·孟嘗君列傳》索隱。

十五年，齊威王薨。《史記·孟嘗君列傳》索隱》。

燕人伐趙，圍濁鹿。趙武靈王及代人救濁鹿，敗燕師于勺梁。《水經·滱水注》。

至十六年而稱惠成王卒。《春秋經傳集解後序》。

魏哀王四年，改宜〔晉〕陽曰河雍，改向曰高平。《史記·秦本紀》集解。魏哀王四年，改陽曰河雍，向曰高平。《史記·趙世家》集解。鄭侯使辰歸晉陽、向，更名高平。《史記·范雎列傳》正義。鄭侯使韓辰歸晉陽及向。二月，城陽、向，更名陽為河雍，向為高平。《水經·濟水注》。

今王四年，碧陽君之諸御產二龍。《開元占經》卷一一三。

子之殺公子平。《史記·燕世家》索隱。

齊人禽子之而醢其身也。《史記·燕世家》集解。

立燕公子職。《史記·六國年表》集解。

周隱王二年，齊地暴長，長丈餘，高一尺。《太平御覽》卷八八〇咎徵部。

楚景翠圍雍氏。韓宣王卒。秦助韓共敗楚屈丐。又云：齊、宋圍煮棗。《史記·韓世家》集解。

〔齊〕宣王八年，殺王后。《史記·田敬仲完世家》索隱。

襄王七年，韓明率師伐襄丘。《水經·濟水注》。

魏襄王七年，秦王來見於蒲坂關。四月，越王使公師隅來獻乘舟，始罔及舟三百，箭五百萬，犀角象齒焉。《水經·河水注》。

褚里疾圍蒲，不克，而秦惠王薨。《史記·樗里子列傳》索隱。

八年，翟章伐衛。《史記·魏世家》索隱。

魏襄王九年，洛入成周，山水大出。《水經·洛水注》。

〔張儀〕梁安僖王九年五月卒。《史記·張儀列傳》索隱。

十年，楚庶章率師來會我，次于襄丘。《水經·濟水注》。

魏襄王十年十月，大霖雨，疾風，河水溢酸棗郛。《水經·濟水注》。

魏襄王十二年，秦公孫爰率師伐我，圍皮氏，翟章率師救皮氏圍。疾西風。《水經·汾水注》。

十三年，城皮氏。《水經·汾水注》。

秦內亂，殺其太后及公子雍、公子壯。《史記·穰侯列傳》索隱。

楚吾得帥師及秦伐鄭，圍綸氏。《水經·伊水注》。楚及秦伐鄭綸氏。《後漢書·黃瓊傳》注。楚及秦伐鄭，圍綸氏。《太平寰宇記》卷四西京潁陽縣。

翟章救鄭，次于南屈。《水經·河水注》、《漢書·地理志》注、《太平寰宇記》卷四八慈州。

魏襄王十七年，邯鄲命吏大夫奴遷於九原，又命將軍、大夫、適子、戍吏皆貉服。《水經·河水注》。

魏救山，塞集胥口。《史記·蘇秦列傳》集解

。魏襄王十九年，薛侯來，會王于釜丘。《水經·濟水注》。

楚入雍氏，楚人敗。《史記·韓世家》集解。

下至魏哀王之二十年。……哀王二十三年乃卒，故特不稱謚，謂之今王。《春秋經傳集解後序》

# 附　　一

## 無歸屬文

帝王之没皆曰“陟”。《韓昌黎集・黄陵廟碑》。

獲君曰“止”,誅臣曰“刺”,殺其大夫曰“殺”《史通・惑經》。

執我行人《史通・惑經》。

王恢,一,魏(思)〔惠〕成王時。《古今同姓名録》卷上。

王莽,一,魏惠王時人。《古今同姓名録》卷上

# 附　二

## 疑　文

紂六祀，周文王初禴于畢。《通鑑前編》卷五。

周自穆王以下都于西鄭。《漢書·地理志》注。

周孝王七年，厲王生，冬大雹，牛馬死，江漢俱動。《太平御覽》卷八七八咎徵部。

共和十四年，大旱，火焚其屋，伯和篡位立，故有大旱。其年，周厲王奔彘而死，立宣王。《太平御覽》卷八七九咎徵部。

懿王元年，天再啟。（殤帝升平二年，天一夕再啟於鄭，又有天裂，見其流水人馬。）《開元占經》卷三。

四年而滅虢。《漢書·地理志》注。

晉莊伯元年，不雨雪。《太平御覽》卷八七九咎徵部。

二年，翟人俄伐翼，至于晉郊。《太平御覽》卷八七九咎徵部。

晉莊伯八年，無雲而雷。十月，莊伯以曲沃叛。《太平御覽》卷八七六咎徵部。

晉惠公二年，雨金，至六年，秦穆公涉河伐晉。《太平御覽》卷八七七咎徵部。

幽公十二年，無雲而雷，至十八年，晉夫人秦嬴賊君于高寢。《太平御覽》卷八七六咎徵部。

晉烈公二十三年，國大風，晝昏，自旦至中。明年，太子喜出奔也。《太平御覽》卷八七九咎徵部。

梁惠成王八年，雨黍於齊。《太平御覽》卷八七七咎徵部。

十八年，趙又敗魏桂陵。《史記·魏世家》索隱。

又上二年，魏敗韓馬陵。《史記·魏世家》索隱。

陰司馬敗燕公子翌于武垣。《元豐九域志》。

宋景公緣。《廣川書跋》卷三。

# 附　三

## 《路史》所引《紀年》文

（次序據《訂補》）

帝王之没皆曰陟。《發揮》卷五。

黄帝死七年，其臣左徹乃立顓頊。《後紀》卷六。左徹乃立顓帝。《後紀》卷五注。

堯元年丙子。《後紀》卷一〇注。

堯之末年，德衰，為舜所囚。《發揮》卷五注。

舜既囚堯，偃塞丹朱於此，使不得見。《發揮》卷五注。

放帝丹朱于丹水。《後紀》卷一〇注。

帝葬蒼梧。《發揮》卷五。

癸北氏虞帝之第三妃，而二女者，癸北氏之出也，一曰宵明，一曰燭光。《餘論》卷九。

龍生(廣)〔廟〕，夏冰，雨血，地坼，及日夜出，晝不見。《後紀》卷一二注。

聞不居陽翟。《後紀》卷一二注。

黄帝至禹，為世三十。《發揮》卷三。

帝啟口會。《後紀》卷一三上。

啟登后九年，舞九詔。《後紀》卷一三上注。

既征西河。《後紀》卷一三上。

西河。后啟征之。《國名紀》己。

啟二十九年，年九十八。《後紀》卷一三上注。

太康居斟尋。乃失邦。《後紀》卷一三上注。

羿、桀皆居斟尋。《後紀》卷一三上注。

二年，征風、黄夷。七年，于夷來賓。《後紀》卷一三上。

相居斟灌。《後紀》卷一三上注。

方夷來賓，獻其樂舞。《後紀》卷一三下注。

帝宁居原，自原遷于老王。《後紀》卷一三下注。

夏柏杼子之東征，獲狐九尾。《後紀》卷一三下注。

帝槐，一曰芬，是為祖武，立三歲而東九夷來御。注：畎、于、方、黄、白、赤、玄、風、陽凡九。《後紀》卷一三下。

〔帝槐〕二十有六歲陟。注：《紀年》：四十四年。《後紀》卷一三下。

芒如之元年，首以玄圭賓于河。東狩于海，獲大魚。《後紀》卷一三下注。

后亡陟，年五十八。《後紀》卷一三下注。

〔帝洩〕二十有一歲，六夷來御，於是始加爵命。注：畎、白、赤、玄、風、陽之六夷也。《後紀》卷一三下注。

〔后洩〕二十〔一〕歲陟。《後紀》卷一三下。

〔帝不降〕六歲，伐九苑。《後紀》卷一三下。

〔帝不降〕(五)〔六〕十有九歲陟。《後紀》卷一三下。

帝胤甲。《後紀》卷一三下注。

胤甲在位四十歲，後居西河，天有祅孽，十日並照於東陽，其年胤甲陟。《後紀》卷一三下。

后昊立三年。《後紀》卷一三下注。

帝敬發一曰惠。是為后敬。《後紀》卷一三下。

〔帝敬發〕其始即繼，諸夷式賓，獻其樂舞。注：《紀年》云：元年。《後紀》卷一三下。

〔帝履癸〕又命扁伐岷山氏，岷山莊王以二女御焉。愛而無子，乃刻之苕華，而棄元妃于洛。注：二女曰琬，曰琰，刻名苕華之玉。《後紀》卷一三下。

桀飾傾宮，起瑶臺，作瓊室，立玉門。《發揮》卷六。

關龍逢，……諫瑶臺。……諫長夜之宫，而薦之以必亡之語。《發揮》卷六。

桀末年，社坼裂。《後紀》卷一三下注。

并窮寒四百七十二年。《後紀》卷一三下注。

湯七年九征。《後紀》卷一三下注。

仲壬即位，居亳，其卿士伊尹。《發揮》卷五注。

仲壬崩而立太甲，伊尹放太甲于桐，乃自立。《發揮》卷五注。

伊尹即位，太甲三年，太甲潛出自桐，殺伊尹，乃立其子伊陟、伊奮，命復其父之田宅而中分之。《發揮》卷五注。

庇，祖乙勝即居之。《國名紀》丁注。

南庚更自庇遷奄。《國名紀》丁。

盤庚旬自奄遷于北冢，曰殷虚。《國名紀》丁。

武王年五十四。《發揮》卷四。

昭王末年，夜有五色光貫于紫微。其年，王南巡不返。《發揮》卷三注。

紆，穆王伐之，大起九師，東至九江，蚖蟬為梁，在江東矣。注：《紀年》：四十七年。《國名紀》己。

共伯和即干王位。《發揮》卷二注。

晉武公七年，芮伯萬之母芮姜逐萬，萬奔魏。《國名紀》戊注。

〔晉武公〕八年，周師、虢師圍魏，取芮伯而東之。《國名紀》戊注。

桓王十二年秋，秦侵芮。冬，王師、秦師圍魏，取芮伯而東之。《國名紀》戊注。

〔晉武公〕九年，戎人逆之郟。《國名紀》戊注。

桓王十七年，楚及巴伐鄧。《國名紀》戊注。

晉武公滅荀，以賜大夫原氏。《後紀》卷九下注。

晉獻公十九年，會虞師伐虢，滅夏陽，虢公醜奔衛，乃命瑕父、吕甥邑于虢都。《國名紀》己注。

句踐以晉出公十年卒，鹿郢立，是為鼫與，六年卒。盲姑立，是為不壽，十年卒。朱句立，是為王翁，三十七年卒。王翳立，三十六年卒，子諸咎殺之。諸枝立，是為孚錯枝。一年，其大夫寺區定亂，立初無余。十二年，寺區之弟思復弑其君莽而立無顓八年。《後紀》卷一三下注。

晉出公二十二年，河絶于扈。《國名紀》丁。

越王朱句二十年，滅滕。《國名紀》甲。

梁惠九年，晉取泫氏。《國名紀》己。

晉烈公三年，楚人伐我南鄙，至于上洛。《國名紀》己。

梁惠成元年，趙成侯偃、韓懿侯若伐我葵。《國名紀》己。

梁惠成二年，齊田壽帥師伐趙，圍觀，觀降。《國名紀》丁注。

梁惠王三年，秦子向命為藍君。《國名紀》己。

惠成七年，雨〔碧〕于郢。《發揮》卷二注。

梁惠成八年，雨〔骨〕于赤髀，後國饑兵疫。《發揮》二注。

梁惠成十二年，鄭取屯留、尚子。《國名紀》丁注。

秦封衛鞅于鄔，改曰商。注：梁惠成三十年。《國名紀》己注。

鄭侯使韓辰歸晉陽、向，二月城陽、向。注：更名陽為河雝，向為高平。《國名紀》甲。

魏襄王六年，秦取我焦。《國名紀》戊注。

殷王子亥賓于有易淫焉，有易之君綿臣殺而放之，是故殷上甲微假師于河伯伐有易，烕之，弑綿臣。《國名紀》己。

應，商時國。《國名紀》己。

梁惠王發逢忌之藪以賜民。《國名紀》甲注。

秦伐鄭，次于懷，城殷。《國名紀》丁注。

秦伐鄭，圍懷、殷。《國名紀》戊。

楚吾得及秦師伐鄭，圍綸。《後紀》卷一三下注。

秦、楚伐鄭，圍綸氏者。《國名紀》丁。

翟章救鄭，次南屈者。《國名紀》戊。

# 附　　四

## 今本竹書紀年疏證

王國維

昔元和惠定宇徵君作《古文尚書考》，始取僞古文《尚書》之事實文句，一一疏其所出，而梅書之僞益明。仁和孫頤谷侍御復用其法，作《家語疏證》，吾鄉陳仲魚孝廉叙之曰："是猶捕盗者之獲得真贓。"誠哉是言也。余治《竹書紀年》，既成《古本輯校》一卷，復怪今本《紀年》為後人蒐輯，其跡甚著，乃近三百年學者疑之者固多，信之者亦且過半。乃復用惠、孫二家法，一一求其所出，始知今本所載殆無一不襲他書。其不見他書者，不過百分之一，又率空洞無事實，所增加者年月而已。且其所出，本非一源，古今雜陳，矛盾斯起。既有違異，乃生調停。糾紛之因，皆可剖析。夫事實既具他書，則此書為無用；年月又多杜撰，則其説為無徵。無用無徵，則廢此書可，又此《疏證》亦不作可也。然余懼後世復有陳逢衡輩為是紛紛也，故寫而刊之，俾與

《古本輯校》並行焉。丁巳孟夏，海寧王國維。

## 卷　上

黃帝軒轅氏杜預《春秋經傳集解後序》云："《紀年》篇起自夏、殷、周。"《晉書·束皙傳》云："《紀年》十三篇，記夏以來。"惟《史記·魏世家》集解引和嶠云："《紀年》起自黃帝。"

母曰附寶，見大電繞北斗樞星，光照郊野，感而孕。二十五月而生帝於壽丘。弱而能言，龍顏，有聖德，劾百神朝而使之。應龍攻蚩尤，戰虎豹熊羆四獸之力。以女魃止淫雨。天下既定，聖德光被，羣瑞畢臻。有屈軼之草生於庭，佞人入朝，則草指之，是以佞人不敢進。以上《宋書·符瑞志》。案《宋志》此節雜采《大戴·五帝德》、《春秋元命苞》、《山海經》、《史記·五帝本紀》、《帝王世紀》諸書為之，但偽為附志者，實襲《宋志》，故但引《宋志》證之，不復旁及他書，以下放此。

元年，帝即位，居有熊。《白虎通·爵篇》："黃帝有天下，號為有熊。"《史記·五帝本紀》集解："譙周曰：黃帝，有熊國君少典之子也。"

初制冕服。《易·繫辭傳》："黃帝、堯、舜垂衣裳而天下治。"《士冠禮》疏引《世本》："黃帝作冕旒。"

二十年，景雲見。《藝文類聚》一、《太平御覽》七十一引《春秋演孔圖》："黃帝將興，黃雲升於堂上。"《左傳·昭十七年》疏引服虔曰："黃帝將興，有景雲之瑞。"

以雲紀官。《左氏·昭十七年傳》："昔者黃帝氏以雲紀，故為雲師而雲名。"

有景雲之瑞，赤方氣與青方氣相連，赤方中有兩星，青方中有一星，凡三星，皆黃色，以天清明時見於攝提，名曰景星。帝黃服齋於宮中，坐於玄扈、洛水之上，有鳳凰集，不食生蟲，不履生草，或止帝之東園，或巢於阿閣，或鳴於庭，其雄自歌，其雌自舞。麒麟在囿，神鳥來儀，有大螻如羊，大螾如虹。帝以土氣勝，遂以土德王。《宋書·符瑞志》。

五十年秋七月庚申，鳳鳥至，帝祭於洛水。《宋書·符瑞志》"五十年秋七月庚申，天霧三日三夜"云云，均見附注，此條即隱括為之。

庚申，天霧三日三夜，晝昏。帝問天老、力牧、容成曰："於公何如？"天老曰："臣聞之，國安，其主好文，則鳳凰居之。國亂，其主好武，則鳳凰去之。今鳳凰翔於東郊而樂之，其鳴音中夷則，與天相副。以是觀之，天有嚴教以賜帝，帝勿犯也。"召史卜之，龜燋。史曰："臣不能占也，其問之聖人。"帝曰："已問天老、力牧、容成矣。"史北面再拜曰："龜不違聖智，故燋。"霧既降，游於洛水之上，見大魚，殺五牲以醮之，天乃甚雨，七日七夜，魚流於海，得圖書焉。龍圖出河，龜書出洛，赤文篆字，以授軒轅，接萬神於明庭，今塞門谷口是也。《宋書·符瑞志》。

五十九年，貫胸氏來賓，長股氏來賓。《山海經·海外南經》注引《尸子》曰："四夷之民有貫胸者，有深目者，有長肱者，黄帝之德常致之。"《路史·後紀》五注引"長肱"作"長股"，乃此條所本。

七十七年，昌意降居弱水，產帝乾荒。《海内經》注引古本《紀年》，無年數。

一百年，地裂。《開元占經》四引《尚書説》："黄帝將亡則地裂。"帝陟。《戴記·五帝德》："黄帝生而人得其利百年。"《史記·五帝本紀》集解、《類聚》十一、《御覽》七十九引《帝王世紀》："黄帝在位百年而崩。"

帝王之崩皆曰陟，《韓昌黎集·黄陵廟碑》引《紀年》"帝王之崩曰陟"，不云出注中。

《書》稱"新陟王"，謂新崩也。帝以土德王，應地裂而陟。葬，羣臣有左徹者，感思帝德，取衣冠几杖而廟饗之，諸侯大夫歲時朝焉。《御覽》七十九引《抱朴子》：“《汲郡冢中竹書》言：黄帝既仙去，其臣有左徹者，削木為黄帝之像，帥諸侯朝奉之。故司空張茂先撰《博物志》亦云：黄帝仙去，其臣思戀罔極，或刻木立像而朝之，或取其衣冠而葬之，或立廟而四時祀之。”上注即本此。

帝摯少昊氏

約案：帝摯少昊氏，《左氏·昭十七年傳》：“我高祖少皞摯之立也”。母曰女節，見星如虹，下流華渚，既而夢接意感，生少昊。登帝位，有鳳皇之瑞。出《宋書·符瑞志》。或曰名清，不居帝位，帥鳥師，居西方，以鳥紀官。《逸周書·嘗麥解》：“乃命少皞清司馬鳥師，以正五帝之官，故名曰質。”《漢書·律曆志》引《帝考德》曰：“少昊曰清。”

帝顓頊高陽氏

母曰女樞，見瑶光之星貫月如虹，感己於幽房之宫，生顓頊於若水。首戴干戈，有聖德。生十年而佐少昊氏，二十而登帝位。《宋書·符瑞志》。

元年，帝即位，居濮。《左·昭十七年傳》：“衛，顓頊之虚也，故曰帝丘。”注：“衛，今濮陽縣。”《史記·五帝本紀》集解引皇甫謐曰：“顓頊都帝丘，今東郡濮陽是也。”

十三年，初作曆象。《漢書·藝文志》：《顓頊曆》二十一卷。

二十一年，作承雲之樂。《吕氏春秋·古樂篇》：“顓頊乃命飛龍作效八風之音，命之曰承雲。”

三十年，帝産伯鯀，居天穆之陽。《大荒西經》注引《竹書》曰：“顓頊産伯鯀，是維若陽，居天穆之陽。”無年。

七十八年，帝陟。《史記·五帝本紀》集解、《類聚》九、《御覽》七十九引《帝王世紀》：“顓頊在位七十八年。”

術器作亂，辛侯滅之。《海内經》：“共工生術器。術器首方顛，是復土壤，以處江水。"《周語》注："賈侍中云：'共工，諸侯，炎帝之後，姜姓也。顓頊氏衰，共工氏侵陵諸侯，與高辛氏争而王也。'或云：'共工，堯時諸侯，為高辛所滅。'昭謂言為高辛所滅，安得為堯諸侯？又堯時共工，與此異也。"維案：此條實據《海内經》與《周語》注為之。

帝嚳高辛氏

生而駢齒，有聖德，初封辛侯，代高陽氏王天下。使瞽人拊鞞鼓，擊鐘磬，鳳皇鼓翼而舞。出《宋書·符瑞志》，惟《志》無"初封辛侯"四字。

元年，帝即位，居亳。《尚書序》："湯始居亳，從先王居。"孔傳："契父帝嚳，都亳。"《水經·穀水注》引皇甫謐曰："帝嚳作都於亳。"

十六年，帝使重帥師滅有鄶。《逸周書·史記解》："昔有鄶君嗇儉滅爵，損禄羣臣，卑讓上下，不臨後口小弱，禁罰不行，重氏伐之，鄶君以亡。"案：重氏，蓋國名，作偽者删"氏"字，以為重黎之重，遂繫之帝嚳時。

四十五年，帝錫唐侯命。

六十三年，陟。《御覽》八十引陶宏景云："帝嚳在位六十三年。"《路史·後紀》九亦云："帝六十有三載崩。"此條本之。《史記》集解、《類聚》九引《帝王世紀》則云："帝嚳在位七十年。"《御覽》八十引又作"七十五年"。

帝子摯立，九年而廢。《史記》索隱引衛宏云："摯立九年。"正義及《御覽》八十引《帝王世紀》亦云："摯在位九年。"

帝堯陶唐氏

母曰慶都，生於斗維之野，常有黄雲覆其上。及長，觀於三河，常有龍隨之。一旦，龍負圖而至，其文要曰："亦受天祐。"眉八采，鬚髮長七尺二寸，面鋭上豐下，足履翼宿。既而陰風四合，赤龍感之。孕十四月而生堯於丹陵，其狀如圖。及長，身長十尺，有聖德，封於唐。夢攀天而上。高辛氏衰，天下歸之。出《宋書·符瑞志》。

元年丙子。《隋書·律曆志》、《路史·後紀》十注引古本《紀年》。帝即位，居冀。《左氏·哀六年傳》引《夏書》："惟彼陶唐，帥彼天常，有此冀方。"偽《書·五子之歌》同。

命羲和歷象。《書·堯典》："乃命羲和，欽若昊天，歷象日月星辰。"

五年，初巡狩四岳。《書·舜典》："五載一巡狩。"此蓋據《舜典》推之。

七年，有麟。《路史·後紀》十："堯在位七年，麒麟游於藪澤。"案《拾遺記》一："堯在位七十年，有鸞雛歲歲來集，麒麟游于藪澤。"《路史》本之，而譌"七十年"為"七年"。偽《紀年》遂云："七年有麟"矣。

十二年，初治兵。

十六年，渠搜氏來賓。《書·禹貢》："織皮、崑崙、析枝、渠搜，西戎即叙。"

十九年，命共工治河。《書·堯典》："共工方鳩僝功。"鄭注："共工，水官名。"《周語》："昔共工棄是道也，虞于湛樂，淫失其身，欲壅防百川，墮高堙庳，以害天下。"是共工本是水官，又曾治水，故遂有先鯀治河之説。

二十九年春，僬僥氏來朝，貢没羽。《類聚》十一、《御覽》八十引《帝王世紀》："堯時，僬僥氏來貢没羽。"

四十二年，景星出于翼。《初學記》九、《御覽》八十、又八百七十二、八百九十三引《尚書·中候》："帝堯即政七十載，景星出翼。"《論衡·是應篇》引作"堯時，景星見于軫"。《公羊傳·宣二年》疏引《春秋感精符》："滅蒼者，翼也。"彼注云："堯，翼星之精，在南方，其色赤。"

五十年，帝游于首山。《文選·宣德皇后令》注、《御覽》八十、《路史·餘論》七引《論語比考讖》："堯率舜游首山。"乘素車玄駒。《文選·辯命論》注、《初學記》九、又二十四、《御覽》八十引《尸子》："君天下者，麒麟、青龍，而堯素車玄駒。"《五帝德》："堯丹車白馬。"《五帝本紀》："堯彤車，乘白馬。"

五十三年，帝祭于洛。《初學記》六、又九引《尚書·中候》："堯率羣臣東沈璧于洛。"

五十八年，帝使后稷放帝子朱于丹水。《海内南經》注引古本《紀年》："后稷放帝朱于丹水。"《史記·五帝本紀》及《高祖本紀》正義引："后稷放帝子丹朱。"

六十一年，命崇伯鯀治河。《周語》："其在有虞，有崇伯鯀，播其淫心，稱遂共工之過。"

六十九年，黜崇伯鯀。《書·堯典》："帝曰：'咨，四岳，湯湯洪水方割，蕩蕩懷山襄陵，浩浩滔天，下民其咨，有能俾乂。'僉曰：'於，鯀哉。'帝曰：'往，欽哉。'九載績用弗成。"是鯀治水凡九載，但此實以六十九年則妄矣。

七十年，春正月，帝使四岳錫虞舜命。《書·堯典》："帝曰：'朕在位七十載，汝能庸命，巽朕位。'岳曰：'否德忝帝位。'曰：'明明揚側陋。'師錫帝曰：'有鰥在下，曰虞。'"

帝在位七十年，景星出翼，鳳皇在庭，朱草生，嘉禾秀，甘露潤，醴泉出，日月如合璧，五星如連珠。厨中自生肉，其薄如箑，摇動則風生，食物寒而不臭，名曰"箑脯"。又有草莢階而生，月朔始生一莢，月半而生十五莢，十六日以後日落一莢，及晦而盡，月小則一莢焦而不落，名曰"蓂莢"，一曰"曆莢"。洪水既平，歸功於舜，將以天下禪之，乃潔齋修壇場於河、洛，擇良日率舜等升首山，遵河渚。有五老游焉，蓋五星之精也。相謂曰："《河圖》將來告帝以期，知我者重瞳黄姚。"五老因飛為流星，上入昴。二月辛丑昧明，禮備，至於日昃，榮光出河，休氣四塞，白雲起，回風摇，乃有龍馬銜甲，赤文緑色，緣壇而上，吐《甲圖》而去。甲似龜，背廣九尺，其圖以白玉為檢，赤(土)〔玉〕為〔柙〕，泥以黄金，約以青繩。檢文曰："闓色授帝舜。"言虞夏當受天命，帝乃寫其言，藏於東序。後二年二月仲辛,率羣臣東沈璧於洛。禮畢,退俟,至於下昃,赤光起,元龜負書而出,背甲赤文成字,止于壇。其書言當禪舜,遂讓舜。出《宋書·符瑞志》。

七十一年,帝命二女嬪于舜。《書·堯典》:"釐降二女于嬀汭,嬪于虞。"

七十三年春正月,舜受終于文祖。《書·舜典》:"帝曰:'格汝舜,詢事考言,乃言底可績,三載,汝陟帝位。'舜讓于德,弗嗣,正月上日,受終于文祖。"

七十四年,虞舜初巡狩四岳。《尚書大傳》:"維元祀,巡狩四嶽八伯。"鄭注:"祀,年也。元年,謂月正元日,舜假于文祖之年也。"此以為受終文祖之後一年。

七十五年,司空禹治河。《書·舜典》:"伯禹作司空。"

七十六年,司空伐曹魏之戎,克之。《吕氏春秋·召類篇》:"禹攻曹魏、屈驁、有扈,以行其教。"

八十六年,司空入覲,贄用玄圭。《書·禹貢》:"禹錫玄圭,告厥成功。"《史記·河渠書》引《夏書》:"禹抑洪水十三年。"此司空禹治河在七十五年,入覲在八十六年,蓋本之。

八十七年,初建十有二州。《書·舜典》:"肇十有二州。"

八十九年,作游宫于陶。《史記·貨殖傳》:"昔堯作游成陽。"如淳曰:"作,起也。成陽,在定陶。"

九十年,帝游居于陶。《史記·五帝本紀》:"堯立七十年得舜,二十年而老。"

九十七年,司空巡十有二州。《吴越春秋》四:"堯號禹曰伯禹,官曰司空,領統州伯,以巡十二部。"

一百年,帝陟于陶。案《史記·五帝本紀》、《論衡·氣壽篇》、《帝王世紀》皆云:"堯在位九十八年。"然據《虞書》云:"朕在位七十載。"此堯舉舜之歲。又云:"詢事考言,乃言底可績,三載,汝陟帝位。"此舜攝政之歲。又云:"二十有八載,帝乃殂落。"此堯崩之歲。前後得一百一年。孔傳與王肅注以堯得舜試舜共在一年,故堯在位百年,此從之。

帝子丹朱避舜於房陵,舜讓,不克。朱遂封於房,為虞賓。三年,舜即天子之位。《路史·後紀》十:"帝崩,虞氏國之於房,為房侯。"

帝舜有虞氏

母曰握登,見大虹意感,而生舜於姚墟。目重瞳子,故名重華。龍顏大口,黑色,身長六尺一寸。舜父母憎舜,使其塗廩,自下焚之,舜服鳥工衣服飛去。又使浚井,自上填之以石,舜服龍工衣自傍而出。耕於歷,夢眉長與髮等,遂登庸。出《宋書·符瑞志》,但《志》無末三字。

元年己未,帝即位,居冀。《左傳·哀六年》注:"唐虞及夏皆都冀方。"作大韶之樂。《書·益稷》:"簫韶九成。"《類聚》十一、《御覽》八十引《帝王世紀》:"乃作大韶之樂。"

即帝位,蓂莢生於階,鳳皇巢於庭,擊石拊石,以歌九韶,百獸率舞,景星出於房,地出乘黄之馬。出《宋書·符瑞志》。

三年,命咎陶作刑。《北堂書鈔》十七引《紀年》:"命咎陶作刑。"不繫年世。

九年,西王母來朝。《大戴禮·少間篇》:"昔舜以天德嗣堯,西王母來獻其白琯。"《類聚》十一、《御覽》八十引《雒書靈準聽》曰:"舜受終,西王母授益地圖。"《中論·爵禄篇》:"舜受終於文祖,稱曰余一人,則西王母來獻白環。"

西王母之來朝,獻白環、玉玦。出《宋書·符瑞志》,但《志》無"之來朝"三字。

十四年,卿雲見,命禹代虞事。此隱括下附注為說,附注出《宋書·符瑞志》,而《宋志》實本《尚書大傳》文。《書鈔》一百六十、《路史·發揮》五雜引《宋志》所引《大傳》中語，首句皆云："惟十有四祀。"

在位十有四年，奏鐘石笙筦未罷，而天大雷雨，疾風發屋拔木，桴鼓播地，鐘磬亂行，舞人頓伏，樂正狂走。舜乃磬堵持衡而笑曰："明哉，天下非一人之天下也，亦乃見於鐘石笙筦乎。"乃薦禹於天，使行天子事也。於是和氣普應，慶雲興焉，若烟非烟，若雲非雲，郁郁紛紛，蕭索輪囷，百工相和而歌《卿雲》。帝乃倡之曰："慶雲爛兮，糺縵縵兮，日月光華，旦復旦兮。"羣臣咸進，稽首曰："明明上天，爛然星陳。日月光華，宏于一人。"帝乃再歌曰："日月有常，星辰有行。四時從經，萬姓允誠。於予論樂，配天之靈。遷于聖賢，莫不咸聽。鼚鼓之，軒乎舞之。精華已竭，褰裳去之。"於是八風循通，慶雲叢集，蟠龍奮迅於其藏，蛟魚踴躍於其淵，龜鼈咸出其穴，遷虞而事夏。舜乃設壇於河，依堯故事。至於下昃，榮光休〔氣〕至，黄龍負《圖》，長三十二尺，廣九尺，出於壇畔，赤文綠錯，其文言當禪禹。出《宋書·符瑞志》。

十五年，帝命夏后有事于太室。《考工記·匠人》："夏后氏世室。"

十七年春二月，入學初用《萬》。《夏小正》："二月丁亥，萬舞入學。"

二十五年，息慎氏來朝，貢弓矢。

二十九年，帝命子義鈞封于商。案此放古本《紀年》"放帝子朱于丹水"句為之。

三十年，葬后育于渭。《漢書·地理志》："右扶風陳倉有黄帝孫舜妻肓冢祠。"案"肓"、"育"字形相近。

三十二年，帝命夏后總師。偽《書·大禹謨》："帝曰：'格汝禹，朕宅帝位，三十有三載，耄期倦于勤，汝惟不怠，總朕師。'"。遂陟方岳。

三十三年春正月，夏后受命于神宗。偽《書·大禹謨》："正月朔旦，受命于神宗。"遂復九州。《漢書·地理志》："堯遭洪水，天下分絕為十二州，禹平水土，更置九州。"

三十五年，帝命夏后征有苗，有苗氏來朝。偽《書·大禹謨》："帝曰：'咨禹，惟時有苗弗率，汝徂征。'三旬，苗民逆命。七旬，有苗格。"

四十二年，玄都氏來朝，貢寶玉。《逸周書·史記解》有玄都氏。

四十七年冬，隕霜，不殺草木。《呂氏春秋·應同篇》："禹之時，天先見草木秋冬不殺。"

四十九年，帝居于鳴條。《孟子·離婁下》："舜卒于鳴條。"

五十年，帝陟。《書·舜典》："五十載，陟方乃死。"

義鈞封於商，是謂商均。后育，娥皇也。鳴條有蒼梧之山，帝崩，遂葬焉，今海州。案《隋書·地理志》："東海郡，梁置南、北二青州，東魏改為海州。"此附注如出沈約，不當有"今海州"語。考《困學紀聞》五云："蒼梧山在海州界。"此作偽者所本。

帝禹夏后氏

母曰修己，出行，見流星貫昴，夢接意感，既而吞神珠。修己背剖，而生禹於石紐，虎鼻大口，兩耳參鏤，首戴鈎鈐，胸有玉斗，足文履已，故名文命。長有聖德。長九尺九寸。夢自洗於河，取水飲之。又有白狐九尾之瑞。當堯之時，舜舉之。禹觀於河，有長人白面魚身，出曰："吾河精也。"呼禹曰："文命治水。"言訖，授禹《河圖》，言治水之事，乃退，入於淵。禹治水既畢，天錫玄珪，以告成功。夏道將興，草木暢茂，青龍止於郊，祝融之神降於崇山。乃受舜禪，即天子之位。洛出龜書，是為《洪範》。以上出《宋書·符瑞志》。三年喪畢，都於陽城。《孟子·萬章上》："舜崩，三年之喪畢，禹避舜之子於陽城。"

元年壬子，帝即位，居冀。《漢書·地理志》："潁川郡陽翟"下，臣瓚曰："《世本》：'禹都陽城。'《汲郡古文》亦云'居之'。"是古本《紀年》不云"居冀"也。今本於堯、舜、禹皆云"居冀"者，蓋以《左傳·哀六年》杜預注云："唐、虞及夏皆都冀方。"故云然。

頒夏時于邦國。《戴記·禮運》："吾得夏時焉。"《史記·夏本紀》："孔子正夏時，學者多傳《夏小正》云。"

二年，咎陶薨。《史記·夏本紀》："帝禹立而舉皋陶薦之，且授政焉，而皋陶卒。"

五年，巡狩，會諸侯于塗山。《左氏·哀七年傳》："禹合諸侯于塗山。"

南巡狩，濟江，中流有二黃龍負舟，舟人皆懼。禹笑曰："吾受命於天，屈力以養人。生，性也；死，命也。奚憂龍哉。"龍於是曳尾而逝。出《宋書·符瑞志》。

八年春，會諸侯于會稽，殺防風氏。《魯語》："昔禹致羣神于會稽之山，防風氏後至，禹殺而戮之。"

夏六月，雨金于夏邑。《述異記》下："先儒說，夏禹時，天雨金三日。"

秋八月，帝陟于會稽。《史記:夏本紀》："十年，帝東巡狩，至于會稽而崩。"

禹立四十五年。《御覽》八十二引古本《紀年》如此。今本既云"八年，帝陟"，又云"禹立四十五年"，足見雜綜諸書，未加修正。

禹薦益於天。七年，禹崩，三年喪畢，天下歸啟。出《孟子·萬章上》。

帝啟

元年癸亥，帝即位于夏邑。大饗諸侯于鈞臺。《左氏·昭四年傳》:“夏啟有鈞臺之享。”諸侯從帝歸于冀都。

大饗諸侯于璿臺。《文選·王元長曲水詩序》:“至如夏后,二龍載驅璿臺之上。”注引《易·歸藏》曰:“昔者夏后啟筮享神于晉之墟,作為璿臺,于水之陽。”

二年,費侯伯益出就國。《晉書·束皙傳》引《紀年》:“益干啟位,啟殺之。”《史通》“疑古篇”、“雜説篇”兩引“益為后啟所誅”。此獨云“二年,費侯伯益出就國。”蓋故與古本立異。觀後附注於“伊尹自立”云“誤以攝政為真”。於“太甲殺伊尹”云“文與前後不類”,此則易其本文,彼則加以案語,蓋正文與注出於一人所蒐集也。

王帥師伐有扈,大戰于甘。原注:有扈,在始平鄠縣。　《尚書序》:“啟與有扈氏戰于甘之野,作《甘誓》。”《甘誓》:“大戰于甘。”原注七字:《左傳·昭元年》注文。

六年,伯益薨,祠之。《越絶書》:“益死之後,啟歲善犧牲以祠之。”

八年,帝使孟涂如巴涖訟。《海内南經》:“夏后啟之臣曰孟涂,是司神于巴,巴人請訟于孟涂之所。”

十年,帝巡狩,舞九韶于大穆之野。《海外西經》:“大樂之野,夏后啟于此舞九代。一曰大遺之野。”郭注:“《大荒經》云‘天穆之野’。”《大荒西經》:“夏后開上三嬪于天,得《九辨》與《九歌》以下,此天穆之野,高二千仞,開焉得始歌《九招》。”郭注:“《竹書》曰:‘夏后開儛九韶也。’”《御覽》八十二引《帝王世紀》:“啟升後十年,舞《九韶》。”

十一年,放王季子武觀于西河。原注:武觀即五觀也。觀國,今頓丘衛縣。　《楚語》:“啟有五觀。”韋注:“五觀,啟子,太康昆弟也。”《墨子·非樂下》“於《武觀》曰:‘啟乃淫溢康樂,野于飲食’”云云,是《武觀》乃書篇名,非人名,此以“五觀”為“武觀”,乃雜采二書為之。觀國,今頓丘衛縣,亦《左傳·昭元年》注文。

十五年,武觀以西河叛。《漢書·地理志》東郡有畔觀縣。案:本畔、觀二縣,自宋本以下,皆誤以為一縣,聯綴不分。

彭伯壽帥師征西河，武觀來歸。《書鈔》十三引《紀年》：“啟征西河。”《路史·後紀》十三：“既征西河。”注：“《紀年》在二十五年。”《御覽》八十二引《帝王世紀》：“啟三十五年征河西。”此繫之十五年者，以此既依《路史》啟十六年陟，則不得有二十五年、三十五年也。《逸周書·嘗麥解》：“其在殷之五子，忘伯禹之命，假國無正，用胥興作亂，遂亡厥國，皇天哀禹，賜彭壽思正夏略。”

十六年陟。《路史·後紀》十三：“啟在位十有六歲，年九十一。”此本之。《真誥》十五引《竹書》：“啟即位三十九年，亡年七十八。”《路史》注引《紀年》：“啟二十九年，年九十八。”與今本迥異。《御覽》八十二引《帝王世紀》：“啟在位九年。”《通鑑外紀》：“啟在位九年。”又引皇甫謐曰：“十年。”

帝太康

元年癸未，帝即位，居斟尋。《水經·巨洋水注》、《漢書·地理志》注、《史記·夏本紀》正義引臣瓚曰：“《汲郡古文》：‘太康居斟尋。’”。

畋于洛表。偽《書·五子之歌》：“畋于有洛之表。”

羿入居斟尋。《水經·巨洋水注》、《漢書·地理志》注、《史記·夏本紀》正義引臣瓚曰：“《汲冢古文》：‘太康居斟尋，羿亦居之。’”

四年陟。《帝王世紀》、《通鑑外紀》皆云“在位二十九年”。《路史·後紀》十三云“在位蓋十有九歲，失政，又十歲而死”。並與此異。

帝仲康

元年己丑，帝即位，居斟尋。

五年秋九月庚戌朔，日有食之。《新唐書·曆志》：“張說《曆議》：新曆，仲康五年癸巳歲九月庚戌朔，日蝕在房二度。”

命胤侯帥師征羲和。偽《書·胤征》：“惟仲康肇位四海，胤侯命掌六師，羲和廢厥德，酒荒于厥邑，胤后承王命徂征。”

六年，錫昆吾命作伯。《鄭語》：“昆吾為夏伯矣。”

七年陟。《通鑑外紀》：“仲康在位十三年。”《路史》注引《紹運圖》同，《年代曆》：“二十六年。”《路史·後紀》：“仲康十有八歲崩。”均與此互異。世子相出居商丘，依邳侯。原注：一作“依同姓諸侯斟灌、斟尋”。《御覽》八十二引《帝王世紀》：“乃徙商丘，依同姓諸侯斟灌氏、斟尋氏。”

帝相

元年戊戌，帝即位，居商。《御覽》八十二引《紀年》：“帝相即位，處商丘。”征淮夷。《御覽》八十二引《紀年》：“元年，征淮夷。”《路史·後紀》十三：“征淮、畎。”注：“淮夷、畎夷。《紀年》云：元年。”《後漢書·西羌傳》：“后相即位，乃征畎夷。”此僅采《御覽》所引。

二年，征風及黄夷。《御覽》八十二及《後漢書·東夷傳》注引《紀年》：“二年，征風夷及黄夷。”《通鑑外紀》引：“二年，征黄夷。”

七年，于夷來賓。《後漢書·東夷傳》注、《外紀》注、《路史·後紀》十三注均引《紀年》：“七年，于夷來賓。”

八年，寒浞殺羿，使其子澆居過。見《左·襄四年傳》，但《左傳》殺羿封澆非一年事。

九年，相居于斟灌。《水經·巨洋水注》、《漢書·地理志》注、《路史·後紀》十三引臣瓚曰：“《汲冢古文》：‘相居斟灌。’”

十五年，商侯相土作乘馬。《周禮·校人》注、《荀子·解蔽篇》注引《世本》：“相土作乘馬。”遂遷于商丘。《左氏·襄九年傳》：“昔陶唐之火正閼伯居商丘，相土因之。”

二十年，寒浞滅戈。《左·襄四年傳》：“寒浞處澆于戈。”

二十六年，寒浞使其子帥師滅斟灌。《左·襄四年傳》：“使澆用師滅斟灌及斟尋氏。”

二十七年，澆伐斟鄩，大戰于濰，覆其舟，滅之。《楚辭·天問》：“覆舟斟尋，何道取之？”

二十八年，寒浞使其子澆弒帝，后緡歸于有仍。《左·哀元年傳》：“昔有過澆殺斟灌以伐斟尋，滅夏后相。后緡方娠，逃出自竇，歸于有仍，生少康焉。”

伯靡出奔鬲。《左·襄四年傳》：“靡奔有鬲氏。”但《傳》次在家衆殺羿之後。斟灌之墟，是為帝丘。后緡方娠，逃出自竇，歸於有仍。三句見上。伯靡奔有鬲氏。見上。夏世子少康生。原注：丙寅年。　《左·哀元年傳》："后緡方娠，逃出自竇，歸于有仍，生少康焉。"

少康自有仍奔虞。原注：乙酉年。　《左·哀元年傳》："少康為仍牧正，澆使椒求之，逃奔有虞。"伯靡自鬲帥斟鄩、斟灌之師以伐浞。《左·襄四年傳》："靡自有鬲氏收二國之燼以滅浞，而立少康。"世子少康使汝艾伐過殺澆。原注：甲辰年。　《左·襄四年傳》："少康滅澆于過。"又《哀元年傳》："使女艾諜澆。"伯子杼帥師滅戈。《左·襄四年傳》："后杼滅豷于戈。"又《哀元年傳》："使季杼誘豷。"伯靡殺寒浞。見上。少康自綸歸于夏邑。原注：乙巳年。　《左·哀元年傳》："虞思於是妻之以二姚，而邑諸綸。"案：原本小注："寒浞自丙寅至乙巳，凡四十年。"《通鑑外紀》羿八年，浞三十二年，亦四十年。而此書附注云："夏有王與無王，用歲四百七十一年。"去寒浞四十年，得四百三十一年，與《易緯稽覽圖》云"禹四百三十一年"合，蓋即據《稽覽圖》以定寒浞之年也。

明年，后緡生少康。既長，為仍牧正，惎澆，能戒之。澆使椒求之，將至仍，少康逃奔有虞，為之庖正，以除其害。虞思於是妻之以二姚，而邑諸綸。有田一成，有衆一旅，能布其德，而兆其謀，以收夏衆，撫其官職。以上出《左·哀元年傳》。夏之遺臣伯靡，自有鬲氏收二斟以伐浞。見上。浞恃澆皆康娱，日忘其惡而不為備。出《楚辭·離騷》。少康使汝艾諜澆。見上。初，浞娶純狐氏，有子早死，其婦曰女歧，寡居。澆强圉，往至其户，陽有所求。女歧為之縫裳，共舍而宿。汝艾夜使人襲斷其首，乃女歧也。澆既多力，又善走，艾乃畋獵，放犬逐獸，因嗾澆，顛隕，乃斬澆以歸于少康。出《楚辭·天問》而又為之辭。於是，夏衆滅浞，奉少康歸於夏邑。諸侯始聞之，立為天子，祀夏配天，不失舊物。末二語出《左·哀元年傳》。

帝少康

元年丙午，帝即位，諸侯來朝，賓虞公。

二年，方夷來賓。《後漢書·東夷傳》注引《紀年》："少康即位，方夷來賓。"《路史·後紀》十三注同。

三年，復田稷。《周語》："昔我先王世后稷，以服事虞夏。及夏之衰，棄稷弗務，我先王不窋用失其官，而自竄于戎狄之間。"

后稷之後不窋失官，至是而復。見上。

十一年，使商侯冥治河。《魯語》及《祭法》："冥勤其官。"鄭氏《祭法》注："冥，契六世之孫也，其官玄冥，水官也。"

十八年，遷于原。此因《御覽》引《紀年》有"帝宁居原"之文，故云。

二十一年，陟。《通鑑外紀》："少康在位二十一年。"《路史·後紀》十三："在位四十有六歲。"

帝杼

元年己巳，帝即位，居原。《御覽》八十二引《紀年》："帝宁居原。"《路史·後紀》十三注引"帝予居原"。

五年，自原遷于老邱。《御覽》八十二引《紀年》："自遷于老邱。"《路史·後紀》十三注引作"自原遷于老王"。

八年，征于東海及三壽，得一狐九尾。《海外東經》注引《汲郡竹書》："柏杼子征于東海及三壽，得一狐九尾。"

十三年，商侯冥死于河。《魯語》及《祭法》："冥勤其官而水死。"

十七年，陟。《御覽》八十二引《帝王世紀》："帝亼在位十七年。"《通鑑外紀》從之。《路史·後紀》："二十有七歲陟。"

杼或作帝宁，一曰伯杼。均見上。杼，能帥禹者也，故夏后氏報焉。出《魯語》。

帝芬

元年戊子，帝即位。

三年，九夷來御。《後漢書·東夷傳》注引《紀年》："后芬即位，三年，九夷來御。"《外紀》、《路史·後紀》引並同。

十六年，洛伯用與河伯馮夷鬥。《水經·洛水注》引《紀年》："洛伯用與河伯馮夷鬥。"不云何年。

三十三年，封昆吾氏子于有蘇。《鄭語》："己姓，昆吾、蘇、顧、溫、董。"《唐書·宰相世系表》："昆吾之子封于蘇。"

三十六年，作圜土。

四十四年，陟。《御覽》八十二引《紀年》："后芬立四十四年。"又引《帝王世紀》："芬在位二十六年。"《外紀》從之。《路史·後紀》十三："二十有六歲陟。"注："《世紀》二十八年，《紀年》四十四年，非。"芬或曰芬發。

帝芒

元年壬申，帝即位，以玄珪賓于河。《書鈔》八十九、《初學記》十三、《御覽》八十二引《紀年》："后荒即位，元年，以玄珪賓于河。"《初學記》"珪"作"璧"，《御覽》"荒"作"芒"。

十三年，東狩于海，獲大魚。《書鈔》、《初學記》、《御覽》引《紀年》與"玄珪賓河"為一年事。《書鈔》"魚"作"鳥"。

三十三年，商侯遷于殷。此因《山海經》引《紀年》有"殷王子亥"，故設遷殷一事。

五十八年，陟。《御覽》八十二引《紀年》："后芒陟位，五十八年。"《路史·後紀》十三注引，"后芒陟，年五十八"。《外紀》："在位十八年。"又引《帝王本紀》云"十三年"，《路史》從《外紀》。芒或曰帝荒。見上。

帝泄

元年辛未，帝即位。

十二年，殷侯子亥賓于有易，有易殺而放之。《大荒東經》注引《竹書》："殷王子亥賓于有易而淫焉，有易之君綿臣殺而放之。是故殷主甲微假師于河伯，以伐有易，滅之，遂殺其君綿臣也。"

十六年，殷侯微以河伯之師伐有易，殺其君綿臣。見上。

殷侯子亥賓于有易而淫焉。有易之君綿臣殺而放之。故殷上甲微假師于河伯，以伐有易，滅之，遂殺其君綿臣。見上。中葉衰而上甲微復興，故商人報焉。出《魯語》。

二十一年，命畎夷、白夷、玄夷、風夷、赤夷、黄夷。《後漢書·東夷傳》注引《紀年》："后泄二十一年，命畎夷，白夷、赤夷、玄夷、風夷、陽夷。"《外紀》及《路史·後紀》十三所引略同。

二十五年，陟。《路史·後紀》十三注引《紀年》作"二十一"。《御覽》八十二引《帝王世紀》："帝泄在位十六年。"《外紀》從之，《路史·後紀》："帝洩二十六歲陟。"注："《世紀》同，《年代歷》十六年，《紀年》二十一，皆非。"

帝不降

元年己亥，帝即位。

六年，伐九苑。《御覽》八十二引《紀年》："不降即位，六年，伐九苑。"《路史》引同。

三十五年，殷滅皮氏。《逸周書·史記解》："信不行，義不立，則哲士凌君政，禁而生亂，皮氏以亡。"

五十九年，遜位于弟扃。《御覽》八十二引《紀年》："六十九年，其弟立，是為帝扃。"《外紀》："帝不降，在位五十九年。"《路史·後紀》："五十九歲，陟。"注："《世紀》、《年代歷》同，《紀年》六十九。"

帝扃

元年戊戌，帝即位。

十年，帝不降陟。見上。

三代之世内禪，惟不降實有聖德。

十八年，陟。《御覽》八十二引《帝王世紀》："帝扃，在位二十一年。"《外紀》、《路史》從之。

帝廑

一名胤甲。《御覽》八十二引《紀年》："帝廑一名胤甲。"

元年己未，帝即位，居西河。《海外東經》注、《通鑑外紀》、《路史·後紀》注、《御覽》八十二引《紀年》："胤甲即位，居西河。"《御覽》四引"胤甲居于河西"。

四年，作西音。《吕氏春秋·音初篇》："殷整甲徙宅西河，猶思故處，實始作為西音。"此係之夏胤甲，失之。

昆吾氏遷于許。原注：己姓，名樊，封于衛，夏衰為伯，遷于舊許。《左·昭十二年傳》："昔我皇祖伯父昆吾，舊許是宅。"蓋謂陸終之子昆吾，不得在胤甲時。

八年，天有祆孽，十日並出，其年陟。《海外東經》注、《通鑑外紀》、《路史·後紀》引《紀年》："天有妖孽，十日並出，其年胤甲陟。"不著何年。《御覽》八十二引《帝王世紀》："帝廑在位二十年。"《外紀》、《路史》皆從之。

帝孔甲

元年乙巳，帝即位，居西河。廢豕韋氏，使劉累豢龍。《左·昭二十九年傳》："陶唐氏既衰，其後有劉累，學擾龍於豢龍氏，以事孔甲，能飲食之。夏后嘉之，賜氏曰御龍，以更豕韋之後。"

三年，王畋于萯山。《吕氏春秋·音初篇》："夏后孔甲畋于東陽萯山。"

五年，作東音。《吕氏春秋·音初篇》："孔甲乃作《破斧之歌》，實始為東音。"

七年，劉累遷于魯陽。《左·昭二十九年傳》："龍一雌死，潛醢以食夏后，既而使求之，懼而遷于魯縣。"杜注："魯縣，今魯陽也。"王好事鬼神，肆行淫亂，諸侯化之，夏政始衰。略本《史記·夏本紀》。田於東陽萯山，天大風晦盲，孔甲迷惑，人於民室。主人方乳，或曰："后來見良日也，之子必大吉。"或又曰："不勝也，之子必有殃。"孔甲聞之曰："以為余一人子，夫誰殃之？"乃取其子以歸。既長，為斧所戕，乃作《破斧之歌》，是為東音。《吕氏春秋·音初篇》。劉累所畜龍一雌死，潛醢以食夏后，夏后饗之，既而使求之，懼而遷于魯陽，其後為范氏。《左·昭二十九年傳》。

九年，陟。《通鑑外紀》："孔甲在位三十一年。"《路史》注引《年代歷》同。《路史》以胤甲、孔甲為一人，云"在位四十歲"。殷侯復歸于商邱。

帝昊

昊一作皐。《左·僖三十三年傳》："其北陵，夏后皐之墓也。"

元年庚辰，帝即位。使豕韋氏復國。原注：夏衰，昆吾、豕韋相繼為伯。　此因帝孔甲時廢豕韋氏，故云然。

三年，陟。《御覽》八十二引《紀年》："后昊立三年。"《通鑑外紀》、《路史·後紀》皆云"十一年"。

帝發

一名后敬，或曰發惠。《御覽》八十二引《紀年》："后發一名后敬，或曰發。"

元年乙酉，帝即位。諸侯賓于王門，再保墉會于上池，諸夷入舞。《書鈔》八十二引《紀年》："后發即位，元年，諸侯賓于王門，再保墉會于上池，諸夷入舞。"又《後漢書·東夷傳》注、《御覽》七百八十、《通鑑外紀》、《路史·后紀》分引。

七年，陟。《通鑑外紀》："發在位十三年。"又引《帝王本紀》云"十二年"，《路史》同。泰山震。《述異記》上："桀時泰山走，山石泣。先儒說，桀之將亡，泰山三日泣。"

帝癸。

一名桀。

元年壬辰，帝即位，居斟鄩。《水經·巨洋水注》、《漢書·地理志》注、《史記·夏本紀》正義引臣瓚曰:"太康居斟尋,桀亦居之。"

三年,築傾宫。《文選·吴都賦》注引《紀年》:"桀築傾宫。"毁容臺。《御覽》八十二引《尸子》:"昔夏桀之時,容臺振而掩覆。"亦見《淮南·覽冥訓》。

畎夷入于(歧)〔岐〕以叛。《後漢書·西羌傳》:"后桀之亂,畎夷入居邠、岐之間。"

六年,歧踵戎來賓。《吕氏春秋·當染篇》:"桀染于羊辛、歧踵戎。"

十年,五星錯行,夜中,星隕如雨。

地震。

伊、洛竭。《周語》:"昔伊、洛竭而夏亡。"

十一年,會諸侯于仍,有緡氏逃歸,遂滅有緡。《左·昭四年傳》:"夏桀為仍之會,有緡叛之。"

十三年,遷于河南。《史記·吴起列傳》:"夏桀之居,伊闕在其南,羊腸在其北。"瓚曰:"今河南城為直之。"初作輦。《後漢書·井丹傳》:"桀乘人車。"《通典》六十六:"夏氏末代制輦。"

十四年,扁帥師伐岷山。原注:一作山民。《藝文類聚》八十三、《御覽》一百三十五引《紀年》:"桀伐岷山。"《御覽》八十二引作"山民"。

癸命扁伐山民,山民女于桀二人,曰琬,曰琰。后愛二人,女無子焉,斵其名於苕華之玉。苕是琬,華是琰,而棄其元妃於洛,曰妹喜,於傾宫飾瑶臺居之。出《御覽》八十二引《紀年》。

十五年,商侯履遷于亳。原注:成湯元年。《尚書序》:"湯始居亳。"

十七年,商使伊尹來朝。《孟子·告子下》:"五就湯、五就桀者,伊尹也。"

二十年,伊尹歸于商,及汝鳩、汝方會于北門。《尚書序》："伊尹去亳適夏，既醜有夏，復歸于亳。入自北門，乃遇汝鳩、汝方，作《汝鳩》、《汝方》。"

二十一年，商師征有洛，克之。《逸周書·史記解》："昔者有洛氏宫室無常，池囿廣大，工功日進，以後更前，民不得休。農失其時，饑饉無食，成商伐之，有洛以亡。"遂征荆，荆降。《越絶書》三："湯行仁義，敬鬼神，天下皆一心歸之。當是時，荆伯未從也，湯於是乃飾犧牛以事荆伯，乃委其誠心。"

二十二年，商侯履來朝，命囚履于夏臺。《史記·夏本紀》："桀乃召湯而囚之於夏臺。"

二十三年，釋商侯履，諸侯遂賓于商。《書鈔》十引《尚書大傳》："桀無道，囚湯，後釋之，諸侯八譯來朝者六國。"

二十六年，商滅温。《鄭語》："己姓，昆吾、蘇、顧、温、董，則夏滅之矣。"

二十八年，昆吾氏伐商。

商會諸侯于景亳。《昭·四年左傳》："商湯有景亳之命。"

遂征韋，商師取韋，遂征顧。《詩·商頌》："韋、顧既伐。"

太史令終古出奔商。《吕氏春秋·先識篇》："夏桀迷惑，暴亂愈甚，太史令終古乃出奔如商。"《淮南·氾論訓》："太史令終古即奔商，三年而桀亡。"此系之二十八年，本之。

二十九年，商師取顧。

三日並出。《開元占經》六引《尚書考靈耀》："黑帝之亡，三日並照。"又引《孝經緯》："夏時二日並出，讖曰：'桀無道，兩日照。'"

費伯昌出奔商。《博物志》十："夏桀之時，費昌之河上，見二日，在東者爛爛將起，在西者沈沈將滅，若疾雷之聲。昌問於馮夷曰：'何者為殷？何者為夏？'馮夷曰：'西夏東殷。'於是費昌徙族歸殷。"

冬十月，鑿山穿陵，以通于河。《御覽》八十二引《六韜》："桀時有瞿山之地。十月，鑿山陵，通之於河。"

三十年，瞿山崩。《御覽》引《六韜》："桀時有瞿山之地。""地"字疑本作"崩"。

殺其大夫關龍逄。《莊子·人間世》："昔者桀殺關龍逄。"

商師征昆吾。《詩·商頌》："韋、顧既伐，昆吾、夏桀。"

冬，聆隧災。《周語》："夏之亡也，回禄信于聆隧。"

三十一年，商自陑征夏邑。《尚書序》："伊尹相湯伐桀，升自陑。"

克昆吾。《詩·商頌》箋："昆吾、夏桀同時誅也。"詳孔疏。

大雷雨，戰于鳴條。《尚書序》："遂與桀戰于鳴條之野。"

夏師敗績，桀出奔三朡，商師征三朡。《尚書序》："夏師敗績，湯遂從之，遂伐三朡。"

戰于郕《吕氏春秋·簡選篇》："以戊子戰于郕。"

獲桀于焦門。《淮南·主術訓》："擒之焦門。"

放之于南巢。《御覽》八十三引《紀年》："湯遂滅夏，桀逃南巢氏。"偽《書·仲虺之誥》："成湯放桀于南巢。"

自禹至桀十七世，有王與無王，用歲四百七十一年。原注：始壬子，終壬戌。《御覽》八十二引《紀年》，《文選·六代論》注、《史記·夏本紀》集解分引。《路史·後紀》注引《紀年》："并窮、寒四百七十二年。"案：此都數與上諸帝在位之年數不合。綜計上諸帝在位年數，則禹八年，啟十六年，太康四年，仲康七年，相二十八年，少康二十一年，杼十七年；芬四十四年，芒五十八年，泄二十五年，不降五十九年，扃十八年，廑八年，孔甲九年，昊三年，發七年，癸三十一年，凡三百七十三年。必無王之世有九十八年，然可得四百七十一年之數，則少康陟時年已百二十歲，事難徵信。又本書諸帝即位之年，各著歲名。以歲名核之，則夏后氏始壬子，終壬戌，凡四百三十一年，而寒浞四十年亦在其中。考昔人所以定寒浞為四十年者，以古本《紀年》云"夏四百七十一年"。而《漢書·律曆志》云"四百三十二歲"，《易緯·稽覽圖》云"禹四百三十一年"，差四十年，遂以此四十年為無王之世以調停之。蓋古言曆者有此說，故《通鑑外紀》云羿八年，浞三十二年，共四十年，然《外紀》

用《漢志》説，以夏為四百三十二年。此書用《稽覽圖》説，以夏為四百三十一年，而無王之年仍入此中，遂與古《紀年》四百七十一年之都數不能相應。至諸帝在位年數，復與此四百三十一年之都數不合者，因作僞者復假設喪畢即位之説。故啟在位年數以歲名差之，得十九年，而本書云十六年陟，則禹崩踰三年始即位。太康在位年數以歲名差之，當得八年，而本書云太康四年陟，則啟崩踰四年始即位。其餘放此。然如芒、扃、桀三帝，又皆踰年即位，其參差無例亦甚矣。

殷商成湯

名履。

湯有七名而九征。《御覽》八十三引《紀年》。放桀於南巢而還，諸侯八譯而朝者千八百國，奇肱氏以車至，乃同尊天乙履為天子，三讓，遂即天子之位。初，高辛氏之世妃曰簡狄，以春分玄鳥至之日，從帝祀郊禖，與其妹浴於玄邱之水。有玄鳥銜卵而墜之，五色甚好，二人競取，覆以玉筐。簡狄先得而吞之，遂孕。胸剖而生契。長為堯司徒，成功於民，受封於商。後十三世，生主癸。主癸之妃曰扶都，見白氣貫月，意感，以乙日生湯，號天乙。豐下鋭上，皙而有髯，句身而揚聲，長九尺，臂有四肘，是為成湯。湯在亳，能修其德。伊摯將應湯命，夢乘船過日月之傍，湯乃東至於洛，觀帝堯之壇，沈璧退立，黄魚雙踴，黑鳥隨之止於壇，化為黑玉。又有黑龜，並赤文成字，言夏桀無道，成湯遂當代之。檮杌之獸，見於邳山。有神牽白狼銜鉤而入商朝。金德將盛，銀自山溢。湯將奉天命放桀，夢及天而舐之，遂有天下。商人後改天下之號曰殷。出《宋書·符瑞志》。

十八年癸亥，王即位，居亳。《唐書·曆志》："張説《五星議》：成湯伐桀，歲在壬戌，其明年，湯始建國為元祀。"始屋夏社。《尚書序》：

“湯既勝夏，欲遷其社，不可，作《夏社》。”《郊特牲》：“是故喪國之社屋之。”

十九年，大旱。氐，羌來賓。《詩·商頌》：“昔有成湯，自彼氐、羌，莫敢不來享，莫敢不來王。”

二十年，大旱。夏桀卒于亭山。《荀子·解蔽篇》：“桀死于亭山。”禁弦歌舞。《書鈔》九、《類聚》八十二、《初學記》九、《御覽》三十五等引《尸子》：“湯之救旱也，弦歌鼓舞者禁之。”

二十一年，大旱。鑄金幣。《管子·輕重八》：“湯以莊山之金鑄幣，而贖民之無糧賣子者。”

二十二年，大旱。

二十三年，大旱。

二十四年，大旱。王禱于桑林，雨。《吕氏春秋·順民篇》：“湯克夏而正天下，天大旱，五年不收，湯乃以身禱于桑林，雨乃大至。”云云，上五年連書大旱，亦本此。

二十五年，作《大濩》樂。《吕氏春秋·古樂篇》：“湯乃命伊尹，作為《大濩》。”

初巡狩，定獻令。《逸周書·王會解》：“湯問伊尹曰：其為四方獻令。”

二十七年，遷九鼎于商邑。《左·宣三年傳》：“桀有昏德，鼎遷于商。”

二十九年，陟。《御覽》八十三引《韓詩内傳》：“湯為天子十三年，百歲而崩。”《漢書·律曆志》：“成湯方即世崩没之時，為天子用事十三年矣。商十二月乙丑朔冬至，故《書序》曰：‘成湯既没，太甲元年，使伊尹作《伊訓》。’《伊訓》曰：‘惟太甲元年十有二月乙丑朔。’”據此，則自湯元年至太甲元年為十三年，湯在天子位凡十二年。

外丙

名勝。《御覽》八十三引《紀年》：“外丙勝居亳。”

元年乙亥，王即位，居亳。見上。

命卿士伊尹。

二年，陟。《孟子·萬章上》："外丙二年。"《史記》同。

仲壬

名庸。

元年丁丑，王即位，居亳，命卿士伊尹。《春秋經傳集解後序》引《紀年》："仲壬即位，居亳，命卿士伊尹。"《書·咸有一德》疏、《通鑑外紀》引"命"作"其"。

四年，陟。《孟子·萬章上》："仲壬四年。"《史記》同。

太甲

名至。

元年辛巳，王即位，居亳，命卿士伊尹。

伊尹放太甲于桐，乃自立。《春秋後序》、《書》疏、《外紀》引《紀年》："仲壬崩，伊尹放太甲于桐，乃自立。"

約按：伊尹自立，蓋誤以攝政為真爾。

七年，王潛出自桐，殺伊尹，天大霧三日，乃立其子伊陟、伊奮，命復其父之田宅而中分之。《春秋後序》、《書》疏、《外紀》引《紀年》："伊尹即位，放太甲。七年，太甲潛出自桐，殺伊尹，乃立其子伊陟、伊奮，命復其父之田宅而中分之。"又《書》疏及《初學記》二引《帝王世紀》："伊尹卒，年百有餘歲，大霧三日。"

約按：此文與前後不類，蓋後世所益。

十年，大饗于太廟。《書·盤庚》："玆余大享于先王。"

初祀方明。《漢書·律曆志》："《伊訓篇》：'維太甲元年十有二月乙丑朔，伊尹祀于先王，誕資有牧方明。'"是本元年事，此乃繫之十年。

十二年，陟。《史記·魯周公世家》索隱："案《紀年》，太甲惟得十二年。"

沃丁

名絢。《御覽》八十三引《紀年》:"沃丁絢即位,居亳。"

元年癸巳,王即位,居亳。見上。

命卿士咎單。《尚書序》:"沃丁既葬伊尹于亳,咎單遂訓伊尹事,作《沃丁》。"

八年,祠保衡。《尚書》疏、《初學記》二引《帝王世紀》:"沃丁八年,伊尹卒,年百有餘歲,大霧三日。沃丁葬以天子之禮,祀以太牢,親自臨喪三年,以報大德。"

十九年,陟。《通鑑外紀》:"沃丁在位二十九年。"

小庚約案:《史記》作"太庚"。

名辨。《御覽》八十三引《紀年》:"小庚辨即位,居亳。"

元年壬子,王即位,居亳。見上。

五年,陟。《御覽》八十三引《史記》:"帝太庚在位二十五年崩。"《外紀》從之。案《史記》商諸帝無在位年數,蓋採他書補之,後放此。

小甲

名高。《御覽》八十三引《紀年》:"小甲高即位,居亳。"

元年丁巳,王即位,居亳。見上。

十七年,陟。《御覽》八十三引《史記》:"帝小甲在位十七年。"《外紀》:"在位三十六年。"又引《帝王本紀》云"五十七年"。

雍己

名伷。《御覽》八十三引《紀年》:"雍己 伷即位,居亳。"

元年甲戌,王即位,居亳。見上。

十二年,陟。《御覽》八十三引《史記》:"帝雍己在位十二年崩。"《外紀》:"十三年。"

大戊

名密。

元年丙戌,王即位,居亳。

命卿士伊陟、臣扈。《書·君奭》:"在大戊時則有若伊陟、臣扈,格于上帝。"

七年,有桑穀生于朝。《尚書序》:"伊陟相大戊,亳有祥,桑穀共生于朝。"

十一年,命巫咸禱于山川。

二十六年,西戎來賓,王使王孟聘西戎。《海外西經》注:"殷帝大戊使王孟採藥,從西王母。"

三十一年,命費侯中衍為車正。《史記·秦本紀》:"大費玄孫曰孟戲中衍,鳥身人言。帝太戊聞而卜之使御,吉,遂致使御而妻之。"

三十五年,作寅車。《詩·小雅·六月》傳:"殷曰寅車,先疾也。"

四十六年,大有年。

五十八年,城蒲姑。

六十一年,東九夷來賓。

七十五年,陟。《書·無逸》:"肆中宗之享國,七十有五年。"《御覽》八十三引《史記》:"中宗在位七十有五年崩。"

大戊遇祥桑,側身修行。三年之後,遠方慕明德,重譯而至者七十六國。商道復興,廟為中宗。原注:《竹書》作"太宗"。案:《史記·殷本紀》以太甲為太宗,太戊為中宗。《御覽》八十三引《紀年》以祖乙為中宗,則大戊或有稱太宗之理。然作此注者固不能見汲冢原書,或見他書所引《紀年》有此説與?

仲丁

名莊。

元年辛丑,王即位,自亳遷于囂,于河上。《御覽》八十三引《紀年》:"仲丁即位,元年,自亳遷于囂。"

六年,征藍夷。《後漢書·東夷傳》注引《紀年》:"仲丁即位,征于藍夷。"

九年,陟。《御覽》八十三引《紀年》:"帝仲丁在位十一年。"《外紀》

同。

外壬

名發。

元年庚戌，王即位，居囂。《御覽》八十三引《紀年》："外壬居囂。"

邳人、侁人叛。《左·昭元年傳》："商有姺、邳。"

十年，陟。《御覽》八十三引《史記》："帝外壬在位一十五年。"《外紀》同。

河亶甲

名整。《御覽》八十三引《紀年》："河亶甲整即位。"

元年庚申，王即位，自囂遷于相。《御覽》八十三引《紀年》："河亶甲整即位，自囂遷于相。"

三年，彭伯克邳。《鄭語》："大彭、豕韋為商伯矣。"

四年，征藍夷。《御覽》八十三引《紀年》："河亶甲征藍夷。"

五年，侁人入于班方。彭伯、韋伯伐班方，侁人來賓。《御覽》八十三引《紀年》："河亶甲再征班方。"

九年，陟。《御覽》八十三引《史記》："河亶甲在位九年。"《外紀》同。

祖乙

名滕。《御覽》八十三引《紀年》："祖乙滕即位。"

元年己巳，王即位，自相遷于耿。

命彭伯、韋伯。見上。

二年，圮于耿。《尚書序》："祖乙圮於耿，作《祖乙》。"

自耿遷于庇。《御覽》八十三引《紀年》："祖乙滕即位，是為中宗，居庇。"

三年，命卿士巫賢。《書·君奭》："在祖乙時則有若巫賢。"

八年，城庇。

十五年，命邠侯高圉。

十九年，陟。《御覽》八十三引《史記》："祖乙在位十九年。"《外紀》同。

祖乙之世，商道復興，廟為中宗。原注：《史記》與《無逸》皆無之。案：《御覽》引《紀年》："祖乙滕即位，是為中宗。"

祖辛

名旦。

元年戊子，王即位，居庇。

十四年，陟。《御覽》八十三引《史記》："祖辛在位十六年。"《外紀》同。

開甲原注：《史記》作"沃甲"。《史記》索隱："沃甲，《系本》作開甲也。"

名踰。《御覽》八十三引《紀年》："帝開甲踰即位，居庇。"

元年壬寅，王即位，居庇。見上。

五年，陟。《御覽》八十三引《史記》："沃甲在位二十五年。"《外紀》："在位二十年。"

祖丁

名新。

元年丁未，王即位，居庇。《御覽》八十三引《紀年》："祖丁即位，居庇。"

九年，陟。《御覽》八十三引《史記》："祖丁在位三十二年。"《外紀》同。

南庚

名更。《御覽》八十三引《紀年》："南庚更。"

元年丙辰，王即位，居庇。

三年，遷于奄。《御覽》八十三引《紀年》："南庚更自庇遷于奄。"

六年，陟。《御覽》八十三引《史記》："南庚在位二十九年。"《外紀》

同。

陽甲原注:一名和甲。

名和。

元年壬戌,王即位,居奄。《御覽》八十三引《紀年》:"陽甲即位,居奄。"

三年,西征丹山戎。《大荒北經》注引《竹書》曰:"和甲西征,得一丹山。"案:隸書"和"、"祖"二字形相近,和甲疑祖甲之譌。此據郭注訛字,乃有陽甲名和之説矣。

四年,陟。《御覽》八十三引《史記》:"陽甲在位十七年。"《外紀》"七年",又引《帝王本紀》云:"十七年。"

盤庚

名旬。《御覽》八十三引《紀年》:"盤庚旬。"

元年丙寅,王即位,居奄。

七年,應侯來朝。《水經·滍水注》、《漢書·地理志》注引臣瓚曰:"《汲冢古文》殷時已自有國。"

十四年,自奄遷于北蒙,曰殷。《御覽》八十三引《紀年》:"盤庚旬自奄遷于北蒙,曰殷。"餘見《古本紀年輯校》。

十五年,營殷邑。

十九年,命邠侯亞圉。

二十八年,陟。《御覽》八十三引《史記》:"盤庚在位二十八年。"《外紀》同。

小辛

名頌。《御覽》八十三引《紀年》:"小辛頌即位,居殷。"

元年甲午,王即位,居殷。見上。

三年,陟。《御覽》八十三引《史記》:"(盤庚)〔小辛〕在位二十一年。"《外紀》同。

小乙

名斂。《御覽》八十三引《紀年》:"小乙斂即位,居殷。"

元年丁酉,王即位,居殷。見上。

六年,命世子武丁居于河,學于甘盤。《書·無逸》:"其在高宗,舊勞于外。"偽《書·說命》:"余小子舊學于甘盤,既乃遯于荒野,入宅于河。"

十年,陟。《御覽》八十三引《史記》:"小乙在位二十八年。"《外紀》:"二十一年。"

武丁

名昭。

元年丁未,王即位,居殷。

命卿士甘盤。《書·君奭》:"在武丁時則有若甘盤。"

三年,夢求傅說,得之。《尚書序》:"高宗夢得說。"偽《書·說命》:"王宅憂,亮陰三祀。既免喪,其惟弗言,曰:夢帝賚予良弼,其代予言。"

六年,命卿士傅說。

視學養老。《王制》:"凡養老,殷人以食禮。"又"殷人養國老于右學,養庶老于左學"。又"殷人縞衣而養老"。

十二年,報祀上甲微。《魯語》:"上甲微能帥契者也,商人報焉。"《孔叢子·論書篇》:"《書》曰:'惟高宗報上甲微。'"

二十五年,王子孝己卒于野。《尸子》:"殷高宗之子曰孝己。其母早死,高宗惑後妻言,放之而死。"

二十九年,肜祭太廟,有雉來。《尚書序》:"高宗祭成湯,有飛雉升鼎耳而雊。祖己訓諸王,作《高宗肜日》。"

三十二年,伐鬼方。《易·下經》:"高宗伐鬼方。"

次于荆。《詩·商頌》:"撻彼殷武,奮伐荆楚。"

三十四年,王師克鬼方。《易·下經》:"高宗伐鬼方,三年克之。”

氐、羌來賓。

四十三年，王師滅大彭。《鄭語》：“彭姓，彭祖、豕韋、諸稽，則商滅之矣。”

五十年，征豕韋，克之。見上。

五十九年，陟。古文《尚書·無逸》：“肆高宗之享國五十有九年。”《御覽》八十三引《帝王世紀》：“武丁在位五十九年。”此從之。《隸釋》録漢石經：“肆高宗之享國百年。”

王，殷之大仁也。《漢書·賈(損)〔捐〕之傳》。力行王道，不敢荒寧，嘉靖殷邦，至于小大，無時或怨。四語出《書·無逸》。是時輿地東不過江黄，西不過氐、羌，南不過荆蠻，北不過朔方，而頌聲作。《漢書·賈捐之傳》。禮廢而復起，廟為高宗。

祖庚

名曜。《御覽》八十三引《紀年》：“祖庚曜居殷。”

元年丙午，王即位，居殷，作《高宗之訓》。見上。

十一年，陟。《御覽》八十三引《史記》：“祖庚在位七年。”《外紀》同。

祖甲原注：《國語》作帝甲。

名載。《御覽》八十三引《紀年》：“帝祖甲載居殷。”

元年丁巳，王即位，居殷。見上。

十二年，征西戎。

冬，王返自西戎。原注：祖甲西征，得一丹山。案：此《大荒北經》注引《竹書》。“祖甲”原注作“和甲”。

十三年，西戎來賓。

命邠侯組紺。

二十四年，重作湯刑。《左·昭五年傳》：“商有亂政而作湯刑。”

二十七年，命王子囂、王子良。《西京雜記》：“霍將軍妻産二子,疑所為兄弟。霍光聞之,答書曰:'昔殷王祖甲,一産二子,曰囂曰良。'"

三十三年,陟。《書·無逸》:"肆祖甲之享國三十有三年。"案:昔人多以祖甲為太甲,鄭玄以為武丁子帝甲。《御覽》八十三引《史記》:"祖甲在位十六年。"《外紀》同。

王舊在野,及即位,知小人之依,能保惠庶民,不侮鰥寡。《書·無逸》。迨其末也,繁刑以携遠,殷道復衰。原注:《國語》曰:"玄王勤商,十有四世,帝甲亂之,七世而隕。"

馮辛原注:《史記》作廩辛。《漢書·古今人表》亦作馮辛。

名先。《御覽》八十三引《紀年》:"馮辛先居殷。"

元年庚寅,王即位,居殷。見上。

四年,陟。《御覽》八十三引《史記》:"廩辛在位六年。"《外紀》同。

庚丁

名囂。

元年甲午,王即位,居殷。《御覽》八十三引《紀年》:"庚丁居殷。"

八年,陟。《御覽》八十四引《史記》:"庚丁在位三十一年。"《外紀》:"六年。"又《帝王本紀》云:"二十三年。"

武乙

名瞿。

元年壬寅,王即位,居殷。《御覽》八十三引《紀年》:"武乙即位,居殷。"

邠遷于岐周。《孟子·梁惠王下》:"太王去邠,踰梁山,邑于岐山之下居焉。"

三年,自殷遷于河北。《史記·殷本紀》:"武乙立,殷復去亳遷河北。"案:《正義》引《紀年》:"自盤庚遷殷,至紂之滅,更不遷都。"此妄取《史記》亂之。

命周公亶父,賜以岐邑。

十五年,自河北遷于沬。《史記·周本紀》正義引《帝王世紀》:"帝乙復濟河,北徙朝歌。"

二十一年,周公亶父薨。

二十四年,周師伐程,戰于畢,克之。《逸周書·史記解》:"昔有畢程氏,損禄增爵,羣臣貌匱,比而戾民,畢程氏以亡。"

三十年,周師伐義渠,乃獲其君以歸。《逸周書·史記解》:"昔者義渠氏有兩子,異母皆重,君疾,大臣分黨而争,義渠以亡。"

三十四年,周公季歷來朝,王賜地三十里,玉十瑴,馬十匹。《御覽》八十三引《紀年》:"武乙三十四年,周王季歷來朝,武乙賜地三十里,玉十瑴,馬八匹。"

三十五年,周公季歷伐西落鬼戎。《後漢書·西羌傳》注引《紀年》:"武乙三十五年,周王季伐西落鬼戎,俘其二十翟王。"

王畋于河、渭,暴雷震死。《史記·殷本紀》:"武乙獵于河、渭之間,暴雷震死。"《外紀》:"武乙在位三年。"又云:"《竹書紀年》:'武乙三十五年,周俘狄王。'與《帝王本紀》不同。然則三年者,《帝王本紀》説也。"

文丁原注:《史記》作大丁,非。　案:《後漢書·西羌傳》注、《太平御覽》、《通鑑外紀》引《紀年》皆作"大丁"。惟《北堂書鈔》四十一引《紀年》作"文丁"。《御覽》八十三引《帝王世紀》:"文丁一曰大丁"。

名托。

元年丁丑,王即位,居殷。原注:自沬歸殷邑。

二年,周公季歷伐燕京之戎,敗績。《後漢書·西羌傳》注引《紀年》:"太丁二年,周人伐燕京之戎,周師大敗。"

三年,洹水一日三絶。《御覽》八十三引《紀年》:"太丁三年,洹水一日三絶。"

四年,周公季歷伐余無之戎,克之,命為牧師。《後漢書·西羌傳》注引《紀年》:"太丁四年,周人伐余無之戎,克之。周王季命為殷牧師。"

五年，周作程邑。《路史·國名紀》："程，王季之居。"

七年，周公季歷伐始呼之戎，克之。《後漢書·西羌傳》注引《紀年》："太丁七年，周人伐始呼之戎，克之。"

十一年，周公季歷伐翳徒之戎，獲其三大夫，來獻捷。《後漢書·西羌傳》注引《紀年》："十一年，周人伐翳徒之戎，捷其三大夫。"《外紀》引作"十三年"。

王殺季歷。《晉書·束皙傳》、《史通·疑古篇》、《雜説篇》引《紀年》："文丁殺季歷。"《書鈔》四十一引"文丁殺周王"云云。

王嘉季歷之功，錫之圭瓚、秬鬯，九命為伯，既而執諸塞庫。季歷困而死，因謂文丁殺季歷。原注：執王季于塞庫，羈文王于玉門，鬱尼之情，辭以作歌，其傳久矣。　案：庾信《齊王憲碑》："囚箕子于塞庫，羈文王于玉門。"

十二年，原注：周文王元年。有鳳集于岐山。《周語》："周之興也，鸑鷟鳴于岐山。"

十三年，陟。《御覽》八十三引《史記》："太丁在位三年。"《外紀》同。

帝乙

名羡。

元年庚寅，王即位，居殷。《御覽》八十三引《紀年》："帝乙居殷。"

三年，王命南仲西拒昆夷，城朔方。《詩·小雅》："王命南仲，往城于方。"傳："王，殷王也。"

夏六月，周地震。《吕氏春秋·制樂篇》："周文王立國八年，歲六月，文王寢疾，五日而地動，東西南北，不出國郊。"

九年，陟。《御覽》八十三引《帝王世紀》："帝乙在位三十七年。"《外紀》同。

帝辛

名受。原注：即紂也，曰受辛。

元年己亥，王即位，居殷。《御覽》八十三引《紀年》："帝辛受居殷。"

命九侯、周侯、邘侯。原注：周侯為西伯昌。《史記·殷本紀》："以西伯、九侯、鄂侯為三公。"徐廣曰："'鄂'一作'邘'。"

三年，有雀生鸇。《説苑·敬慎篇》："昔者殷王帝辛之時，爵生鳶于城之隅。"

四年，大蒐于黎。《左·昭四年傳》："商紂為黎之蒐，東夷叛之。"

作炮烙之刑。《史記·殷本紀》："乃重辟刑，有炮烙之法。"

五年夏，築南單之臺。

雨土于亳。《墨子·非攻下》："還至于商王紂，天不序其德，祀用失時，兼夜中，十日，雨土于薄。"

六年，西伯初禴于畢。《唐書·歷志》："至紂六祀，周文王初禴于畢。"

九年，王師伐有蘇，獲妲己以歸。《晉語》："殷辛伐有蘇，有蘇氏以妲己女焉。"

作瓊室，立玉門。《文選·東京賦》、《吴都賦》注引《紀年》："殷紂作瓊室，立玉門。"

十年夏六月，王畋于西郊。《御覽》八十三引《帝王世紀》："紂六月，發民獵于西土。"

十七年，西伯伐翟。

冬，王游于淇。《水經·淇水注》："老人晨將渡淇，而沈吟難濟。紂問其故，左右曰：'老者髓不實，故晨寒也。'紂乃于此斮脛而視髓也。"

二十一年春正月，諸侯朝周。

伯夷、叔齊自孤竹歸于周。《史記·伯夷列傳》："伯夷、叔齊聞西伯昌善養老，盍往歸焉。"

二十二年冬，大蒐于渭。

二十三年，囚西伯于羑里。《史記·殷本紀》："紂囚西伯羑里。"

二十九年，釋西伯，諸侯逆西伯，歸于程。《左·襄二十一年》："紂囚文王七年，諸侯皆從之囚。紂于是乎懼而歸之。"《逸周書·程寤解》："文王去商在程。"

三十年春三月，西伯率諸侯入貢。《左·襄四年傳》："文王率商之叛國以事紂。"

三十一年，西伯治兵于畢，得吕尚以為師。《史記·齊太公世家》："西伯獵，遇太公望于渭之陽，立為師。"

三十二年，五星聚于房。《文選·始出尚書省詩》注、《褚淵碑》注、《安陸昭王碑》注、《類聚》十、《御覽》五引《春秋元命苞》："殷紂之時，五星聚于房。"

有赤烏集于周社。《墨子·非攻下》："赤烏銜珪，降周之岐社，曰天命周文王，伐殷有國。"

密人侵阮，西伯帥師伐密。《詩·大雅》："密人不恭，敢拒大邦。侵阮徂共，王赫斯怒。爰整其旅，以遏徂旅。"

三十三年，密人降于周師，遂遷于程。《逸周書·大匡解》："惟周王宅程。"

王錫命西伯，得專征伐。《史記·殷本紀》："乃赦西伯，賜之弓矢、斧鉞，得專征伐。"

約案：文王受命九年，大統未集，蓋得專征伐，受命自此年始。

三十四年，周師取耆及邗，遂伐崇，崇人降。《史記·周本紀》："受命，明年伐犬戎，明年伐密須，明年敗耆國，明年伐邗，明年伐崇侯虎，而作豐邑。明年，西伯崩。"《左·襄三十一年》正義："《尚書大傳》：文王一年質虞、芮，二年伐于，三年伐密須，四年伐畎夷，紂乃囚之。"《文王世子》正義引《大傳》："五年，文王出，則克耆。六年，伐崇，則稱王。"二說不同，此本《大傳》及《史記》，而繫年又異。

冬十二月，昆夷侵周。《詩·采薇》正義引《帝王世紀》："文王受命四年春正月丙子,昆夷侵周,一日三至周之東門。”此在受命三年冬十二月,蓋以殷正差之也。

三十五年,周大饑。《逸周書·大匡解》:“惟周王宅程三年,遭天之大荒。”

西伯自程遷于豐。《詩·大雅》:“既伐于崇,作邑于豐。”

三十六年春正月,諸侯朝于周,遂伐昆夷。《尚書大傳》:“四年,伐畎夷。”

西伯使世子發營鎬。《詩·大雅》:“考卜維王,宅是鎬京。維龜正之,武王成之。”

三十七年,周作辟雍。《詩·大雅》:“鎬京辟雍。”

三十九年,大夫辛甲出奔周。《史記·周本紀》:“辛甲大夫之徒,皆往歸焉。”

四十年,周作靈臺。《詩·大雅》:“經始靈臺。”

王使膠鬲求玉于周。《韓非子·喻老》:“周有玉版,紂令膠鬲索之,文王不與。”

四十一年春三月,西伯昌薨。原注:周文王葬畢,畢西于豐三十里。 《漢書·劉向傳》:“文王、周公葬于畢。”注:“臣瓚曰:‘《汲郡古文》:畢西于豐三十里。’”

四十二年,原注:周武王元年。西伯發受丹書于吕尚。《大戴禮記》:“武王踐(祚)〔阼〕三日,召師尚父而問焉。曰:‘昔黄帝、顓頊之道存乎?’師尚父曰:‘在丹書。’”

有女子化為丈夫。《墨子·非攻下》:“時有女為男。”

四十三年春,大閱。

嶢山崩。《淮南·俶真訓》:“逮至殷紂,嶢山崩,三川涸。”又《覽冥訓》:“嶢山崩而薄落之水涸。”

四十四年,西伯發伐黎。《書·西伯戡黎》。

四十七年,内史向摯出奔周。《吕氏春秋·先識覽》:“殷内史向摯見紂之愈亂迷惑也，於是載其圖法，出亡之周。”

四十八年，夷羊見。《周語》：“商之亡也，夷羊在牧。”

二日並見。《通鑑外紀》：“紂即位以來，兩日見。”

五十一年冬十一月戊子，周師渡孟津而還。《尚書序》：“惟十有一年，武王伐殷。一月戊午，師渡孟津。”

王囚箕子，殺王子比干，微子出奔。《論語》：“微子去之，箕子為之奴，比干諫而死。”

五十二年庚寅，周始伐殷。《唐書·歷志》引《紀年》：“武王十一年庚寅，周始伐商。”

秋，周師次于鮮原。《逸周書·和寤解》：“王乃出圖商，至于鮮原。”

冬十有二月，周師有事于上帝。庸、蜀、羌、髳、微、盧、彭、濮從周師伐殷。原注：伐殷至邢邱，更名邢邱曰懷。　偽《書·武成》：“底商之罪，告于皇天后土。”《書·牧誓》：“及庸、蜀、羌、髳、微、盧、彭、濮人。”原注十六字見《韓詩外傳》三。

湯滅夏以至于受，二十九王，用歲四百九十六年。原注：始癸亥，終戊寅。　《史記·殷本紀》集解引《紀年》，《文選·六代論》注、《通鑑外紀》分引。原注“戊寅”乃“庚寅”之訛。案：自癸亥至庚寅，實五百八年，而以諸帝積年計之亦同，並與都數不合。蓋以湯元年為癸亥，本於《唐書·歷志》、張說《歷議》，而以周始伐商為庚寅，則本《歷議》所引《紀年》，二者本不同源，無怪與古《紀年》積年不合也。原注見其不合，乃改為戊寅，然不免與本書諸帝積年及歲名相齟齬。蓋書與注亦非盡出一人之手，或雖出一手，而前後未照也。古《紀年》“用歲四百九十六年”，與《易緯·稽覽圖》同。

## 卷　下

周武王

名發。初，高辛氏之世妃曰姜嫄，助祭郊禖，見大人迹，履之，當時歆如有人道感己，遂有身而生男。以為不祥，棄之阨巷，羊牛避而不踐；又送之山林之中，會伐林者〔薦覆之〕；又取而置寒冰上，大鳥以一翼藉覆之。姜嫄以為異，乃收養焉，名之曰棄。枝頤有異相。長為堯稷官，有功於民。后稷之孫曰公劉，有德，諸侯皆以天子之禮待之。初，黄帝之世讖言曰："西北為王，期在甲子，昌制命，發行誅，旦行道。"及公劉之後，十三世而生季歷。季歷之十年，飛龍盈於殷之牧野，此蓋聖人在下位將起之符也。季歷之妃曰太任，夢長人感己，溲於豖牢而生昌，是為周文王。龍顔虎肩，身長十尺，胸有四乳。太王曰："吾世當有興者，其在昌乎！"季歷之兄曰太伯，知天命在昌，適越，終身不反，弟仲雍從之，故季歷為嗣以及昌。昌為西伯，作邑于豐。文王之妃曰太姒，夢商庭生棘，太子發植梓樹于闕間，化為松柏棫柞。以告文王，文王幣率羣臣，與發並拜吉夢。季秋之甲子，赤爵銜書及豐，置于昌户。昌拜稽首受，其文要曰："姬昌蒼帝子，亡殷者紂王。"將畋，史編卜之曰："將大獲，非熊非羆，天遣太師以佐昌。臣太祖史疇為禹卜畋，得皐陶，其兆類此。"至于磻溪之水，吕尚釣於涯，王下趨拜曰："望公七年，乃今見光景於斯。"尚立變名答曰："望釣得玉璜，其文要曰：'姬受命，昌來提，撰爾洛鈐報在齊。'"尚出遊，見赤人自洛出，授尚書〔曰〕："命曰吕，佐昌者子。"文王夢日月著其身，又鸑鷟鳴於岐山。孟春六旬，五緯聚房。後有鳳皇銜書，遊文王之都。書又曰："殷帝無道，虐亂天下。星命已移，不得復久。靈祇遠離，百神吹去。五星聚房，昭理四海。"文王既没，太子發代立，是為武王。武王駢齒望羊。將伐紂，至於孟津，八百諸侯，不期而會，咸曰:"紂可伐矣。"武王不從。及紂殺比干,囚箕子,微子去之,乃伐紂。渡孟津,中流,白魚躍入王舟。王俯取魚,長三尺,目下有赤文成字,言紂可伐。王寫以世字,魚文消。燔魚以告天。有火自天止于王屋,流為赤烏,烏銜穀焉。穀者,紀后稷之德;火者,燔魚以告天,天火流下,應以(告)〔吉〕也。遂東伐紂,勝於牧野,兵不血刃而天下歸之。乃封吕尚於齊。周德既隆,草木茂盛,蒿堪為宫室,因名蒿室。既有天下,遂都於鎬。以上除首二字,末八字,皆出《宋書·符瑞志》。

十二年辛卯,王率西夷諸侯伐殷,敗之于坶野。《水經·清水注》引《紀年》:"王率西夷諸侯伐殷,敗之于坶野。"

王親禽受於南單之臺,遂分天之明。《水經·淇水注》引《紀年》:"王親禽帝受辛于南單之臺,遂分天之明。"《初學記》二十四引:"王親禽受于南單之臺。"

立受子禄父,是為武庚。《史記·殷本紀》:"封紂子武庚禄父,以續殷祀。"

夏四月,王歸于豐,饗于太廟。《漢書·律曆志》、《逸書》、《武成》:"惟四月既旁生霸,粵六日庚戌,武王燎于周廟。"偽《書·武成》:"厥四月哉生明,王來自商,至于豐。丁未,祀于周廟。"

命監殷。《逸周書·作雒解》:"武王克殷,乃立王子禄父,俾守商祀。建管叔于東,建蔡叔、霍叔于殷,俾監殷臣。"

遂狩于管。《逸周書·大匡解》、又《文政解》:"惟十有三祀,王在管。"

作《大武樂》。《吕氏春秋·古樂篇》:"武王乃命周公,作為《大武》。"

十三年,巢伯來賓。《尚書序》:"巢伯來朝,芮伯作《旅巢命》。"

薦殷于太廟。《逸周書·世俘解》:"辛亥,薦俘殷王鼎。癸丑,薦殷俘王士百人。”案:此是克殷年事。

遂大封諸侯。《尚書序》:“武王既勝殷,邦諸侯。”

秋,大有年。《詩·周頌》:“綏萬邦,屢豐年。”

十四年,王有疾,周文公禱於壇墠,作《金縢》。書·金縢》:“既克商二年,王有疾,弗豫。”序:“周公作《金縢》。”

十五年,肅慎氏來賓。《魯語》:“昔武王克商,通道於九夷八蠻,肅慎氏貢楛矢、石砮。”

初狩方岳,誥于沬邑。《書·酒誥》:“王若曰:明大命于妹邦。”

冬,遷九鼎于洛。《左·桓二年傳》:“武王克商,遷九鼎于洛邑。”

十六年,箕子來朝。《史記·宋微子世家》:“其後箕子朝周。”

秋,王師滅蒲姑。《左·昭九年傳》:“及武王克商,蒲姑、商奄我東土也。”

十七年,命王世子誦于東宮。《逸周書·武儆解》:“惟十有二祀四月,王告夢。丙辰,出金枝郊寶開和細書,命召周公旦立後嗣,屬小子誦文及寶典。”

冬十有二月,王陟,年九十四。《史記·周本紀》集解:“皇甫謐曰:武王定位元年,歲在乙酉。六年庚寅崩。”《逸周書·作雒解》:“武王克殷既歸,乃歲十二月崩鎬。”《御覽》八十四引《帝王世紀》:“十年冬,王崩于鎬,時年九十三歲。”《路史·發揮》四:“案《竹書紀年》武王年五十四。”

成王

名誦。《逸周書·武儆解》:“屬小子誦。”《史記·周本紀》:“武王崩,太子誦代立。”

元年丁酉春正月,王即位,命冢宰周文公總百官。《史記·周本紀》:“成王少,周公乃攝行政當國。”

庚午,周公誥諸侯于皇門。《逸周書·皇門解》:“惟正月庚午,周公格左閎門,會羣臣。”

夏六月,葬武王于畢。《逸周書·作雒解》:“元年夏六月,葬武王于畢。”

秋，王加元服。《大戴禮記·公冠篇》：“成王冠。”

武庚以殷叛。《史記·周本紀》：“周公乃攝行政當國，管叔、蔡叔羣弟疑周公，與武庚作亂叛周。”

周文公出居于東。《書·金縢》：“周公居東。”

二年，奄人、徐人及淮夷入于邶以叛。《逸周書·作雒解》：“周公立相天子，三叔及殷東徐、奄及熊盈以略。”

秋，大雷電以風，王逆周文公于郊。《書·金縢》：“秋大熟，未穫，天大雷電以風。王曰：‘今天動威以彰周公之德，惟朕小子其新迎。’王出郊。”

遂伐殷。《尚書序》：“周公相成王，將黜殷，作《大誥》。”

三年，王師滅殷，殺武庚禄父。《逸周書·作雒解》：“二年，又作師旅，臨衛政殷，殷大震潰，降辟三叔，王子禄父北奔。”

遷殷民于衛。《尚書序》：“成王以殷餘民封康叔。”《左·定四年傳》：“分康叔以殷民七族。”

遂伐奄。《孟子·滕文公下》：“伐奄，三年討其君。”

滅蒲姑。原注：姑與四國作亂，故周文公伐之。　《漢書·地理志》：“薄姑氏與四國共作亂，成王滅之。”

四年春正月，初朝于廟。《詩序》：“《閔予小子》，嗣王朝于廟也。”

夏四月，初嘗麥。《逸周書·嘗麥解》：“惟四年孟夏，王乃嘗麥于大祖。”

王師伐淮夷，遂入奄。《尚書序》：“成王東伐淮夷，遂踐奄，作《成王政》。”

五年春正月，王在奄，遷其君于蒲姑。《尚書序》：“成王既踐奄，將遷其君于蒲姑。”

夏五月，王至自奄。《書·多方》：“惟五月丁亥，王來自奄，至于宗周。”

遷殷民于洛邑。《尚書序》:“成周既成,遷殷頑民。”

遂營成周。《尚書大傳》:“五年,營成周。”

六年,大蒐于岐陽。《左·昭四年傳》:“成有岐陽之蒐。”

七年,周公復政于王。《明堂位》:“七年,致政于成王。”《尚書大傳》:“七年,致政成王。”

春二月,王如豐。《書·召誥》:“惟二月既望,越六日乙未,王朝步自周,則至于豐。”

三月,召康公如洛度邑。《書·召誥》:“越若來三月,惟丙午朏,越三日戊申,太保朝至于洛,卜宅,厥既得卜,則經營。”

甲子,周文公誥多士于成周,遂城東都。《書·召誥》:“甲子,周公乃朝用書命庶殷:侯、甸、男、邦伯。厥既命殷庶,庶殷丕作。”又《多士》:“惟三月,周公初于新邑洛,用告商王士。”

王如東都,諸侯來朝。《書·洛誥》:“孺子來相宅。”又云:“汝其敬識百辟享。”

冬,王歸自東都。《書·洛誥》:“戊辰,王在新邑,在十有二月,惟周公誕保文武受命,惟七年。”歷家皆以戊辰為十二月晦,此云“冬王歸自東都”者,蓋僞此書者以古《紀年》用夏正,故云爾也。

立高圉廟。《魯語》:“高圉大王能帥稷者也,周人報焉。”

八年春正月,王初莅阼親政。《文王世子》:“成王幼,不能涖阼。”

命魯侯禽父、齊侯伋遷庶殷于魯。《左·定四年傳》:“分魯公以殷民六族。”

作“象舞”。《吕氏春秋·古樂篇》:“商人服象,為虐于東夷,周公遂以師逐之,至于江南,乃為‘三象’以彰其德。”

冬十月,王師滅唐,遷其民于杜。《左·襄二十四年傳》:“在周為唐杜氏。”又《昭元年傳》:“及成王滅唐。”

九年春正月，有事于太廟，初用"勺"。《春秋(繫)〔繁〕露·三代改制質文篇》："周公輔成王，作'汋樂'以奉天。"

肅慎氏來朝，王使榮伯錫肅慎氏命。《尚書序》："成王既伐東夷，息慎來賀，王俾榮伯作《賄息慎之命》。"

十年，王命唐叔虞為侯。《左·昭元年傳》："及成王滅唐而封大叔焉。"

越裳氏來朝。《尚書大傳》："成王之時，越裳重譯而來朝。"

周文公出居于豐。《通鑑外紀》："周公歸政，三年之後老于豐。"

十一年春正月，王如豐。

唐叔獻嘉禾，王命唐叔歸禾于周文公。《尚書序》："唐叔得禾，異畝同穎，獻諸天子，王命唐叔歸周公于東，作《歸禾》。周公既得命禾，旅天子之命，作《嘉禾》。"

王命周平公治東都。《尚書序》："周公既没，命君陳分正東郊成周，作《君陳》。"

約案：周平公即君陳，周公之子，伯禽之弟。

十二年，王師、燕師城韓。《詩·大雅》："溥彼韓城，燕師所完。"

王錫韓侯命。《左·僖二十四年傳》："邘、晉、應、韓，武之穆也。"

十三年，王師會齊侯、魯侯伐戎。

夏六月，魯大禘于周公廟。《明堂位》："季夏六月，以禘禮祀周公于太廟。"

十四年，秦師圍曲城，克之。"秦"，孫之騄本作"齊"。《晏子春秋·内篇諫下第二》："丁公伐曲沃，勝之。"《類聚》二十四引作"丁公伐曲城"。

冬，洛邑告成。

十八年春正月，王如洛邑定鼎。《左·宣三年傳》："成王定鼎于郟鄏。"

鳳皇見，遂有事于河。《宋書·符瑞志》，見下附注。

武王没，成王少，周公旦攝政七年。制禮作樂，神鳥鳳皇見，蓂莢生，乃與成王觀于河、洛，沈璧。禮畢，王退俟。至于日昃，榮光並出幕河，青雲浮至，青龍臨壇，銜玄甲之圖，坐之而去。禮於洛，亦如之。玄龜青龍蒼光止於壇，背甲刻書，赤文成字，周公援筆以世文寫之。書成文消，龜隨甲而去。其言自周公訖於秦、漢盛衰之符。麒麟游苑，鳳皇翔庭，成王援琴而歌曰："鳳皇翔兮於紫庭，余何德兮以感靈，賴先王兮恩澤臻，于胥樂兮民以寧。"出《宋書·符瑞志》。

十九年，王巡狩侯、甸、方岳，召康公從。《周禮·大行人》："十有二歲，王巡狩殷國。"作僞者以成王親政，至是十有二年，故為此語。

歸于宗周，遂正百官。僞《書·周官》："惟周王撫萬邦，巡侯、甸，歸于宗周，董正治官。"

黜豐侯。《説文解字·豐部》："鄉飲酒有豐侯者。"阮諶《三禮圖》："豐，國名也，坐酒亡國。"崔駰《酒箴》："豐侯沈湎，荷罌抱缶。自戮于世，圖形戒後。"

二十一年，除治象。《周禮·太宰》："乃縣治象之法于象魏。"

周文公薨于豐。《尚書序》："周公在豐，將没，欲葬成周。公薨，成王葬于畢。"

二十二年，葬周文公于畢。見上。

二十四年，於越來賓。

二十五年，王大會諸侯于東都，四夷來賓。《逸周書·王會解》，文繁不具。

冬十月，歸自東都，大事于太廟。

三十年，離戎來賓。《逸周書·史記解》："昔者林氏召離戎之君而朝之，至而不禮，留而不親，離戎逃而去之。林氏伐之，天下叛林氏。"

約案：離戎，驪山之戎也，為林氏所伐，告于成王。

三十三年，王遊于卷阿，召康公從。《詩序》："《卷阿》，召康公戒成王也。"

歸于宗周。

命世子釗如房逆女，房伯祈歸于宗周。《周語》："昭王娶于房，曰房后。"此以為康王，殆涉昭王而誤。

三十四年，雨金于咸陽。《述異記》下："周成王時，咸陽雨金。"

約案：咸陽天雨金，三年，國有大喪。

三十七年夏四月乙丑，王陟。《書·顧命》："惟四月哉生魄，王不懌。乙丑，王崩。"《漢書·律曆志》："成王三十年四月庚戌朔，十五日甲子哉生霸，故《顧命》曰：'惟四月哉生霸，王有疾，不豫。甲子，王乃洮沬水'，作《顧命》。翌日乙丑，成王崩。"《通鑑外紀》："成王在位三十年，通周公攝政三十七年。"

康王

名釗。見《書·顧命》、《康王之誥》。《史記·周本紀》："成王崩，太子釗立。"

元年甲戌春正月，王即位，命冢宰召康公總百官。

諸侯朝于豐宮。《左·昭四年傳》："康有豐宮之朝。"

三年，定樂歌。

吉禘于先王。

申戒農官，告于廟。《詩序》："《臣工》，諸侯助祭，遣于廟也。"朱子《集傳》："此戒農官之詩也。"

六年，齊太公薨。《太公呂望表》引《紀年》："康王六年，齊太公望卒。"

九年，唐遷于晉，作宮而美，王使人讓之。《書鈔》十八引

《紀年》:"晉侯作宫而美,康王使讓之。"

十二年夏六月壬申,王如豐,錫畢公命。《漢書·律曆志》:"康王十二年六月戊辰朔,三日庚午,故《畢命豐刑》曰:'惟十有二年六月庚午朏,王命作册《豐刑》。'"僞《書·畢命》:"惟十有二年六月庚午朏,越三日壬申,王朝步自宗周,至于豐,以成周之衆命畢公保釐東郊。"

秋,毛懿公薨。

十六年,錫齊侯伋命。

王南巡狩,至九江廬山。《御覽》五十四引《尋陽記》:"廬山西南有康王谷。"

十九年,魯侯禽父薨。《漢書·律曆志》:"成王元年,此命伯禽俾侯于魯之歲也。魯公伯禽推即位四十六年,至康王十六年而薨。"此作十九年。案:下"二十一年魯作茅闕門",乃煬公時事,二十一年煬公已即位,前此尚有考公四年,則此書亦當從《漢志》説,以魯公薨在康王十六年也。"十九年"三字疑衍。

二十一年,魯築茅闕門。《史記·魯周公世家》:"魯公伯禽卒,子考公酋立。考公四年卒,立弟熙,是為煬公。煬公築茅闕門。"以《漢志》伯禽薨年推之,此歲為煬公元年。

二十四年,召康公薨。

二十六年秋九月己未,王陟。《御覽》八十四引《帝王世紀》:"康王在位二十六年崩。"《外紀》同。

昭王

名瑕。《史記·周本紀》:"康王崩,子昭王瑕立。"

元年庚子春正月,王即位,復設象魏。案:前于成王二十一年云:"除治象。"至此復設象魏,凡四十三年。蓋作僞者見《文選》注及《御覽》引《紀年》"成、康之世,天下安寧,刑措四十餘年不用",乃書此以影射之也。

六年,王錫郇伯命。《詩·曹風》:"四國有王,郇伯勞之。"

冬十二月,桃李華。

十四年夏四月，恒星不見。《廣(宏)〔弘〕明集》十一釋法琳引《周書異記》："周昭王即位二十四年甲寅歲四月八日，江河泉池忽然泛漲，井泉並皆溢出，宮殿人舍山川大地悉皆震動。其夜，五色光氣入貫紫微，遍于西方，盡作青紅色。周昭王問太史蘇由曰：'此何祥也？'由對曰：'有大聖人生於西方，故現此瑞。'"

秋七月，魯人弒其君宰。《史記·魯世家》："煬公六年卒，子幽公宰立。幽公十四年，幽公弟濆殺幽公而自立。"

十六年，伐楚，涉漢，遇大兕。《初學記》七引《紀年》："周昭王十六年，伐楚荆，涉漢，遇大兕。"

十九年春，有星孛于紫微。《御覽》八百七十四引《紀年》："周昭王末年，夜清，五色光貫紫微。其年，王南巡不返。"

祭公、辛伯從王伐楚。《吕氏春秋·音初篇》："周昭王將親征荆蠻，辛餘靡長且多力，為王右。還反及漢，梁敗，王及祭公隕於漢中。辛餘靡振王北濟，反振祭公，周乃侯之於西翟。"

天大曀，雉兔皆震，喪六師于漢。《初學記》七引《紀年》："周昭王十九年，天大曀，雉兔皆震，喪六師于漢。"《開元占經》一百一、《御覽》九百七引上二句。

王陟。《御覽》八十四引《帝王世紀》："昭王在位五十一年。"《外紀》同，又引皇甫謐曰："在位二年。"

穆王

名滿。《史記·周本紀》："立昭王子滿，是為穆王。"

元年己未春正月，王即位，作昭宮。

命辛伯餘靡。《吕氏春秋·音初篇》語，見上。

冬十月，築祇宮于南鄭。《穆天子傳》注引《紀年》："穆王元年，築祇宮于南鄭。"　自武王至穆王享國百年。《晉書·束晳傳》引《紀年》。穆王以下都于西鄭。《漢書·地理志》注。

六年春，徐子誕來朝，錫命為伯。《後漢書·東夷傳》："穆王分東方諸侯，命徐偃王主之。”

八年，北唐來賓，獻一驪馬，是生騄耳。《穆天子傳》注引《紀年》：“北唐之君來見，以一驪馬是生騄耳。”《史記·秦本紀》集解引“驪”作“驪”。

九年，築春宮。原注：王所居有春宮、鄭宮。　《御覽》一百七十三引《紀年》：“穆王所居春宮、鄭宮。”

十一年，王命卿士祭公謀父。

十二年，毛公班、井公利、逢公固帥師從王伐犬戎。《穆天子傳》：“命毛班、逢固先至于周，又乃命井利、梁固聿將六師。”

冬十月，王北巡狩，遂征犬戎。《穆天子傳》：“天子北征于犬戎。”

十三年春，祭公帥師從王西征，次于陽紆。《類聚》九十一引《紀年》：“穆王十三年，西征，至于青鳥之所憩。”《穆天子傳》：天子西征，騖行至于陽紆之山，河宗柏夭、先白□，天子使鄒父受之。

秋七月，西戎來賓。

徐戎侵洛。《後漢書·東夷傳》：“徐夷僭號，乃率九夷以伐宗周，西至河上。”

冬十月，造父御王，入于宗周。《史記·秦本紀》：“造父以善御幸于周繆王，得赤驥、温驪、驊騮、騄耳之駟，西巡狩，樂而忘歸。徐偃王作亂，造父為繆王御，長驅歸周，一日千里以救亂。”

十四年，王帥楚子伐徐戎，克之。《後漢書·東夷傳》：“穆王後得驥騄之乘，乃使造父御之告楚，令伐徐，一日而至。於是楚文王大舉兵而滅之。”

夏四月，王畋于軍邱。《穆天子傳》：“□辰，天子次于軍邱，以畋于藪□。”

五月，作范宮。《穆天子傳》：“甲寅，天子作居范宮。”

秋九月，翟人侵畢。《穆天子傳》：“季秋，□乃宿于房，畢人告戎曰：‘陖翟來侵。’”

冬，蒐于萍澤。《穆天子傳》：“季冬丙辰，天子筮獵苹澤。”

作虎牢。《穆天子傳》：“有虎在于葭中，天子將至，七萃之士高奔戎請生捕虎，必全之。乃生捕虎而獻之，天子命之為柙，而畜之東虞，是為虎牢。”

十五年春正月，留昆氏來賓。《穆天子傳》：“留昆歸玉百枚。”注：“留昆國見《紀年》。”

作重璧臺。《穆天子傳》：“天子乃為之臺，是曰重璧之臺。”

冬，王觀于鹽澤。原注：一作“王幸安邑，觀鹽池”，非是。《穆天子傳》：“仲冬戊子，至于鹽。”注：“鹽，鹽池。”

十六年，霍侯舊薨。《穆天子傳》：“霍侯舊告薨。”

王命造父封于趙。《史記·秦本紀》：“繆王以趙城封造父。”

十七年，王西征昆侖邱，見西王母。其年，西王母來朝，賓于昭宮。《穆天子傳》注引《紀年》：“穆王十七年，西征崑崙邱，見西王母。其年來見，賓于昭宮。”《西次三經》注引“穆王五十七年，西王母來見，賓于昭宮。”

秋八月，遷戎于太原。《後漢書·西羌傳》：“王乃西征犬戎，獲其五王，遂遷戎于太原。”

王北征，行流沙千里，積羽千里。《大荒北經》注引《紀年》。征犬戎、取其五王以東。《穆天子傳》注引《紀年》。西征，至于青鳥所解。原注：三危山。《西次三經》注引《紀年》。西征還里天下，億有九萬里。《穆天子傳》注引《紀年》。

十八年春正月，王居祇宮，諸侯來朝。

二十一年，祭文公薨。《逸周書·祭公解》：“謀父疾維不瘳。”

二十四年，王命左史戎夫作《記》。《逸周書·史記解》：“維正月，王在成周。昧爽，召三公左史戎夫曰：‘今夕朕寤，遂事驚予，乃取遂事之要戒，俾戎夫主之，朔望以聞。’”

三十五年，荆人入徐，毛伯遷帥師敗荆人于泲。

三十七年，大起九師，東至于九江，架黿鼉以為梁。遂伐越，至于紆。《文選·恨賦》注引《紀年》："穆王三十七年，伐越，大起九師，東至于九江，叱黿鼉以為梁。"《路史·國名紀》："紆，穆王伐之，大起九師，東至九江，蚖蟬為梁。"亦本《紀年》。此兼取二書，遂云"伐越至于紆"矣。

荆人來貢。《類聚》九引《紀年》："穆王三十七年，伐楚。"

三十九年，王會諸侯于塗山。《左·昭四年傳》："穆有塗山之會。"

四十五年，魯侯濆薨。《史記·魯周公世家》："幽公弟濆殺幽公而自立，是為魏公。魏公五十年卒。"

五十一年，作《吕刑》，命甫侯于豐。《書·吕刑》："惟吕命。王享國百年，耄荒，度作刑以詰四方。"案《史記·周本紀》言："穆王即位，春秋已五十矣。"《吕刑》云："王享國百年"，故繫之于五十一年。

五十五年，王陟于祗宫。《御覽》八十四引《史記》："穆王在位五十五年。"《帝王世紀》同。《左·昭十二年傳》："王是以獲没于祗宫。"

共王

名繄扈。《史記·周本紀》："穆王崩，子共王繄扈立。"索隱："《世本》作'伊扈'。"

元年甲寅春正月，王即位。

四年，王師滅密。《周語》："共王游于涇上，密康公從，有三女奔之，康公弗獻。一年，王滅密。"

九年春正月丁亥，王使内史良錫毛伯遷命。《考古圖·郑敦銘》："惟二年正月初吉，王在周邵宫，丁亥，王格于宣射。毛伯内門立中庭，右祝鄦。王呼内史册命鄦。""鄦"，从"㝵"，即"遷"字，前人嘗有釋為"遷"字者，乃僞為此條。不知敦銘中毛伯與鄦實二人，非一人也。

十二年，王陟。《御覽》八十四引《帝王世紀》："共王在位二十年。"《外紀》："在位十年。"又引皇甫謐曰："在位二十五年。"

懿王

名堅。《史記·周本紀》："共王崩，子懿王囏立。"索隱："《世本》作'堅'。"

元年丙寅春正月，王即位。

天再旦于鄭。《事類賦》注、《御覽》二引《紀年》："懿王元年，天再旦于鄭。"

七年，西戎侵鎬。見下。

十三年，翟人侵岐。《漢書·匈奴傳》："至穆王之孫懿王時，王室遂衰，戎狄交侵，暴虐中國。"此與上條，即據《漢書》為之。

十五年，王自宗周遷于槐里。《漢書·地理志》："右扶風槐里，周曰犬邱，懿王都之。"

十七年，魯厲公擢薨。《史記·魯周公世家》："魏公卒，子厲公擢立。厲公三十七年卒。"

二十一年，虢公帥師北伐犬戎，敗逋。

二十五年，王陟。《御覽》八十四引《史記》："懿王在位二十五年。"《外紀》同。

懿王之世，興起無節，號令不時，挈壺氏不能共其職，於是諸侯攜德。

孝王

名辟方。《史記·周本紀》："懿王崩，共王弟辟方立，是為孝王。"

元年辛卯春正月，王即位。

命申侯伐西戎。《史記·秦本紀》："申侯之女為大駱妻，生子成，為適。申侯乃言孝王曰：'昔我先驪山之女為戎胥軒妻，生中潏，以親故歸周，保西垂，西垂以其故和睦。今我復與大駱妻，生適子成。申、駱重婚，西戎皆服，所以為王。'"

五年，西戎來獻馬。

七年冬,大雨電,江、漢水。原注:牛馬死,是年,厲王生。《御覽》八十四引《史記》:"周孝王七年,厲王生,冬,大雨雹,牛馬死,江、漢俱凍。"

八年,初牧于汧、渭。《史記·秦本紀》:"非子居犬邱,周孝王召使主馬于汧、渭之間。"

九年,王陟。《御覽》八十四引《史記》:"孝王在位十五年。"《外紀》同。

夷王

名燮。《史記·周本紀》:"孝王崩,諸侯復立懿王太子燮,是為夷王。"

元年庚子春正月,王即位。

二年,蜀人、吕人來獻瓊玉,賓于河,用介珪。《書鈔》三十一、《御覽》八十四引《紀年》:"夷王二年,蜀人、吕人來獻瓊玉,賓于河,用介珪。"

三年,王致諸侯,烹齊哀公于鼎。《御覽》八十四引《紀年》:"三年,王致諸侯,烹齊哀公于鼎。"《史記》正義引作"翦齊哀公昴"。

六年,王獵于社林,獲犀牛一以歸。《御覽》八百九十引《紀年》:"夷王獵于桂林,得一犀牛。"

七年,虢公帥師伐太原之戎,至于俞泉,獲馬千匹。《後漢書·西羌傳》:"夷王衰弱,荒服不朝,乃命虢公率六師伐太原之戎,至于俞泉,獲馬千匹。"注:"見《竹書紀年》。"

冬,雨雹,大如礪。《初學記》二、《御覽》十四引《紀年》:"夷王七年冬,雨雹,大如礪。"

楚子熊渠伐庸,至于鄂。《史記·楚世家》:"當周夷王之時,熊渠甚得江、漢間民心,乃興兵伐庸、楊粵,至于鄂。"

八年,王有疾,諸侯祈于山川。《左·昭二十六年傳》:"至于夷王,王愆于厥躬,諸侯莫不並走期望,以祈王身。"

王陟。《史記》正義、《御覽》八十四引《帝王世紀》:"十六年,王崩。"

《外紀》"十五年"。

厲王

名胡。原注:居彘,有汾水焉,故又曰汾王。《史記·周本紀》:"夷王崩,子厲王胡立。"

元年戊申春正月,王即位,作夷宮。《周語》:"宣王命魯孝公于夷宮。"

命卿士榮夷公落。《周語》:"厲王説榮夷公,既榮公為卿士。"

楚人來獻龜貝。

三年,淮夷侵洛,王命虢公長父征之,不克。《後漢書·東夷傳》:"厲王無道,淮夷入寇,王命虢仲征之,不克。"《吕氏春秋·當染篇》:"厲王染于虢公長父、榮夷終。"

齊獻公山薨。《史記·齊太公世家》:"周夷王之時,哀公之同母少弟山殺胡公而自立,是為獻公。九年,獻公卒,子武公壽立。武公九年,周厲王出奔,居彘。"

六年,楚子延卒。《史記·楚世家》:"熊延生熊勇。熊勇六年而周人作亂,攻厲王,厲王出奔彘。"

八年,初監謗。《周語》:"厲王得衛巫,使監謗者。"

芮良夫戒百官于朝。《逸周書序》:"芮伯稽古作訓,納王于善,暨執政小臣咸省厥躬,作《芮良夫》。"

十一年,西戎入于犬邱。《史記·秦本紀》:"周厲王無道,諸侯或叛之,西戎反王室,滅大駱犬丘之族。"

十二年,王亡奔彘。《周語》:"監謗後三年,乃流王于彘。"

國人圍王宮,執召穆公之子殺之。《周語》:"彘之亂,宣王在召公之宮,國人圍之,乃以其子代宣王。"

十三年,王在彘,共伯和攝行天子事。原注:號為共和。《莊子·讓王篇》釋文引《紀年》:"共伯和即于王位。"《史記》索隱引:"共伯和即干王位。"

十四年，玁狁侵宗周西鄙。

召穆公帥師追荊蠻，至于洛。

十六年，蔡武侯薨。《史記·管蔡世家》："武侯之時，周厲王失國。"《十二諸侯年表》蔡武侯盡共和四年。

楚子勇卒。《史記·楚世家》："熊勇六年，厲王出奔彘，十年卒。"《十二諸侯年表》楚熊勇盡共和四年。

十九年，曹夷伯薨。《史記·曹叔世家》："夷伯喜二十三年，厲王奔彘，三十年卒。"《十二諸侯年表》曹夷伯盡共和七年。

二十二年，大旱。

陳幽公薨。《史記·陳杞世家》："幽公十二年，周厲王奔于彘。二十三年，幽公卒。"《十二諸侯年表》陳幽公盡共和十年。

二十三年，大旱。

宋僖公薨。《史記·宋微子世家》："釐公十七年，周厲王出奔彘。二十八年，釐公卒。"《十二諸侯年表》宋釐公盡共和十一年。

二十四年，大旱。

杞武公薨。《史記·陳杞世家》："謀娶公當周厲王時，謀娶公生武公。武公立，四十七年卒。"

二十五年，大旱。

楚子嚴卒。《史記·楚世家》："熊勇卒，弟熊嚴為後，熊嚴十年卒。"《十二諸侯年表》同。楚熊嚴盡共和十四年，此較前一年。

二十六年，大旱，王陟于彘。《御覽》八百七十九引《史記》："共和十四年，大旱，火焚其屋，伯和篡位立。其年，周厲王流彘而死，立宣王。"

周定公、召穆公立太子靖為王。《史記·周本紀》："召公、周公二相行政，號曰'共和'。共和十四年，厲王死于彘，太子静長于召公之家，二相乃共立之為王。"

共伯和歸其國，遂大雨。《莊子·讓王篇》："共伯得乎邱首。"《吕氏春秋·慎人篇》："共伯得乎共首。"

大旱既久，廬舍俱焚，會汾王崩，卜于大陽，兆曰厲王為祟。周公、召公乃立太子靖，共和遂歸國。和有至德，尊之不喜，廢之不怒，逍遥得志于共山之首。

宣王

名靖。《史記·周本紀》作“静”，正義引《魯連子》作“靖”。

元年甲戌春正月，王即位，周定公、召穆公輔政。《史記·十二諸侯年表》宣王元年甲戌。又《周本紀》：“宣王即位，二相輔之。”

復田賦。

作戎車。《詩·小雅》：“六月棲棲，戎車既飭。”又“元戎十乘，以先啟行。”傳：“周曰元戎，先良也。”

燕惠侯薨。《史記·燕召公世家》：“共和之時，惠侯卒，子釐侯立。是歲，周宣王初即位。”《十二諸侯年表》燕惠侯盡宣王元年。

二年，錫太師皇父、司馬休父命。《詩·大雅》：“赫赫明明，王命卿士，南仲太祖，太師皇父。”又：“王謂尹氏，命程伯休父。左右陳行，戒我師旅。”

魯慎公薨。《史記·魯周公世家》：“真公二十九年，宣王即位。三十年，真公卒。”《十二諸侯年表》魯真公盡宣王二年。“真公”，《漢書·律曆志》作“慎公”。

曹公子蘇弑其君幽伯彊。《史記·曹叔世家》：“幽伯彊九年，弟蘇殺幽伯代立，是為戴伯。戴伯元年，周宣王已立三歲。”《十二諸侯年表》曹幽伯盡宣王二年。

三年，王命大夫仲伐西戎。《史記·秦本紀》：“周宣王即位，乃以秦仲為大夫，誅西戎。”《後漢書·西羌傳》：“及宣王立四年，使秦仲伐戎。”

齊武公壽薨。《史記·齊太公世家》：“武公壽二十四年，宣王立。二十六年，武公卒。”《十二諸侯年表》齊武公盡宣王三年。

四年，王命蹶父如韓，韓侯來朝。《詩·大雅》：“蹶父孔武，靡國不到，為韓姞相攸，莫如韓樂。”又“韓侯入覲”。

五年夏六月，尹吉甫帥師伐玁狁，至于太原。《詩·小雅》："六月棲棲，戎車既飭。"又："文武吉甫，萬邦為憲。"又："薄伐玁狁，至于太原。"

秋八月，方叔帥師伐荆蠻。《詩·小雅》："蠢爾蠻荆，大邦為仇。方叔元老，克壯其猶。"

六年，召穆公帥師伐淮夷。《詩序》："《江漢》，尹吉甫美宣王也，能興衰撥亂，命召公平淮夷。"

王帥師伐徐戎，皇父、休父從王伐徐戎，次于淮。《詩·大雅》："王奮厥武。"又："王命卿士，南仲太祖，太師皇父。整我六師，以修我戎。"又："王謂尹氏，命程伯休父。左右陳行，戒我師旅。率彼淮浦，省此徐土。"

王歸自伐徐。《詩·大雅》："徐方不回，王曰還歸。"

錫召穆公命。《詩·大雅》："王命召虎，來旬來宣。"又："肇敏戎公，用錫爾祉。釐爾圭瓚，秬鬯一卣。告于文人，錫山土田。"

西戎殺秦仲。《史記·秦本紀》："宣王乃以秦仲為大夫，誅西戎，西戎殺秦仲。"《十二諸侯年表》秦仲盡宣王六年。

楚子霜卒。《史記·楚世家》："熊霜元年，周宣王初立，熊霜六年卒。"《十二諸侯年表》楚熊霜盡宣王六年。

七年，王錫申伯命。《詩序》："《崧高》，尹吉甫美宣王也。天下復平，能建國親諸侯，褒賞申伯焉。"

王命樊侯仲山甫城齊。《詩·大雅》："王命仲山甫，城彼東方。"又"仲山甫徂齊"。

八年，初考室。《詩序》："《斯干》，宣王考室也。"

魯武公來朝，錫魯世子戲命。《周語》："魯武公以括與戲見王，王立戲。"《史記·周本紀》魯武公來朝在十二年，《魯世家》在武公九年，即宣王十一年。

九年，王會諸侯于東都，遂狩于甫。《詩序》："《車攻》，宣王復古也。宣王能内修政事，外攘夷狄，復會諸侯于東都。”又《詩》曰：“東有甫草，駕言行狩。”

十二年，魯武公薨。《史記·魯周公世家》：“武公九年夏卒。”《十二諸侯年表》武公盡十年，正當宣王十二年。

齊人弑其君厲公無忌，立公子赤。《史記·齊太公世家》：“武公卒，子厲公無忌立。厲公暴虐，齊人攻殺厲公，乃立厲公子赤，是為文公。”《十二諸侯年表》厲公盡宣王十二年。

十五年，衛釐侯薨。《史記·衛康叔世家》：“釐侯二十八年，周宣王立。四十二年，釐侯卒。”《十二諸侯年表》衛釐侯盡宣王十五年。

王錫虢文公命。《周語》：“宣王即位，不藉千畝，虢文公諫”云云。

十六年，晉遷于絳。《詩譜》：“晉成侯孫穆侯又徙于絳。”案《十二諸侯年表》，是歲晉穆侯初立。《通鑑外紀》：“宣王十六年，晉獻侯薨，子穆侯弗生立，自曲沃徙都絳。”

十八年，蔡夷侯薨。《史記·管蔡世家》：“夷侯十一年，周宣王即位。二十八年，夷侯卒。”《十二諸侯年表》蔡夷侯盡宣王十八年。

二十一年，魯公子伯御弑其君懿公戲。《史記·魯周公世家》：“懿公九年，懿公兄括之子伯御與魯人攻殺懿公而自立。”《十二諸侯年表》魯懿公盡宣王二十一年。

二十二年，王錫王子多父命居洛。《史記·鄭世家》：“宣王立二十二年，初封友于鄭。”

二十四年，齊文公赤薨。《史記·齊太公世家》：“文公十二年卒。”《十二諸侯年表》齊文公盡宣王二十四年。

二十五年，大旱，王禱于郊廟，遂雨。《詩·大雅》：“旱既太甚，藴隆蟲蟲。不殄禋祀，自郊徂宫。”

二十七年，宋惠公覸薨。《史記·宋微子世家》：“惠公四年，周宣王即位。三十年，惠公卒。”《十二諸侯年表》宣王二十八年，宋惠公薨。

二十八年，楚子狥卒。《史記·楚世家》：“熊狥十六年，鄭文公初封于鄭，二十二年卒。”《十二諸侯年表》楚熊狥盡宣王二十八年。

二十九年，初不藉千畝。《周語》："宣王即位，不藉千畝。"

三十年，有兔舞于鎬京。《御覽》九百七引《紀年》："宣王三十年，有兔舞鎬。"《初學記》二十九引作"三年"。

三十二年，王師伐魯，殺伯御。《周語》："三十二年春，宣王伐魯，立孝公。"

命孝公稱于夷宮。《周語》："宣王欲得國子之能導訓諸侯者，樊穆仲曰：'魯侯孝。'乃命魯孝公于夷宮。"

陳僖公孝薨。《史記·陳杞世家》："釐公孝六年，周宣王即位。三十六年，釐公卒。"《十二諸侯年表》陳釐侯盡宣王三十二年。

有馬化為人。《通鑑外紀》："宣王三十年，有馬化為人。"

三十三年，齊成公薨。《史記·齊太公世家》："成公脱立，九年卒。"《十二諸侯年表》齊成公盡宣王三十三年。

王師伐太原之戎，不克。《後漢書·西羌傳》："宣王立四年，使秦仲伐戎。後二十七年，王遣兵伐太原戎，不克。"

三十七年，有馬化為狐。《開元占經》一百十八引《紀年》："周宣王三十三年，有馬化為狐。"《外紀》亦繫之三十三年。

燕僖侯薨。《史記·燕召公世家》："惠侯卒，子釐侯立，是歲，周宣王初即位。三十六年，釐侯卒。"《十二諸侯年表》燕釐侯盡宣王三十七年。

楚子鄂卒。《史記·楚世家》："熊狥卒，子熊鄂立，熊鄂九年卒。"《十二諸侯年表》楚熊鄂盡宣王三十七年。

三十八年，王師及晉穆侯伐條戎、奔戎，王師敗逋。《後漢書·西羌傳》："王遣兵伐太原戎，後五年，王伐條戎、奔戎，王師敗績。"《左·桓二年傳》："晉穆侯之夫人姜氏，以條之役生太子。"

三十九年，王師伐姜戎，戰于千畝，王師敗逋。《周語》："宣王三十九年，戰于千畝，王師敗績于姜氏之戎。"

四十年，料民于太原。《周語》："宣王既喪南國之師，乃料民于太原。"

戎人滅姜邑。《後漢書·西羌傳》:“後二年,晉人敗北戎于汾隰,戎人滅姜侯之邑。”

晉人敗北戎于汾隰。見上。

四十一年,王師敗于申。《後漢書·西羌傳》:“明年,王征申戎,破之。”

四十三年,王殺大夫杜伯。《墨子·明鬼下》:“周宣王殺其臣杜伯而不辜。”

其子隰叔出奔晉。《晉語》:“昔隰叔子違周難,奔于晉。”注:“隰叔,杜伯之子,宣王殺杜伯,隰叔避害適晉。”

晉穆侯費生薨,弟殤叔自立,世子仇出奔。《史記·十二諸侯年表》:“宣王四十三年,晉穆侯卒,弟殤叔自立,太子仇出奔。”

四十四年。原注:晉殤叔元年丁巳。　《春秋經傳集解後序》:“《紀年》無諸國別,惟特記晉國,起自殤叔。”《史記·十二諸侯年表》宣王四十四年,晉殤叔元年。

四十六年,王陟。《史記·周本紀》:“四十六年,宣王崩。”

幽王

名涅。《史記·周本紀》:“宣王崩,子幽王宮涅立。”

元年庚申春正月,王即位。

晉世子仇歸于晉,殺殤叔,晉人立仇,是為文侯。《史記·晉世家》:“殤叔三年,周宣王崩。四年,穆侯太子仇率其徒襲殤叔而立,是為文侯。”

王錫太師尹氏、皇父命。《詩序》:“《節南山》,家父刺幽王也。”其詩曰:“尹氏太師。”“《十月之交》,大夫刺幽王也。”其詩曰:“皇父卿士。”

二年。原注:辛酉,晉文侯元年。　《史記·十二諸侯年表》幽王二年,晉文侯仇元年。

涇、渭、洛竭,岐山崩。《周語》:“幽王二年,西周三川皆震。是歲,三川竭,岐山崩。”注:“三川:涇、渭、汭〔洛〕。”

初增賦。

晉文侯同王子多父伐鄶，克之。乃居鄭父之邱，是為鄭桓公。《水經·洧水注》引《紀年》："晉文侯二年，同惠王子多父伐鄶，克之。乃居鄭父之邱，名之曰鄭，是為桓公。"説見《古本紀年輯校》。

三年，王嬖褒姒。《史記·周本紀》："三年，幽王嬖愛褒姒。"

冬，大震電。《詩·小雅》："曄曄震電。"

四年，秦人伐西戎。《史記·秦本紀》："莊公生子三人，其長男世父。世父曰：'戎殺我大父仲，我非殺戎王，則不敢入邑。'遂將擊戎，讓其弟襄公。"案《年表》襄公立在次年。

夏六月，隕霜。《詩·小雅》："正月繁霜。"傳："正月，夏之四月"，則周六月也。古《紀年》用夏正，而此從周正，殊為未照。

陳夷公薨。《史記·陳杞世家》："武公卒，子夷公説立。是歲，周幽王即位。夷公三年卒。"《十二諸侯年表》陳夷公盡幽王三年。

五年，王世子宜臼出奔申。《史記·周本紀》："幽王得褒姒，愛之，欲廢申后，并去太子宜臼。

皇父作都于向。《詩·小雅》："皇父孔聖，作都于向。"

六年，王命伯士帥師伐六濟之戎，王師敗逋。《後漢書·西羌傳》："王破申戎，後十年，幽王命伯士伐六濟之戎，軍敗，伯士死焉。"注："並見《竹書紀年》。"

西戎滅蓋。《後漢書·西羌傳》："其年，戎圍犬邱，虜秦襄公之兄伯父。"此云"滅蓋"，乃"犬邱"二字譌合為"蓋"字耳。

冬十月辛卯朔，日有食之。《詩·小雅》："十月之交，朔日辛卯，日有食之，亦孔之醜。"序："《十月之交》，大夫刺幽王也。"《唐書·曆志》："張説《日蝕議》：'《小雅》：十月之交，朔日辛卯。虞劆以曆推之，在幽王六年。'"

七年，虢人滅焦。《水經·河水注》："陝東城即虢邑之上陽也，虢仲之所都，為南虢。其大城中有小城，故焦國也。"

八年，王錫司徒鄭伯多父命。《鄭語》："幽王八年而桓公為司徒。"

王立褒姒之子曰伯服，以為太子。《御覽》一百四十七引《紀年》："幽王八年，立褒姒之子伯服以為太子。"《左傳·昭二十六年》疏引"平王奔西申，而立伯盤以為太子。"

九年，申侯聘西戎及鄫。《鄭語》："申、繒、西戎方彊。"

十年春，王及諸侯盟于太室。《書鈔》二十二引《紀年》"盟于太室"四字，《左·昭四年傳》："周幽為太室之盟，戎狄叛之。"

秋九月，桃杏實。《御覽》九百六十八引《紀年》："幽王十年九月，桃杏實。"

王師伐申。《鄭語》："王欲殺太子以成伯服，必求之申，申人弗畀，必伐之。"

十一年春正月，日暈。《通鑑外紀》："幽王之末，日暈再重。"

申人、鄫人及犬戎入宗周，弒王及鄭桓公。《史記·周本紀》："申侯與繒、西夷、犬戎攻幽王，遂殺幽王驪山下。"《鄭世家》："犬戎殺幽王于驪山下，并殺桓公。"

犬戎殺王子伯服。《左傳·昭二十六年》疏引《紀年》："伯盤與幽王俱死于戲。"

執褒姒以歸。《史記·周本紀》："虜褒姒而去。"

申侯、魯侯、許男、鄭子立宜臼于申，虢公翰立王子余臣于攜。原注：是為攜王，二王并立。《左傳·昭二十六年》疏引《紀年》："先是申侯、魯侯、許文公立平王於申。以本太子，故稱天王。幽王既死，而虢公翰又立王子余臣于攜。周二王并立。二十一年，攜王為晉文公所殺。以本非適，故稱攜王。"

武王滅殷，歲在庚寅。二十四年，歲在甲寅，定鼎洛邑，至幽王二百五十七年，共二百八十一年。自武王元年己卯至幽王庚午，二百九十二年。《史記·周本紀》集解引《紀年》:"自武王滅殷以至幽王,凡二百五十七年。"《通鑑外紀》引《汲冢紀年》:"西周二百五十七年。"此"二百八十一年",與古《紀年》不合,乃自幽王十一年逆數,至其前二百五十七年,以此為成王定鼎之歲,以與古《紀年》之積年相調停。蓋既從《唐志》所引《紀年》,以武王伐殷之歲為庚寅,而共和以後之歲名又從《史記》,無怪其格格不入也。余疑《隋志》所引堯元年丙子,《唐志》所引武王十一年庚寅,皆曆家追名之,非《紀年》本文,蓋雖古《紀年》中亦多羼入之説也。

平王原注:名宜臼。 《史記》作"宜咎"。

自東遷以後始紀晉事,王即位皆不書。《春秋經傳集解後序》:"《紀年》無諸國别,惟特記晉國。晉國滅,獨紀魏事。"

元年辛未,王東徙洛邑。《史記·周本紀》:"平王立,東遷于雒邑。"

錫文侯命。《尚書序》:"平王錫晉文侯秬鬯圭瓚,作《文侯之命》。"

晉侯會衛侯、鄭伯、秦伯,以師從王入于成周。《史記·衛康叔世家》:"犬戎殺周幽王,武公將兵往,佐周平戎,甚有功。"又《秦本紀》:"襄公以兵送周平王。"

二年,秦作西畤。《史記·十二諸侯年表》平王元年,秦初立西畤,祠白帝。

魯孝公薨。《史記·魯周公世家》:"孝公立二十七年卒。"《十二諸侯年表》魯孝公盡平王二年。

賜秦、晉以邠、岐之田。《史記·秦本紀》:"襄公以兵送周平王,平王命襄公為諸侯,賜之岐以西之地,曰:'戎無道,侵奪我岐、豐之地,秦能攻逐戎,即有其地。'與誓封爵之。"

三年,齊人滅祝。

王錫司徒鄭伯命。《詩·鄭風》序:"《緇衣》,美武公也,父子并為周司徒。"

四年,燕頃侯卒。《史記·燕召公世家》:"頃侯二十年,周幽王為犬戎所殺。二十四年,頃侯卒。"《十二諸侯年表》燕頃侯盡平王四年。

鄭人滅虢。《漢書·地理志》注："臣瓚曰：'鄭桓公寄奴與賄于虢、會之間，幽王既敗，二年而滅會，四年而滅虢。'"

五年，秦襄公帥師伐戎，卒于師。《史記·十二諸侯年表》平王五年，秦襄公伐戎，至岐而死。

宋戴公薨。《史記·宋微子世家》："戴公二十九年，周幽王為犬戎所殺。三十四年，戴公卒。"《十二諸侯年表》宋戴公盡平王五年。

六年，燕哀侯卒。《史記·燕召公世家》："哀侯二年卒。"《十二諸侯年表》燕哀侯盡平王六年。

鄭遷于溱、洧。《詩譜》："幽王為犬戎所殺，桓公死之。其子武公與晉文侯定平王于東都王城，卒取史伯所云十邑之地，左洛右濟，前華後河，食溱、洧焉。"

七年，楚子儀卒。《史記·楚世家》："熊咢卒，子熊儀立，是為若敖。若敖二十年，周幽王為犬戎所殺。二十七年，若敖卒。"《十二諸侯年表》楚若敖盡平王七年。

八年，鄭殺其大夫關其思。《韓非子·說難》："鄭武公欲伐胡，先以其女妻胡君，因問于羣臣：'吾欲用兵，誰可伐者？'大夫關其思曰："胡可伐。'武公怒而戮之。"

十年，秦遷于汧、渭。《史記·秦本紀》："文公三年，以兵七百人東獵。四年，至渭、汧之會，即營邑之。"

十三年，衛武公薨。《史記·衛康叔世家》："武公五十五年卒。"《十二諸侯年表》衛武公盡平王十三年。

十四年，晉人滅韓。《詩·大雅·韓奕》序箋："韓，姬姓之國也，後為晉所滅。"

十八年，秦文公大敗戎師于岐，來歸岐東之田。《史記·秦本紀》："十六年，文公以兵伐戎，戎敗走，於是文公遂收周餘民有之，地至岐，岐以東獻之周。"案文公十六年當平王二十一年。

二十一年，晉文侯殺王子余臣于攜。《左傳·昭二十六年》疏引《紀年》："二十一年，攜王為晉文公所殺。"

二十三年，宋武公薨。《史記·宋微子世家》："武公立十八年卒。"《十二諸侯年表》宋武公盡平王二十三年。

二十四年，秦作陳寶祠。《史記·秦本紀》："文公十九年，得陳寶。"《封禪書》："文公獲若石云，於陳倉北坂城祠之，號曰陳寶。"

二十五年，晉文侯薨。《史記·晉世家》："三十五年，文侯仇卒。"《十二諸侯年表》晉文侯盡平王二十五年。

秦初用族刑。《史記·秦本紀》："文公二十年，法初有三族之罪。

二十六年。原注：丙申，晉昭侯元年。 《史記·十二諸侯年表》平王二十六年，晉昭侯元年。

晉封其弟成師于曲沃。《左·桓二年傳》："惠之二十四年，晉始亂，故封桓叔于曲沃。"《史記·晉世家》："昭侯元年，封文侯弟成師于曲沃。"

三十二年，晉潘父弒其君昭侯，納成師，不克。立昭侯之子孝侯，晉人殺潘父。《左·桓二年傳》："惠之三十年，潘父弒昭侯而納桓叔，不克，晉人立孝侯。"《史記·晉世家》："七年，晉大臣潘父弒其君昭侯，而迎曲沃桓叔。晉人發兵攻桓叔，共立昭侯子平為君，是為孝侯，誅潘父。"

三十三年。原注：癸卯，晉孝侯元年。 《史記·十二諸侯年表》平王三十三年，晉孝侯二年。案昭侯上年被殺，是年當為孝侯元年。

楚人侵申。《詩·王風·揚之水》序箋："申國在陳、鄭之南，迫近强楚，王室微弱而數見侵伐。"

三十六年，衛莊公卒。《史記·衛康叔世家》："莊公二十三年卒。"《十二諸侯年表》衛莊公盡平王三十六年。

王人戍申。《詩·王風》："彼其之子，不與我戍申。"

四十年，齊莊公卒。《史記·齊太公世家》："莊公二十四年，周始徙雒。六十四年，莊公卒。"《十二諸侯年表》齊莊公盡平王四十年。

晉曲沃桓叔成師卒，子鱓立，是為莊伯。原注：自是晉侯在翼，稱翼侯。 《史記·晉世家》："孝侯八年，曲沃桓叔卒，子鱓代桓叔，是為曲沃莊伯。”

四十一年原注:辛亥,莊伯元年。春,(不)〔大〕雨雪。《御覽》八百七十九引《史記》:“晉莊伯元年,不雨雪。”

四十二年,狄人伐翼,至于晉郊。《御覽》八百七十九引《史記》:“莊伯二年,翟人俄伐翼,至于晉郊。”

宋宣公薨。《史記·宋微子世家》:“武公卒,子宣公力立。十九年,宣公卒。”《十二諸侯年表》平王四十二年,宣公卒。

魯惠公使宰讓請郊廟之禮,王使史角如魯諭止之。《吕氏春秋·當染篇》:“魯惠公使宰讓請郊廟之禮於天子,桓王使史角往,惠公止之。”

四十七年,晉曲沃莊伯入翼,弑孝侯,晉人逐之,立孝侯子郤,是為鄂侯。《左·桓二年傳》:“惠之四十五年,曲沃莊伯伐翼,弑孝侯,翼人立其弟鄂侯。”《史記·十二諸侯年表》平王四十七年,曲沃莊伯殺孝侯,晉人立孝侯子郤為鄂侯。

四十八年。原注:戊午,晉鄂侯郤元年。《史記·十二諸侯年表》平王四十八年,晉鄂侯郤元年。

無雲而雷。《御覽》八百七十六引《史記》:“晉莊伯八年,無雲而雷。”《通鑑外紀》:“平王四十八年,晉無雲而雷。”

魯惠公卒。《史記·魯周公世家》:“惠公立四十六年卒。”《十二諸侯年表》魯惠公盡平王四十八年。

四十九年。原注:己未,魯隱公元年,《春秋》始此。《史記·十二諸侯年表》平王四十九年,魯隱公息姑元年。

魯隱公及邾莊公盟于姑蔑。《春秋經傳集解後序》引《紀年》:“魯隱公及邾莊公盟于姑蔑。”

五十一年春二月乙巳,日有食之。《春秋經·隱三年》:“春王二月乙巳,日有食之。”

三月庚戌,王陟。《春秋經·隱三年》:“三月庚戌,天王崩。”

桓王原注:名林。 《史記·周本紀》:"平王崩,太子洩父蚤死,立其子林,是為桓王。"

元年壬戌十月,莊伯以曲沃叛,伐翼,公子萬救翼,荀叔軫追之,至于家谷。《御覽》八百七十六引《史記》:"晉莊公八年,無雲而雷。十月,莊伯以曲沃叛。"《水經·澮水注》引《紀年》:"莊伯以曲沃叛,伐翼,公子萬救翼,荀叔軫追之,至于家谷。"據《御覽》,此事當在平王四十九年。

翼侯焚曲沃之禾而還。《水經·澮水注》引《紀年》:"晉莊伯十二年,翼侯焚曲沃之禾而還,作為文公。"

翼侯伐曲沃,大捷,武公請成于翼,至相而還。原注:"相",一作"桐"。 《水經·涑水注》引《紀年》:"翼侯伐曲沃,大捷,武公請成于翼,至桐庭乃返。"

二年,王使虢公伐晉之曲沃。晉鄂侯卒,曲沃莊伯復攻晉,晉立鄂侯子光,是為哀侯。《左·隱五年傳》:"曲沃叛王,秋,王命虢公伐曲沃,而立哀侯于翼。"《史記·晉世家》:"鄂侯六年卒,曲沃莊伯聞晉鄂侯卒,乃興兵伐晉。周平王使虢公將兵伐曲沃莊伯,莊伯走保曲沃。晉人共立鄂侯子光,是為哀侯。"

公子萬救翼,荀叔軫追之,至于家谷。重出。

三年甲子。原注:晉哀侯光元年。 《史記·十二諸侯年表》甲子,桓王三年,晉哀侯光元年。

四年,曲沃莊伯卒,子稱立,是為武公,尚一軍。《史記·晉世家》:"哀侯二年,曲沃莊伯卒,子稱代莊伯立,是為曲沃武公。"《水經·河水注》引《紀年》:"晉武公元年,尚一軍。"

五年,原注:曲沃武公元年。芮人乘京,荀人、董伯皆叛曲沃。《水經·河水注》引《紀年》:"晉武公元年,芮人乘京,荀人、董伯皆叛。"案《左·桓九年傳》:"虢仲、芮伯、梁伯、荀侯、賈伯伐曲沃。"殆是一事,與此差十二年。

十一年。原注:晉小子侯元年。　《史記·十二諸侯年表》桓王十一年,晉小子侯元年。

曲沃獲晉哀侯。《左·桓三年傳》:"曲沃武公伐翼,逐翼侯于汾隰,驂絓而止,夜獲之。"

晉人立哀侯子為小子侯。《史記·晉世家》:"哀侯九年,曲沃武公伐晉,于汾旁虜哀侯。晉人乃立哀侯子小子為君,是為小子侯。"

芮伯萬出奔魏。《水經·河水注》引《紀年》:"晉武公七年,芮伯萬之母芮姜逐萬,萬出奔魏。"

十二年,王師、秦師圍魏,取芮伯萬而東之。《左·桓四年傳》:"王師、秦師圍魏,執芮伯以歸。"《水經·河水注》引《紀年》:"晉武公八年,周師、虢師圍魏,取芮伯萬而東之。"《路史·國名紀》引《紀年》:"桓王十二年冬,王師、秦師圍魏,取芮伯萬而東之。"

十三年冬,曲沃伯誘晉小子侯殺之。《左·桓七年傳》:"冬,曲沃伯誘晉小子侯殺之。"此較前二年。《史記·十二諸侯年表》、《晉世家》皆云:"小子侯四年,曲沃武公殺之。"此較前一年。

晉曲沃滅荀,以其地賜大夫原氏黯,是為荀叔。《水經·汾水注》、《漢書·地理志》注引《紀年》:"晉武公滅荀,以賜大夫原氏黯,是為荀叔。"

戎人逆芮伯萬于郊。《水經·河水注》引《紀年》:"晉武公九年,戎人逆芮伯萬于郊。"《路史·國名紀》引"郊"作"郟"。

十四年,王命虢仲伐曲沃,立晉哀侯弟緡于翼,為晉侯。《左·桓八年傳》:"冬,王命虢仲立晉哀侯弟緡于晉。"此較前二年。

十五年。原注:晉侯緡元年。　案《史記·十二諸侯年表》以桓王十四年為晉侯緡元年。

十六年春,滅翼。《左·桓八年傳》:"春,滅翼。"

十九年,鄭莊公卒。《春秋經·桓十有一年》:"夏五月癸未,鄭伯寤生卒。秋七月,葬鄭莊公。"《史記·十二諸侯年表》鄭莊公盡桓王十九年。

二十三年三月乙未，王陟。《春秋經·桓十有五年》："三月乙未，天王崩。"《史記·周本紀》："二十三年，桓王崩。"

莊王原注：名佗。　《史記·周本紀》："桓王崩，子莊王佗立。"

元年乙酉，曲沃尚一軍，異于晉。《水經·河水注》引《紀年》："晉武公元年，尚一軍。"

六年五月，葬桓王。《春秋經·(桓)〔莊〕三年》："五月，葬桓王。"

十五年，王陟。《史記·周本紀》："十五年，莊王崩。"

釐王原注：名胡齊。　《史記·周本紀》："莊王崩，子釐王胡齊立。"

元年庚子春，齊桓公會諸侯于北杏，以平宋亂。《春秋經·莊十有三年》："齊侯、宋人、陳人、蔡人、邾人會于北杏。"傳："會于北杏，以平宋亂。"

三年，曲沃武公滅晉侯緡，以寶獻王，王命武公以一軍為晉侯。《史記·十二諸侯年表》釐王三年，曲沃武公滅晉侯緡，以寶獻周，周命武公為晉君。《左·莊十六年傳》："王使虢公命曲沃伯以一軍為晉侯。"較後一年，此本《史記》。

四年。原注：晉武公二十八年。　《史記·十二諸侯年表》釐王四年，晉武公稱并晉，已立二十八年，不更元。

晉猶不與齊桓公之盟。原注：《左傳》注："晉侯緡是年滅。"　案杜注無是語，疏約言之。

五年，晉武公卒，子詭諸立，為獻公。《史記·十二諸侯年表》："釐王五年，晉武公二十九年，武公卒，子詭諸立，為獻公。"

王陟。《史記·周本紀》："五年，釐王崩。"

惠王原注：名閬。　《史記·周本紀》："釐王崩，子惠王閬立。"

元年乙巳。原注：晉獻公元年。　《史記·十二諸侯年表》惠王元年，晉獻公詭諸元年。

晉獻公朝王，如成周。《左·莊十八年傳》："虢公、晉侯朝王。"

周陽白兔舞于市。《水經·涑水注》引《紀年》："晉獻公二十五年，翟人伐晉，周有白免舞于市。”

二年，王子頹亂。《左·莊十九年傳》：“五大夫奉子頹以伐王。冬，立子頹。”

王居于鄭，鄭人入王府，多取玉。玉化為蜮，射人。《開元占經》一百二十、《御覽》九百五十引《紀年》：“晉獻公二年，周惠王居于鄭。鄭人入王府，多取玉焉。玉化為蜮，射人。”

九年，晉城絳。《左·莊二十六年傳》：“晉士蔿為大司空。夏，士蔿城絳，以深其宮。”

十六年，晉獻公作二軍，滅耿，以賜大夫趙夙；滅魏，以賜大夫畢萬。原注：晉滅于大夫韓、趙、魏，始于此。　《左·閔元年傳》：“晉侯作二軍，以滅耿，滅霍，滅魏。賜趙夙耿，賜畢萬魏，以為大夫。”

十七年，衛懿公及赤翟戰于洞澤。原注：“洞”，當作“泂”。《春秋經傳集解後序》：“《紀年》又稱：‘衛懿公及赤翟戰于洞澤。’疑‘洞’當為‘泂’，即《左傳》所謂熒澤也。”

十九年，晉獻公會虞師伐虢，滅下陽，虢公醜奔衛。公命瑕父、吕甥邑于國都。《水經·河水注》引《紀年》：“晉獻公十九年，獻公會虞師伐虢，滅下陽，虢公醜奔衛。公命瑕父、吕甥邑于虢都。”

二十五年春正月，狄人伐晉。《水經·涑水注》引《紀年》：“晉獻公二十五年正月，翟人伐晉。”此誤以為惠王二十五年。

王陟。《春秋經·僖八年》：“冬十有二月丁未，天王崩。”《史記·周本紀》：“二十五年，惠王崩。”

襄王原注：名鄭。　《史記·周本紀》：“惠王崩，子襄王鄭立。”

元年庚午，晉獻公卒，立奚齊，里克殺之，及卓子，立夷吾。《史記·十二諸侯年表》襄王元年，晉獻公卒，立奚齊，里克殺之，及卓子，立夷吾。

二年。原注：辛未，晉惠公元年。《史記·十二諸侯年表》襄王二年，晉惠公夷吾元年。

晉殺里克。《春秋經·僖十年》:"晉殺其大夫里克。"

三年,雨金于晉。《御覽》八百七十七引《史記》:"晉惠公二年,雨金。"

七年,秦伯涉河伐晉。《御覽》八百七十七引《史記》:"惠公六年,秦伯涉河伐晉。"

十五年,晉惠公卒,子懷公圉立。《史記·晉世家》:"惠公十四年九月卒,太子圉立,是為懷公。"《十二諸侯年表》襄王十五年,圉立為懷公。

秦穆公帥師送公子重耳,圍令狐、桑泉、臼衰,皆降于秦師。狐毛與先軫禦秦,至于廬柳,乃謂秦穆公使公子縶來與師言,次于郇,盟于軍。《水經·涑水注》引《紀年》:"晉惠公十有五年,秦穆公帥師送公子重耳,圍令狐、桑泉、臼衰,皆降于秦師。狐毛與先軫禦秦師,至于廬柳,乃謂秦穆公使公子縶來與師言,退舍,次于郇,盟于軍。"

公子重耳涉自河曲。《水經·河水注》引《紀年》:"晉惠公十五年,秦穆公帥師送公子重耳,涉自河曲。"

十六年。原注:乙酉,晉文公元年。《史記·十二諸侯年表》襄王十六年,晉文公元年。

晉殺子圉。《史記·十二諸侯年表》晉文公元年,誅子圉。

十七年,晉城荀。《漢書·地理志》注引《紀年》:"文公城荀。"《文選·北征賦》注引作"郇"。

二十年,周襄王會諸侯于河陽。《春秋經傳集解後序》引《紀年》:"周襄王會諸侯于河陽。"

二十二年,齊師逐鄭太子齒奔張城、南鄭。《水經·涑水注》引《紀年》:"齊師逐鄭太子齒奔張城、南鄭。"不云何年。

二十四年,晉文公卒。《史記·十二諸侯年表》襄王二十四年,晉文公薨。

二十五年。原注：甲午，晉襄公驩元年。　《史記·十二諸侯年表》甲午，襄王二十五年，晉襄公驩元年。

三十年，洛絶于泂。《水經·洛水注》引《紀年》："晉襄公六年，洛絶于泂。"

三十一年，晉襄公卒。《史記·十二諸侯年表》襄王三十一年，晉襄公卒。

三十二年。原注：辛丑，晉靈公夷皐元年。　《史記·十二諸侯年表》襄王三十二年，晉靈公夷皐元年。

三十三年，王陟。(《史記·周本紀》)："三十三年，襄王崩。"

頃王《史記·周本紀》："襄王崩，子頃王壬臣立。"

元年癸卯。

六年，彗星入北斗。《春秋經·文十四年》："秋七月，有星孛入于北斗。"

王陟。《史記·周本紀》："頃王六年崩。"

匡王《史記·周本紀》："頃王崩，子匡王班立。"

元年己酉。

六年，王陟。《左宣二年傳》〔《春秋經·宣二年》〕："冬十月乙亥，天王崩。"《史記·周本紀》："匡王六年崩。"

晉靈公為趙穿所殺，趙盾使穿迎公子黑臀于周，立之。《左·宣二年傳》："趙穿攻靈公于桃園，宣子使趙穿迎公子黑臀于周而立之。"

定王《史記·周本紀》："匡王崩，弟瑜立，是為定王。"

元年己卯。原注：晉成公元年。　《史記·十二諸侯年表》定王元年，晉成公黑臀元年。

六年，晉成公與狄伐秦，獲秦諜，殺之絳市，六日而蘇。《左·宣八年傳》："春，白狄及晉平。夏，會晉伐秦，晉人獲秦諜，殺諸絳市，六日而蘇。”

七年，晉成公卒于扈。《春秋經·宣九年》：“晉侯黑臀卒于扈。”《史記·十二諸侯年表》定王七年，晉成公薨。

八年。原注：壬戌，晉景公元年。《史記·十二諸侯年表》定王八年，晉景公據元年。

十八年，齊國佐來獻玉磬、紀公之甗。《春秋經傳集解後序》引《紀年》：“齊國佐來獻玉磬、紀公之甗。”

二十一年，王陟。《春秋經·成五年》：“十一月己酉，天王崩。”《史記·周本紀》：“二十一年，定王崩。”

簡王《史記·周本紀》：“定王崩，子簡王夷立。”

元年丙子。

五年，晉景公卒。《春秋經·成十年》：“晉侯獳卒。”《史記·晉世家》：“十九年，景公卒。”《史記·十二諸侯年表》晉景公盡簡王五年。

六年。原注：辛巳，晉厲公元年。《史記·十二諸侯年表》簡王六年，晉厲公壽曼元年。

十三年，晉厲公卒。《春秋經·成十八年》：“晉弑其君州蒲。”《十二諸侯年表》簡王十三年。欒書、中行偃弑厲公。

楚共王會宋平公于湖陽。《水經·泚水注》引《紀年》：“楚共王會宋平公于湖陽。”不云何年。

十四年。原注：己丑，晉悼公元年。《史記·十二諸侯年表》簡王十四年，晉悼公元年。

王陟。《春秋經·襄元年》：“九月辛酉，天王崩。”《史記·周本紀》：“十四年，簡王崩。”

靈王《史記·周本紀》：“簡王崩，子靈王泄心立。”

元年庚寅。

十四年，晉悼公卒。《史記·十二諸侯年表》靈王十四年，晉悼公薨。

十五年。原注：甲辰，晉平公元年。《史記·十二諸侯年表》甲辰，靈王十五年，晉平公彪元年。

二十七年，王陟。《春秋經·襄二十有八年》："十有二月甲寅，天王崩。"《史記·周本紀》："二十七年，靈王崩。"

景王《史記·周本紀》："靈王崩，子景王貴立。"

元年丁巳。

十三年春，有星出婺女。《左·昭十年傳》："春王正月，有星出於婺女。"

十月，晉平公卒。《春秋經·昭十年》："秋七月戊子，晉侯彪卒。"《史記·十二諸侯年表》景王十三年春，有星出婺女。十月，晉平公卒。

十四年。原注：庚午，晉昭公元年。《史記·十二諸侯年表》景王十四年，晉昭公夷元年。

河水赤于龍門三里。《水經·河水注》引《紀年》："晉昭公元年，河水赤于龍門三里。"

十九年，晉昭公卒。《史記·十二諸侯年表》景王十九年，晉昭公卒。

冬十二月，桃杏華。《御覽》九百六十八引《紀年》："昭公六年十二月，桃杏華。"

二十年。原注：丙子，晉頃公元年。《史記·十二諸侯年表》景王二十年，晉頃公棄疾元年。

二十五年，晉頃公平王室亂，立敬王。《史記·十二諸侯年表》景王二十五年，周室亂，頃公平亂，立敬王。

敬王《史記·周本紀》："晉人立丐，是為敬王。"

元年壬午。

八年，晉頃公卒。《史記·十二諸侯年表》敬王八年，晉頃公薨。

九年。原注：庚寅，晉定公元年。《史記·十二諸侯年表》敬王九年，晉定公午元年。"

十四年，漢不見于天。《御覽》八百七十五引《紀年》："晉定公六年，漢不見于天。"

二十六年，晉青虹見。《御覽》十四引《紀年》："晉定公十八年，青虹見。"

二十八年，洛絶于周。《水經·洛水注》引《紀年》："晉定公二十年，洛絶于周。"

三十六年，淇絶于舊衛。《水經·淇水注》引《紀年》："晉定公二十八年，淇絶于舊衛。"一作"十八年"。

三十九年，晉城頓邱。《水經·淇水注》引《紀年》："晉定公三十一年，城頓邱。"

四十三年，宋殺其大夫皇瑗于丹水之上。丹水壅不流。《水經·獲水注》引《紀年》曰："宋殺其大夫皇瑗于丹水之上。"又曰："宋大水，丹水壅不流。"本是二事，此誤合為一，又本不繫年，此據《左·哀十七年傳》定之。

四十四年，王陟。《史記·周本紀》："四十二年，敬王崩。"《十二諸侯年表》："敬王四十三年甲子崩。"惟《周本紀》集解引皇甫謐曰："敬王四十四年，元己卯，崩壬戌。"此元壬午，崩乙丑，蓋在位之年從皇甫謐，而歲名則從《史記》也。

元王《史記·周本紀》："敬王崩，子元王仁立。"

元年丙寅，晉定公卒。《史記·六國表》元王二年，晉定公卒。歲在丙寅。此以元王元年為丙寅，故以下皆遞差一年。

二年。原注：晉出公元年。《史記·六國表》元王三年，晉出公錯元年。

四年，於越滅吴。《史記·六國表》元王四年，越滅吴。

六年，晉澮絶于梁。《水經·澮水注》引《紀年》："晉出公五年，澮絶于梁。"

丹水三日絶不流。《水經·沁水注》引《紀年》："晉出公五年，丹水三日絶不流。”

七年，齊人，鄭人伐衛。《水經·濟水注》引《紀年》：“晉（晉）出公六年，齊、鄭伐衛。”

王陟。《史記·周本紀》：“元王八年崩。”《六國表》同。此於敬王增一年，故元王減一年。

貞定王《史記·周本紀》：“元王崩，子定王介立。”集解引皇甫謐《帝王世紀》作“貞定王”。

元年癸酉，於越徙都琅玡。《吴越春秋》十：“句踐二十五年，霸於關東，從琅玡起觀臺，周七里，以望東海。”

四年十一月，於越子句踐卒，是為菼執，次鹿郢立。《史記·越王句踐世家》索隱引《紀年》：“晉出公十年十一月，於粤子句踐卒，是為菼執。”又引“次鹿郢立，六年卒”。

六年，晉河絶于扈。《水經·河水注》引《紀年》：“晉出公十二年，河絶于扈。”

七年，晉荀瑶城南梁。原注：一本“晉出公二十年”。《水經·汾水注》：“晉出公三十年，知伯瑶城高梁。”案：出公無三十年，據僞此書者所見之本，當作“十三年”。

十年，於越子鹿郢卒，不壽立。《史記·越王句踐世家》索隱引《紀年》：“句踐卒，次鹿郢立，六年卒。”又云：“不壽立。”

十一年，晉出公出奔齊。《史記·晉世家》：“出公十七年，奔齊，道死。”

十二年，河水赤三日。《通鑑外紀》：“定王十二年，晉河水赤三日。”

荀瑶伐中山，取窮魚之邱。《水經·巨馬水注》、《初學記》八、《御覽》六十四引《紀年》：“荀瑶伐中山，取窮魚之邱。”皆不云何年。

十三年，晉韓龐取秦武城。《水經·洛水注》引《紀年》：“晉出公十九年，晉韓龐取盧氏城。”

十六年。原注:晉出公二十二年。

十七年,晉出公薨,乃立昭公之孫,是為敬公。《史記·晉世家》索隱引《紀年》:"出公二十三年,奔楚,乃立昭公之孫,是為敬公。"

十八年。原注:己丑,晉敬公元年。

二十年,於越子不壽見殺,是為盲姑,次朱句立。《史記·越王句踐世家》索隱引《紀年》:"不壽立十年見殺,是為盲姑,次朱句立。"

二十二年,楚滅蔡。《史記·六國表》定王二十二年,楚滅蔡。

二十四年,楚滅杞。《史記·六國表》定王二十四年,楚滅杞。

二十八年。原注:晉敬公十一年。

王陟。《史記·周本紀》:"二十八年,元王崩。"

考王《史記·周本紀》:"定王崩,哀王立。三月,思王立。五月,少弟嵬立,是為考王。"

元年。原注:晉敬公十八年。　案"十八年"當作"十二年"。

魏文侯立。《史記·晉世家》索隱:"《紀年》:'魏文侯初立在敬公十八年。'"案"十八年"乃"六年"之訛,説見《古本紀年輯校》。

十年,楚滅莒。《史記·六國表》考王十年,楚滅莒。

十一年,晉敬公卒。案:據此,敬公在位二十二年。《史記·十二諸侯年表》晉出公錯十八年,晉哀公忌二年,晉懿公驕十七年。〔此據《史記》正義説,今本並奪懿公。〕《晉世家》出公十七年,哀公驕十八年,以懿公為哀公,皆無敬公。

十二年。原注:晉幽公柳元年。　《史記·六國表》考王四年,晉幽公柳元年。

魯悼公卒《史記·六國表》考王十二年,魯悼公卒。

十四年,魯季孫會晉幽公于楚邱。《水經·濟水注》引《紀年》:"晉幽公三年,魯季孫會晉幽公于楚邱,取葭密,遂城之。"《太平寰宇記》引作"幽公十三年"。

十五年,王陟。《史記·周本紀》:"考王十五年崩。"

威烈王《史記·周本紀》："考王崩，子威烈王午立。"

元年丙辰。《史記·十二諸侯年表》威烈王元年。集解："徐廣曰：丙辰。"

三年，晉大旱，地生鹽。《書鈔》一百四十六引《紀年》："晉幽公七年，大旱，地長生鹽。"

五年，晉丹水出，反擊。《水經·沁水注》引《紀年》："晉幽公九年，丹水出，相反擊。"

六年，晉大夫秦嬴賊幽公于高寢之上，魏文侯立幽公子止。《史記·六國表》威烈王六年，盜殺幽公。《晉世家》索隱引《紀年》："夫人秦嬴賊公于高寢之上。"《晉世家》："十八年，盜殺幽公。魏文侯以兵誅晉亂，立幽公子止，是為烈公。"案：《史記》幽公在位十八年，此僅十年，蓋縮幽公之年以為敬公之年。如"丹水出，相反擊"，《水經注》引古《紀年》以為幽公九年事，而《通鑑外紀》繫之考王十年，據此，則劉恕所見《紀年》敬公僅得十二年，此以敬公為在位二十二年，乃不得不減幽公以補之矣。

七年。原注：壬戌，晉烈公元年。《史記·六國表》威烈王七年，晉烈公元年。

趙獻子城泫氏。《水經·沁水注》引《紀年》："晉烈公元年，趙獻子城泫氏"

韓武子都平陽。《水經·汾水注》引《紀年》："晉烈公元年，韓武子都平陽。"

八年，趙城平邑。《水經·河水注》、《初學記》八引《紀年》："晉烈公四年，趙城平邑。"

九年，楚人伐我南鄙，至于上洛。《水經·丹水注》、《路史·國名紀》引《紀年》："晉烈公三年，楚人伐我南鄙，至于上洛。"

十一年，田公子居思伐邯鄲，圍平邑。《水經·河水注》引《紀年》："晉烈公五年，田公子居思伐邯鄲，圍平邑。"說見《古本紀年輯校》。

於越滅滕。《史記·越王句踐世家》索隱引《紀年》："於粵子朱句三十四年滅滕。"《路史·國名紀》引作"朱句三十年"。

十二年，於越子朱句伐郯，以郯子鴣歸。《水經·沂水注》引《紀年》："晉烈公四年，於越子朱句滅郯，以郯子鴣歸。"《史記》索隱引"朱句三十五年，滅郯"。

十四年，於越子朱句卒，子翳立。《史記·越王句踐世家》引《紀年》："朱句三十七年卒。"

十六年，齊田肸及邯鄲韓舉戰于平邑，邯鄲之師敗逋，遂獲韓舉，取平邑、新城。《水經·河水注》引《紀年》："晉烈公十年，齊田肸及邯鄲韓舉戰于平邑，邯鄲之師敗逋，遂獲韓舉，取平邑、新城。"説見《古本紀年輯校》。

十七年，魏文侯伐秦至鄭，還築汾陰、郃陽。《史記·魏世家》："魏文侯十七年，西攻秦至鄭，而還築雒陰、合陽。"《六國表》略同，皆在威烈王十八年。惟《水經·河水注》云："周威烈王之十七年，魏文侯伐秦至鄭，還築汾陰、郃陽。"此本之。

田悼子卒，田布殺其大夫公孫孫，公孫會以廩邱叛于趙。田布圍廩邱，翟角、趙孔屑、韓氏救廩邱，及田布戰于龍澤，田師敗逋。《水經·瓠子水注》引《紀年》："晉烈公十一年，田悼子卒，田布殺其大夫公孫孫，公孫會以廩邱叛于趙。田布圍廩邱，翟角、趙孔屑、韓師救廩邱，及田布戰于龍澤，田師敗逋。"

十八年，王命韓景子、趙烈子及我師伐齊，入長垣。《水經·汶水注》引《紀年》："晉烈公十二年，王命韓景子、趙烈子及翟員伐齊，入長城。"

二十三年，王命晉卿魏氏、趙氏、韓氏為諸侯。《史記·周本紀》："威烈王二十三年，命韓、魏、趙為諸侯。"

二十四年，王陟。《史記·周本紀》："威烈王二十四年崩。"

安王《史記·周本紀》："威烈王崩，子安王驕立。"

元年庚辰。《史記·六國表》安王元年。集解："徐廣曰：庚辰。"

九年，晉烈公卒，子桓公立。原注：《韓非子》作"桓侯"。　《史記·晉世家》："二十年，烈公卒，子孝公頎立。"索隱："《紀年》以孝公為桓公，故《韓子》有晉桓侯。"

十年己丑。原注：晉桓公頃元年。　《史記·六國表》安王十年，晉孝(侯)〔公〕傾元年。

十五年，魏文侯卒。原注：在位五十年。　《史記·六國表》安王十六年為魏武侯元年，是文侯卒于十五年，計在位三十八年。然古《紀年》載文侯、武侯在位年數，均與《史記》不同。《史記·魏世家》索隱引《紀年》云："文侯五十年卒，武侯二十六年卒。"以惠成王元年逆推之，文侯之卒當在安王五年。

大風，晝昏。見下。

晉太子喜出奔。《御覽》八百七十九引《史記》："烈公二十二年，國大風，晝昏，自旦至中。明年，太子喜出奔。"

十六年。原注：乙未，魏武侯擊元年。　《史記·六國表》安王十六年，魏武侯元年。

封公子緩。《史記·魏世家》索隱引《紀年》："魏武侯元年，封公子緩。"説見《古本紀年輯校》。

二十一年，韓滅鄭，哀侯入于鄭。《史記·韓世家》索隱引《紀年》："魏武侯二十一年，韓滅鄭，哀侯入于鄭。"此以為安王二十一年，誤。

二十三年，於越遷于吴。《史記·越王句踐世家》索隱引《紀年》："翳三十三年，遷于吴。"

三十六年，王陟。《史記·周本紀》："安王立二十六年崩。"

魏城洛陽及安邑、王垣。《史記·魏世家》索隱引《紀年》："魏武侯十一年，城洛陽及安邑、王垣。"

七月，於越太子諸咎弑其君翳。十月，越人殺諸咎越滑，吴人立子錯枝為君。《史記·越王句踐世家》索隱引《紀年》："翳三十六年七月，太子諸咎弑其君翳。十月，粵殺諸咎粵滑，吴人立孚錯枝為君。"

烈王《史記·周本紀》:"安王崩,子烈王喜立。"

元年丙午。《史記·六國表》烈王元年。集解:"徐廣曰:丙午。"

魏公子緩如邯鄲以作難。《史記·魏世家》索隱引《紀年》:"惠成王七年,公子緩如邯鄲以作難。"

於越大夫寺區定越亂,立初無余,是為莽安。《史記·越王句踐世家》〔索隱〕引《紀年》:"明年,大夫寺區定粤亂,立無余之。"

二年,秦胡蘇帥師伐韓,韓將韓襄敗胡蘇于酸水。《水經·濟水注》引《紀年》:"秦胡蘇帥師伐鄭,韓襄敗秦胡蘇于酸水。"不云何年。

魏觴諸侯于范臺。《魏策》:"梁主魏嬰觴諸侯于范臺。"

晉桓公邑哀侯于鄭,韓山堅賊其君哀侯。《史記·韓世家》索隱引《紀年》:"魏武侯二十二年,晉桓公邑哀侯于鄭,韓山堅賊其君哀侯。"

六年。原注:辛亥,梁惠成王元年。《史記·六國表》烈王六年,魏惠王元年。

韓共侯、趙成侯遷晉桓公于屯留。原注:以後更無晉事。《史記·晉世家》索隱引《紀年》:"桓公二十年,趙成侯、韓共侯遷桓公于屯留。"《水經·濁漳水注》引"梁惠成王元年,韓共侯、趙成侯遷晉桓公于屯留。"索隱云:"以後更無晉事。"

趙成侯偃、韓懿侯若伐我葵。《水經·沁水注》引《紀年》:"梁惠成王元年,趙成侯偃、韓懿侯若伐我葵。"《史記》索隱引:"武侯元年,封公子緩。趙侯種、韓懿侯伐我,取蔡。"年與人地名俱訛。

七年,王陟。《史記·周本紀》:"七年,烈王崩。"

我師伐趙,圍蜀陽。《史記·魏世家》索隱引《紀年》:"惠成王伐趙,圍濁陽。"

齊田壽帥師伐我,圍觀,觀降。《水經·河水注》引《紀年》:"梁惠成王二年,齊田壽帥師伐我,圍觀,觀降。"

魏大夫王錯出奔韓。《史記·魏世家》集解引《紀年》:"惠王二年,魏大夫王錯出奔韓。"

顯王《史記·周本紀》:"烈王崩,弟扁立,是為顯王。"

元年癸丑。《史記·六國表》顯王元年。集解:"徐廣曰:癸丑。"

鄭城邢邱。原注:自此韓改稱曰鄭。　《水經·河水注》引《紀年》:"梁惠成王三年,鄭城邢邱。"

秦子向命為藍君。《水經·渭水注》引《紀年》:"梁惠成王三年,秦子向命為藍君。"

二年,河水赤于龍門三日。《水經·河水注》引《紀年》:"梁惠成王四年,河水赤于龍門三日。"

三年,公子景賈帥師伐鄭,韓明戰于韓,我師敗逋。《水經·濟水注》引《紀年》:"惠成王五年,公子景賈帥師伐鄭,韓明戰于陽,我師敗逋。"

四年夏四月甲寅,徙都于大梁。《水經·渠水注》引《紀年》:"梁惠成王六年四月甲寅,徙都于大梁。"《漢書·高帝紀》注引亦作"六年"。《史記·魏世家》集解、《孟子》正義引皆作"九年"。

王發逢忌之藪以賜民。《漢書·地理志》注臣瓚引《紀年》:"梁惠王發逢忌之藪以賜民。"《左·哀十一年》疏引"發"作"廢"。

於越寺區弟思弑其君莽安,次無顓立。《史記·越王句踐世家》索隱〔引《紀年》:〕"無余之十二年,寺區弟思弑其君莽安,次無顓立。"

五年,雨碧于郢。《御覽》八百九、《廣韻》二十二皆引《紀年》:"惠成王七年,雨碧于郢。"

地忽長十丈有餘,高尺半。《御覽》八百八十引《紀年》:"梁惠成王七年,地忽長十丈有餘,高尺半。"

六年,我師伐邯鄲,取列人;我師伐邯鄲,取肥。《水經·濁漳水注》引《紀年》:"梁惠成王八年,惠成王伐邯鄲,取列人;伐邯鄲,取肥。"

雨黍于齊。《御覽》八百七十七引《史記》:"梁惠成王八年,雨黍于齊。"

七年，我與邯鄲趙榆次、陽邑。《水經·洞渦水注》引《紀年》："梁惠成王九年，與邯鄲榆次、陽邑。"

王會鄭釐侯于巫沙。《水經·濟水注》引《紀年》："梁惠成王九年，王會鄭釐侯于巫沙。"

八年，入河水于圃田，又為大溝而引圃水。《水經·渠水注》引《紀年》："惠成王十年，入河水于甫田，又為大溝而引甫水。"

瑕陽人自秦導岷山青衣水來歸。《水經·青衣水注》引《紀年》："梁惠成王十年，瑕陽人自秦道岷山青衣水來歸。"

九年，秦師伐鄭，次于懷，城殷。《水經·沁水注》引《紀年》："秦師伐鄭，次于懷，城殷。"不云何年。

十年，楚師出河水以水長垣之外。《水經·河水注》引《紀年》："梁惠成王十二年，楚師出河水以水長垣之外。"

龍賈帥師築長城于西邊。《水經·濟水注》引《紀年》："梁惠成王十二年，龍賈帥師築長城于西邊。"

鄭取屯留、尚子。《水經·濁漳水注》、《御覽》一百六十三引《紀年》："梁惠成王十二年，鄭取屯留、尚子、涅。"

十一年，鄭釐侯使許息來致地：平邱、户牖、首垣諸邑及鄭馳地。我取枳道，與鄭鹿。《水經·河水注》引《紀年》："梁惠成王十一年，鄭釐侯使許息來致地：平邱、户牖、首垣諸邑及鄭馳道。我取軹道，與鄭鹿。"此誤為顯王十一年事。

王及鄭釐侯盟于巫沙，以釋它陽之圍，歸釐于鄭。《水經·濟水注》引《紀年》："梁惠成王十三年，王及鄭釐侯盟于巫沙，以釋宅陽之圍，歸釐于鄭。"

十二年，魯恭侯、宋桓侯、衛成侯、鄭釐侯來朝。《史記·魏世家》索隱引《紀年》："梁惠成王十四年，魯恭侯、宋桓侯、衛成侯、鄭釐侯來朝。"

於越子無顓卒，是為菼蠋卯，次無疆立。《史記·越王句踐世家》索隱引《紀年》:"無顓八年薨,是為菼蠋卯。"

十二年,邯鄲成侯會燕成侯于安邑。《史記·六國表》集解引《紀年》:"惠王十五年,邯鄲成侯會燕成侯于安邑。"

十四年,秦公孫壯伐鄭,圍焦城,不克。《水經·渠水注》引《紀年》:"梁惠成王十六年,秦公孫壯伐鄭,圍焦城,不克。"

秦公孫壯帥師城上枳、安陵、山民。《水經·渠水注》引《紀年》:"梁惠成王十六年,秦公孫壯帥師城上枳、安陵、山氏。"

邯鄲伐衛,取漆富(兵)〔邱〕,城之。《水經·濟水注》引《紀年》:"梁惠成王十六年,邯鄲伐衛,取漆富邱,城之。"

齊師及燕戰于泃水,齊師遁。《水經·鮑邱水注》引《紀年》:"梁惠成王十六年,齊師及燕戰于泃水,齊師遁。"

十五年,齊田期伐我東鄙,戰于桂陽,我師敗逋。《水經·濟水注》引《紀年》:"梁惠成王十七年,齊田期伐我東鄙,戰于桂陽,我師敗逋。"

東周與鄭高都。《水經·伊水注》引《紀年》:"梁惠成王十七年,東周與鄭高都、利。"

鄭釐侯來朝中陽。《水經·渠水注》引《紀年》:"梁惠成王十七年,鄭釐侯來朝中陽。"

宋景鼓、衛公孫倉會師,圍我襄陵。《水經·淮水注》引《紀年》"梁惠成王十七年,宋景敾、衛公孫倉會齊師,圍我襄陵。"

十六年,王以韓師、諸侯師縣于襄陵。《水經·淮水注》引《紀年》:"梁惠成王十八年,王以韓敗諸侯師于襄陵。"

齊侯使楚景舍來求成。《水經·淮水注》引《紀年》:"齊侯使楚景舍來求成,"與前事同年。

邯鄲之師敗我師于桂陵。原注:秦伐韓闕與,惠成王使趙靈破之。　不知是何年。《史記·魏世家》索隱:"梁惠成王十八年,趙又敗魏桂陵。"

十七年，燕伐趙，圍濁鹿。趙靈王及代人救濁鹿，敗燕師于勺。《水經·滱水注》引《紀年》："燕人伐趙，圍濁鹿。趙武靈王及代人救濁鹿，敗燕師于勺梁。"不云何年。

晉取元武、濩澤。原注：即雷澤，舜漁處。《水經·沁水注》引《紀年》："梁惠成王十九年，晉取元武、濩澤。"

十八年，齊築防以為長城。《水經·汶水注》引《紀年》："梁惠成王二十年，齊築防以為長城。"

十九年，王如衛，命公子南為侯。《水經·汝水注》、《史記·周本紀》集解、《漢書·武帝紀》注引《紀年》："子南勁朝于魏，後惠成王如衛，命子南為侯。"不云何年。

二十年。

二十一年，魏殷臣、趙公孫裒伐燕，還取夏屋，城曲逆。《水經·滱水注》引《紀年》："魏殷臣、趙公孫裒伐燕，還取夏屋，城曲逆。"不云何年。

二十二年壬寅，孫何侵楚，入三户郛。《水經·丹水注》引《紀年》："壬寅，孫何侵楚，入三户郛。"不云何年。

楚伐徐州。《史記·越王句踐世家》索隱引《紀年》："越子無顓薨。後十年，楚伐徐州。"

二十三年，魏章帥師及鄭師伐楚，取上蔡。《水經·汝水注》引《紀年》："魏章率師及鄭師伐楚，取上蔡。"不云何年。

孫何取灢陽。《水經·潁水注》引《紀年》："孫何取灢陽。"不云何年。

秦孝公會諸侯于逢澤。《史記·六國表》顯王二十七年，秦孝公會諸侯于澤。集解："徐廣曰：'《紀年》作逢澤。'"《水經·渠水注》同。

絳中地坼，西絶于汾。《水經·汾水注》引《紀年》："梁惠成王二十五年，絳中地坼，西絶于汾。"

二十四年，魏敗韓馬陵。《史記·魏世家》索隱引《紀年》："惠成王二十六年，敗韓馬陵。"

二十五年。

二十六年，穰庛帥師及鄭孔夜戰于梁赫，鄭師敗逋。《水經·渠水注》引《紀年》："梁惠成王二十八年，穰苴帥師及鄭孔夜戰于梁赫，鄭師敗逋。"

與齊田肸戰于馬陵。《史記·魏世家》索隱引《紀年》："二十八年，與齊田肸戰于馬陵。"《孫子吴起列傳》索隱引作"惠成王二十七年十二月"，乃《紀年》本文，《魏世家》索隱作"二十八年"，則改從周正。

二十七年五月，齊田肸及宋人伐我東鄙，圍平陽。《水經·泗水注》引《紀年》："梁惠成王二十九年五月，齊田肸及宋人伐我東鄙，圍平陽。"

九月，秦衛鞅伐我西鄙。《史記·魏世家》索隱引《紀年》："梁惠成王二十九年五月，齊田肸伐我東鄙。九月，秦衛鞅伐我西鄙。十月，邯鄲伐我北鄙。王攻衛鞅，我師敗績。"

十月，邯鄲伐我北鄙。見上。

王攻衛鞅，我師敗逋。見上。

二十八年，城濟陽。《水經·濟水注》引《紀年》："梁惠成王三十年，城濟陽。"

秦封衛鞅于鄔，改名曰尚。《水經·濁漳水注》、《路史·國名紀》引《紀年》："梁惠成王三十年，秦封衛鞅于鄔，改名曰商。"

二十九年，邳遷于薛。《水經·泗水注》引《紀年》："梁惠成王三十一年，邳遷于薛。"《史記》索隱引同，正義引作"三十年"。

三月，為大溝于北郛，以行圃田之水。《水經·渠水注》引《紀年》："梁惠成王三十一年三月，為大溝于北郛，以行圃田之水。"

三十年。

三十一年，秦蘇胡帥師伐鄭，韓襄敗秦蘇胡于酸水。原注：不知何年，附此。重出。

三十二年。

三十三年,鄭威侯與邯鄲圍襄陵。《史記·韓世家》索隱引《紀年》:"威侯七年,與邯鄲圍襄陵。"當在顯王四十二年。

三十四年,魏惠成王三十六年,改元稱一年。《春秋經傳集解後序》:"〔《紀年》〕:惠王三十六年,改元,從一年始,至十六年而稱惠成王卒。"《史記·魏世家》集解:"今案《古文》:'惠成王三十六年,改元稱一年,改元後十七年卒。'"

王與諸侯會于徐州。《史記·六國表》魏襄王元年,與諸侯會徐州以相王。

於越子無疆伐楚。《史記·越王句踐世家》:"越遂釋齊而伐楚。"

三十五年,楚吾得帥師及秦伐鄭,圍綸氏。原注:不知何年,附此。 《水經·伊水注》、《後漢書·黄瓊傳》注、《路史·後紀》十三引《紀年》:"楚吾得帥師及秦伐鄭,圍綸氏。"皆不云何年。

三十六年,楚圍齊于徐州,遂伐於越,殺無疆。《史記·六國表》顯王三十六年,楚圍齊于徐州。《越王句踐世家》:"楚大敗越,殺王無疆,盡取吴故地,至浙江,北破齊于徐州。"徐廣曰:"周顯王之四十六年。"案《六國表》,"四十六年"乃"三十六年"之訛,此本《表》言之。

三十七年。

三十八年,龍賈及秦師戰于雕陰,我師敗逋。《史記·魏世家》:"襄王五年,秦敗我龍賈軍四萬五千于雕陰。"

王會鄭威侯于巫沙。《史記·韓世家》索隱引《紀年》:"成侯七年,王會鄭威侯于巫沙。"此較前四年。

三十九年,秦取我汾陰、皮氏。《史記·六國表》顯王四十年,魏襄王六年,秦取我汾陰、皮氏。

四十年。

四十一年,秦歸我焦、曲沃。《史記·六國表》顯王四十年,魏襄王八年,秦歸我焦、曲沃。

四十二年，九鼎淪泗，没于淵。《史記·封禪書》："或曰：宋太邱社亡，而九鼎没于泗水彭城下。其後百一十五年而秦并天下。"案："此距秦並天下一百五年。

四十三年。

四十四年。

四十五年，楚敗我襄陵。《史記·六國表》顯王四十六年，楚敗魏襄陵。

四十六年。

四十七年。

四十八年，王陟。《史記·周本紀》："四十八年，顯王崩。"

慎靚王《史記·周本紀》："顯王崩，子慎靚王定立。"

元年辛丑。《史記·六國表》慎靚王元年。集解："徐廣曰：辛丑。"

秦取我曲沃、平周。《史記·六國表》顯王四十七年，魏襄王十三年，秦取曲沃、平周。此較後二年。

二年，魏惠成王薨。《春秋經傳集解後序》："《紀年》：'惠王三十六年，改元從一年始，至十六年而稱惠成王卒。'"《史記》集解謂："惠成王三十六年，改元稱一年，改元後十七年卒。"此從集解説。

三年，今王元年。《史記·六國表》慎靚王三年，魏哀王元年。

四年。

五年。

六年，鄭侯使韓辰歸晉陽及向。二月，城陽、向更名，陽為河雍，向為高平。《水經·濟水注》引《紀年》："鄭侯使韓辰歸晉陽及向。二月，城陽、向更名，陽為河雍，向為高平。"不云何年。《史記·趙世家》集解引末二句，作"魏襄王四年"，此從之。

隱王原注：《史記》作赧王，名延，蓋赧、隱聲相近。　《史記·周本紀》："慎靚王立六年崩，子赧王延立。"

元年丁未。《史記・六國表》周赧王元年。集解："徐廣曰：丁未。"

十月，鄭宣王來朝梁。《史記・韓世家》索隱引《紀年》："威侯七年十月，鄭宣王朝梁。"繫此誤。

燕子之殺公子平，不克。齊師殺子之，醢其身。《史記・燕召公世家》索隱引《紀年》："子之殺公子平。"集解引："齊人禽子之而醢其身。"據《六國表》，事在此年。

二年，齊地暴長，長丈餘，高一尺。《御覽》八百八十引《紀年》："周隱王二年，齊地暴長，長丈餘，高一尺。"

魏以張儀為相。《史記・六國表》赧王二年，張儀來相楚。此誤以為相魏。

三年，韓明帥師伐襄丘。《水經・濟水注》引《紀年》："魏襄王七年，韓明帥師伐襄丘。"

秦王來見于蒲坂關。《水經・河水注》引《紀年》："魏襄王七年，秦王來見于蒲坂關，"

四月，越王使公師隅來獻舟三百、箭五百萬及犀角、象齒。《水經・河水注》〔引《紀年》〕："魏襄王七年四月，越王使公師隅來獻乘舟始罔及舟三百、箭五百萬、犀角、象齒焉。"

五月，張儀卒。《史記・張儀傳》索隱引《紀年》："梁哀王九年五月卒。"

四年，翟章伐衛。《史記・魏世家》索隱引《紀年》："梁哀王八年，翟章伐衛。"

魏敗趙將韓舉。《史記・韓世家》索隱引《紀年》，敗韓舉在威侯八年，說見《古本紀年輯校》。

五年，洛入成周，山水大出。《水經・洛水注》引《紀年》："魏襄王九年，洛入成周，山水大出。"

六年十月，大霖雨，疾風，河水酸棗。《水經・濟水注》引《紀年》："魏襄王十年十月，大霖雨，疾風，河水溢酸棗郛。"

楚庶章帥師來會我，次于襄邱。《水經·濟水注》引《紀年》："魏襄工九年，楚庶章帥師來會我，次于襄邱。"

七年，翟章救鄭，次于南屈。原注：此年未的。《水經·河水注》、《漢書·地理志》注引《紀年》："翟章救鄭，次于南屈。"不云何年。

八年，秦公孫爰帥師伐我皮氏，翟章帥師救皮氏圍，疾西風。《水經·汾水注》引《紀年》："魏襄王十二年，秦公孫爰帥師伐我，圍皮氏，翟章帥師救皮氏圍。疾西風。"

九年，城皮氏。《水經·汾水注》引《紀年》："魏襄王十三年，城皮氏。"

十年。

十一年。

十二年，秦拔我蒲坂、晉陽、封谷。《史記·魏世家》："哀王十六年，秦拔我蒲坂、陽晉、封陵。"索隱云："《紀年》作晉陽、封谷。"

十三年，邯鄲命吏大夫奴遷于九原，將軍、大夫、適子、代史皆貂服。《水經·河水注》引《紀年》："魏襄王十七年，邯鄲命吏大夫奴遷于九原，又命將軍、大夫、適子、戍吏皆貉服。"

十四年。

十五年，薛侯來會王于釜邱。《水經·濟水注》引《紀年》："魏襄王十九年，薛侯來會王于釜邱。"

楚入雍氏，楚人敗。《史記·韓世家》集解："《周本紀》赧王八年之後云：'楚圍雍氏。'此當韓襄王十二年、魏哀王十九年。《紀年》於此亦說：'楚入雍氏，楚人敗。'"

十六年，王與齊王會于韓。《史記·六國表》赧王十六年，魏哀王二十年，魏王與齊王會于韓。

今王終二十年。《春秋經傳集解後序》："《紀年》：今王終二十年。"《史記·魏世家》索隱："《汲冢紀年》終于哀王二十年。"

# 校點後記

《竹書紀年》十三篇，是根據晉武帝太康二年（公元281年）不準盜發河南汲縣魏襄王（或云是魏安釐王）墓出土的竹簡整理而成的，所以又稱為《汲冢竹書》《汲冢紀年》，或簡稱《竹書》《紀年》。它是戰國時期魏國的一本編年體史書，保存了很多上古史料。《晉書·束皙傳》記載："《紀年》十三篇，記夏以來至周幽王為犬戎所滅，以事接之三家分，仍述魏事至安釐王之二十年。蓋魏國之史書，大略與《春秋》皆多相應。其中經傳大異，則云：夏年多殷。益干啟位，啟殺之。太甲殺伊尹。文王殺季歷。自周受命至穆王百年，非穆王百歲也。幽王既王，有共伯和攝行天子事，非二相共和也。"等等，取證諸子及先秦史料，多有相合。再如記載舜囚堯於平陽而取帝位，是禪讓之外又一說也，這些都足以作為研究上古史有價值的資料。

《紀年》出土以後，經學者荀勖、和嶠、束皙等人整理分釋。傳到宋代亡佚了。大約宋元時人重編的《今本竹書紀年》雖然也從類書和古注中輯錄了一些古本原文，但並不嚴謹，摻雜很多他書注文，又將《宋書·符瑞志》拼綴摻入，極不可信。到了清代，朱右曾氏輯古《紀年》

佚文,編為《汲冢紀年存真》一書,王國維氏再輯為《古本竹書紀年輯校》,而范祥雍則據之作《古本竹書紀年輯校訂補》,方詩銘綜合三書,重加編次,廣為裒集,細致考證,成《古本竹書紀年輯證》,洵為後出轉精之作。

我們取朱、王、范、方四家著作,再加校理,旨在為讀者提供一真確的古本《紀年》輯佚本,所有各家考校疏證文字概不擷取。編次多遵方氏《輯證》而又有變通。凡不是《紀年》原有文字一律剔删。古本或無"五帝紀",但輯文既裒集一處,原來歸隸無從考訂,理應置放"夏紀"之前。内容相同各條,若文字全同者,僅標出處;若有一字之異,亦重出全文,俾學者藉之以相互發明也。其無法定其年世者,謹依常例,集為"無歸屬文",與"疑文"並為附録。《路史》所引《紀年》文,清人疑為今本,方詩銘先生剔出為"附録",今從之。今本《紀年》雖是僞本,亦有很高史料價值,因為宋元人所見《紀年》文與後世必有不同者,且王國維氏一一疏其所出,確然不可移易,用力最多,實為研究今本《紀年》最高成就之著作,今特將其《今本竹書紀年疏證》附後。凡訛、衍、亂文字,以(　)標示,正字以〔　〕出之。囿于學力,謬誤難免,幸讀者郢正之。

校點者

1999 年 1 月

**圖書在版編目（CIP）數據**

帝王世紀　世本　逸周書　古本竹書紀年/（晉）皇甫謐等撰；陸吉等點校．—濟南：齊魯書社，2010.1（2025.8重印）

ISBN 978-7-5333-2336-3

Ⅰ.帝… Ⅱ.①皇…②陸… Ⅲ.帝王—史料—中國—古代 Ⅳ.K204

中國版本圖書館CIP數據核字(2009)第218783號

**帝王世紀 世本 逸周書 古本竹書紀年**

DIWANGSHIJI SHIBEN YIZHOUSHU GUBENZHUSHUJINIAN

［晉］皇甫謐等 撰　陸吉等 點校

---

| | |
|---|---|
| 主管單位 | 山東出版傳媒股份有限公司 |
| 出版發行 | 齊魯書社 |
| 社　　址 | 濟南市市中區舜耕路517號 |
| 郵　　編 | 250003 |
| 網　　址 | www.qlss.cn |
| 電子郵箱 | qilupress@126.com |
| 營銷中心 | （0531）82098521　82098519 |
| 印　　刷 | 山東新華印務有限公司 |
| 開　　本 | 850mm×1168mm　1/32 |
| 印　　張 | 14.125 |
| 插　　頁 | 3 |
| 字　　數 | 355千 |
| 版　　次 | 2010年1月第1版 |
| 印　　次 | 2025年8月第11次印刷 |
| 標準書號 | ISBN 978-7-5333-2336-3 |
| 定　　價 | 42.00圓 |